安阳工学院博士科研启动基金项目：
服务场景下顾客体验对酒店品牌忠诚的影响研究（BSJ2021029）

安阳工学院“数字经济与高质量发展”科研创新团队，CXTD202207

领导力创新

——东方哲思下的领导力修炼与提升

郭志刚　著

中原农民出版社
·郑州·

图书在版编目（CIP）数据

创新领导力：东方哲思下的领导力修炼与提升 / 郭志刚著. — 郑州 ：中原农民出版社，2023.3
ISBN 978-7-5542-2751-0

Ⅰ. ①创… Ⅱ. ①郭… Ⅲ. ①领导学 Ⅳ. ① C933

中国国家版本馆 CIP 数据核字（2023）第 009014 号

创新领导力：东方哲思下的领导力修炼与提升
CHUANGXIN LINGDAOLI : DONGFANG ZHESI XIA DE LINGDAOLI XIULIAN YU TISHENG

出 版 人：刘宏伟
策划编辑：李光禹
责任编辑：张茹冰
责任校对：李秋娟
责任印制：孙　瑞
美术编辑：杨　柳　　特约设计：贾　悦

出版发行：中原农民出版社
地址：郑州市郑东新区祥盛街 27 号　　邮编：450016
电话：0371-65788653
经　　销：全国新华书店
印　　刷：新乡市豫北印务有限公司
开　　本：710 mm×1010 mm　1/16
印　　张：20
字　　数：280 千字
版　　次：2023 年 3 月第 1 版
印　　次：2023 年 3 月第 1 次印刷
定　　价：80.00 元

序 一

2022 年 5 月 27 日，习近平总书记在中共中央政治局第三十九次集体学习时强调，中华优秀传统文化是中华文明的智慧结晶和精华所在，是中华民族的根和魂，是我们在世界文化激荡中站稳脚跟的根基。

确实，中华文明赓续着我们国家和民族的精神血脉，既需要薪火相传、代代守护，也需要与时俱进、推陈出新。我们不仅要让世界知道“舌尖上的中国”，还要让世界知道“学术中的中国”“理论中的中国”“哲学社会科学中的中国”，让世界知道“发展中的中国”“开放中的中国”“为人类文明做贡献的中国”，这样才能真正展示文化的自信和生命力。

改革开放以来，我国涌现了一大批如华为、海尔、腾讯、阿里、京东、美的、格力等优秀的企业，在中国传统文化的影响下，他们形成了自己独特的企业文化和管理模式。

新冠疫情的肆虐，使我国经济受到严重冲击，教育培训行业亦不例外，线下培训课程基本停掉，教育型企业面临转型的挑战。在此背景下，河南省清大教育集团的李俊伟先生多次与我面谈交流，商定给清大纵横总裁班的同学们线上讲授关于领导力的系列课程。这是个新课，我搜罗了线下和线上能够找到的所有关于领导力的教材，用了将近四个月认真读完，发现这么多书籍中很少有我们中国人的著作，更缺乏关于中国企业领导力的著述。在讲课时我就暗下决心，打算整理一本关于中国传统文化影响下的领导力著作，传播中国传统文化在企业实践中的价值，扩大中国企业领导力的影响力。巧合的是，这个想法得到了商界杂志社河南总经理郭文正先生的积极支持，他答应帮我搜集关于中国企业领导者的独家专访。《商界》是中国最具影响力的商业杂志之一，商界杂志社的支持给我的写作提供了强大的动力。在接下来的半年时间里，我每天凌晨即起，夜以继日，终于完成了书稿的整理和修改工作。

这是一次艰苦的尝试，这本书稿也是我商业三部曲的第二部。在书中，我试图把中国传统文化因素注入对领导力的研究中，从传统经典的角度重新解读领导力。每一章用中国历史上真实发生的故事作为开端，用简练通俗的语言解读中国传统经典，然后注入自己对领导力的理解，为读者提供相应的实用工具，最后以中国当前有代表性的企业作为案例，这样就基本完成了有关领导力的故事、理念、方法、案例的系统梳理。由于既要考虑到理论的创新性，又要保证案例的鲜活性，其间的取舍颇费周折，希望这样一本关于领导力的著作也是一个便于理解、易于执行的实战手册。在整理思路和修改书稿的过程中，对于领导和领导力，我进行了更加全面系统深入的思考，以下几点感悟颇深：

1. 做好角色定位，提升个人领导力

管理团队既需要自我管理，也需要管理他人，一个优秀的领导者在面对团队、面对组织时，需要进行角色的转换。那么角色转换的关键是什么？

第一，从激励自我转化到激励他人。激励自我的方式不能复制为激励他人的方式，比如业务团队的顶级销售很难成为顶级主管。顶级销售最大的挑战，是需要拥有共情能力、同理心和了解他人需求的能力，要从擅长自我激励变成擅长激励他人和团队。

第二，从享受光环转化到为别人鼓掌。这是一个心理的转化，需要让自己变成做具体的工作、承担团队责任，同时把功劳给别人的人。

第三，从新官上任三把火转化到充分融合团队。利用新上任的前三个月时间，充分做团队的融合，了解团队每一个成员的心理动机，帮助他们向各自的方向成长，同时进行自我心理的调整。

2. 精细化目标，提升组织领导力

领导者除了修炼个人魅力外，还要修炼组织领导力。用组织领导力驱动每一个个体，需要有两种力量：爱和恐惧，即追求快乐和逃避痛苦。

领导者应运用组织领导力与员工沟通目标，目标分为五个维度。第一是目标的数字化。比如月销售额要完成1000万元的目标，一次直播要完成2万人次的播放量，这些都是数字目标。第二是目标的价值化。领导者要向员工讲清楚实现目标对员工自己有什么实际价值，比如可以获得在大城市生存下来的机会、可以获得更多的钱用于改善生活、可以获得安全感和价值认同等。第三是目标的意义化。比如实现目标可以帮到客户什么，实现了什么客户价值等。第四是目标的具象化。比如假想一个竞争对手，让目标更加有针对性，这样能更好地调动员工的积极性。第五是目标的口语化。目标的口语化即口号，当朗朗上口的语言在一个群体里被表达的时候，就能呈现出整体的力量。

以上五个目标维度，是站在组织领导力的角度进行的精细化区分。为什么要精细化区分呢？因为每一个地域的差异会带来宏观文化的不同，宏观文化的不同又会影响团队和组织文化。比如有些带北方团队的人，不一定能带好广东团队；带广东团队的人，不一定能带好浙江团队。只有掌握了领导力方法，掌握组织、人性和团队的本质，基于各个城市的差异，才能不断打造不同城市团队的应变性和灵活性。

3. 做好伯乐，提升综合领导力

一要挖掘领导者，储备干部人才。作为领导者，如何挖掘未来适合做管理者和领导者的人才呢？要发现千里马，即找到每个人的优势，发现他的天赋。千里马常有，伯乐不常有。要做好伯乐，既要擅长发现每一个人的优势，也要用好千里马。如果一个人在某一个岗位上的优势被激发出来，会激发他的自信心。每个人都是潜在的宝藏，不要轻易去定义一个人，在某一个时间段，他的天赋可能就会在某个岗位上发挥价值。

二要重视信息对称，打造上下同欲的环境。现在信息流动性越来越大，有些管理者可能因为得不到完全的信息而做出一些糟糕的决策。作为领导者，千万不要低估信息不对称这件事情对组织的伤害，一旦组织中出现信息不对称，就是走向官僚化的开始。

千万不要以为企业小、人数少，信息就会对称。很多时候管理者或创始人很少与下属沟通，很少有意识地表达和传递信息。让组织中的信息流通、透明和对称，是领导者的核心工作。信息对称不仅可以使信息互通，还能进行情感的连接，同时可以让员工具备全局化的视野。

信息互通一定要有固定的频率、场地空间，把它固化下来，比如一个月一次大周会、一周一例会等。那么，在信息互通的过程中，如何打造上下同欲的管理机制呢？

上下同欲是一个系统化工程，信息是创造上下同欲的土壤。上下同欲的前提是信息的透明、互通。

首先，目标要一致。有时候我们很难复制领导者的行为，但是当我们将信息中的重点筛选出来后，发现领导者的思想其实是可以复制的，能够清楚知道上级怎么考虑问题、怎么做决策等。久而久之，企业中也会有越来越多的人开始和上级一样想问题，这样很容易形成上下同欲的环境。上下同欲是一个结果，是从特定的土壤里结出来的果实，这个土壤就是信息的透明和坦诚。

上下同欲，还要懂得如何拆解目标。比如上级的策略有可能就是下级的目标；上级运用的策略方法，可能是下级追踪的目标等。这些是环环相扣的过程。

其次，考核维度要一致。有些公司的中层管理者考核推文化、建人才和做业务，基层管理者考核做业务，两个管理者的考核维度不一样，这就导致中层管理者关心的事情基层管理者不关心，容易造成上下不一致。这种状况怎么去改进？可以设置不同的考核权重，但是考核维度要保持一致。

最后，管理语言要一致。阿里巴巴有一个“金句”：结果好，过程不一定好；结果不好，过程一定不好。结果好过程不好可能是偶然事件，可能是竞争对手有变化，环境有变化。所以，结果好不代表过程是可被复制的，但是结果不好，过程一定是有问题的。

再比如阿里巴巴的管理金句：向上沟通要有胆量，平行沟通要有肺腑，向下沟通要有心肝。向上级沟通要有胆量，要敢于坚持正确意见；平行沟通要讲肺腑之言，不要讲冠冕堂皇的话；对下级员工要不抛弃不放弃。这样的管理语言一旦形成，上下就很容易言行一致。上下同欲者胜。而为团队和他人赋能，激发人的最大善意和潜力，不断打胜仗，积小胜为大胜，是领导力的核心所在。

记得曾国藩有一首诗："左列钟铭右谤书，人间随处有乘除。低头一拜屠羊说，万事浮云过太虚。"人生处处是修炼。修炼领导力的过程，也是在修炼自己的人生。从哲学角度看来，人生本来没有意义，所以要赋予人生意义，领导者也要赋予团队意义，这是领导者的使命。

此为序。

郭志刚

2023年2月于七善堂

序　二

在人类社会发展史上，不确定性一直困扰着我们，过去如此，现在如此，将来亦如此。如何在不确定的世界里保持稳定发展，是人类苦苦探索的永恒话题。要知道，在生产工具非常落后的远古时期，自然灾害、部落冲突、内部纠纷等任何事情的发生，都会导致居住的不安定、食物的流失和人类自身的安全受到侵害。如何保障族群的生命安全、保证食物供应的充足稳定，无疑是各个族群必须面对和解决的重大问题。在这种情况下，早期的人类必须建立起有力的群体组织，通过组织来团结互助、提高生产力和生存能力。而这些，都需要强大的领导力。

目前，已经出版的领导力相关著作普遍存在一个明显的误区，认为领导力只与现代组织有关，即认为领导力是伴随着现代组织的出现而出现的。实际上，我们只要稍微留意人类专家、考古专家、心理专家甚至动植物研究专家的著作就会发现，领导力不是近些年才出现的，更有趣的是，领导力甚至不是人类这个物种特有的现象，在大猩猩、长尾猴、狮子、大象等动物的群体组织中，都可以看到领导行为。因此我们可以肯定地说，领导力和人类社会一样古老，甚至和动物界一样古老，而且无处不在、无时不在，大家早已习以为常了，甚至日日用而不知。

关于领导力的研究可谓是百家争鸣、百花齐放，但有的观点前后矛盾、难以自圆其说。关于领导力的定义更是千人千论，一家一个认识，难以形成定论。如果认真研读三本以上有关领导力的著作，你会发现对领导力的疑惑更多了。引起这种现象的原因很多，一种是以其昏昏，想使人昭昭，自己没搞清楚，却妄图让别人明白；一种是故作玄虚，把简单的问题复杂化，让研究者如坠云雾，不知真相。正因如此，我们才有必要更加深入地研究下去，抓住本质，明确核心，真正让领导力为我们所掌握运用。

对领导力的研究更多地着眼于知行合一、学以致用，提高效率、推进执行。领导力实际上存在于我们每个人的基因之中，我们生而为人，都具备成为领导者的潜力。

在长期的群居生活中，人类祖先首要解决的问题是内部次序，我们经常讲的长幼有序、尊卑有序，实际上是长期形成的规则秩序，如果说早期人类社会是一个不折不扣的等级社会，大概没有人反对。任何一个族群要实现有效领导，就必须形成统一秩序，就必须出现头领。头领的权威性、合法性是实施有效管理的必要条件，在崇尚武力、适者生存的时代，头领必须由力量强大、智慧勇敢的成员担任。远古时代为了抢夺资源，部落之间的流血冲突是家常便饭，如果部落的头领不够强大，部落的生存都是问题，更谈不上发展，头领必须是能够带领大家取得战斗胜利的人。头领还要具备妥善处理内部事务的能力，有点像现在的居委会工作人员或原来的生产队长，但更强调武力压制和说服教育相结合。群居场所难免有摩擦，因为争夺食物、邻里不睦甚至配偶性格不合都可能大打出手，头领必须有能力处理这些问题，维护安全平静的生存大环境，这也符合大多数群居成员的利益。头领还应具备分配资源的能力。获得的战利品、食物和劳动工具如何分配，如何处理分配中产生的争议，也是头领不可推卸的重要职责。以上这些其实是领导力的起源和早期运用。

一、从“人心惟危，道心惟微”说起

古往今来，关于人性的思考、探索和争论从未停止，洞察人心、洞悉人性是领导力的根本心法。性善论、性恶论、非善非恶、善恶交杂等，众说纷纭，莫衷一是。在对人性的思考和领导力的深入研究中，中国传统文化无疑走得更早、更远，且对于我们准确理解人性本身、解读人类特性、理解社会治理、洞察领导力本源，有很强的现实意义。

在中国的文化典籍中，《尚书·虞书·大禹谟》集中体现了中国人对人性的理解，这对于我们深入研究领导力有很强的借鉴意义。文章中舜对大禹说："人心惟危，道心惟微，惟精惟一，允执厥中。"后世的朱熹、陆九渊等人认为，这四句话集中体现了中国文化的主旨，是中国古圣先贤心心相传的家法，即"十六字心传"。这十六字实际上代表了中国先贤对于人性的准确把握、对于社会伦理和领导力的深刻体察与领悟。明代有人更写出了广为流传的一副对联："囊无半卷书，惟有虞廷十六字；目空天下士，只让尼山一个人。"

为什么说"人心惟危"？我们都知道，无论是历史上还是当今社会，人类遇到的人为困难，其实大都是人性弱点引起的。而"道心惟微"告诉我们道心是幽微难明的，人心之道随心而行，但并非自在而行。现实生活中，很多人明明知道一些事情不该做、不能做，还是在欲望的牵引下越陷越深，直至不可收拾。所以，当能力不足以解决问题的时候，机会可能就是陷阱。由此我们可以看到中国文化的厚重精深与理性客观，它不是简单地将人性理解为善与恶，而是看到了人性的复杂。

中国文化对于人性的理解更为全面客观，而人性是很多学科建构不可忽视的重要因素，当然也包括领导力。正因为如此，我们才可以用中国文化这把"万能钥匙"打开现代诸多学科的大门，也可以准确把握古圣先贤们的努力方向：尧舜禹汤、文武周召、孔孟董韩、周程朱张等历代伟大的政治家和思想家，都在努力地启发和引导人们积极的力量，防范人性中的消极力量，启迪和护养道心，防范和制约消极人心，这就是人类社会的永恒任务，也是领导力的永恒任务。

孔子曾经说过："放于利而行，多怨。"意思是一个社会或组织如果单纯讲物质刺激，通过纵容人们的欲望来达到领导的目的，必然会导致指责抱怨，更不可能长治久安。带着这样的视角去分析历朝历代的领导力，我们既要看到积极的一面，也要分析其中的弊端。战国时期秦国的商鞅变法，有些内容是通过激发人性的恶来达到富国强兵的目的，如按军功授爵、通过奖罚爵位和土地去激发更多的人杀人，虽然短期内成效明显，但缺少对人性中积极向上力量的启发，缺少文化的培育和人性的关爱，没有很好地启迪道心和良知。从这个意义上说，好的领导力能最大限度地激发人的正能量和善意。如此一来，就不难理解暴政下的揭竿而起和善政下的慷慨就义了，这其实就是领导力的伟力。

二、西方领导理论的流变

领导活动是领导力存在的前提条件。把领导者、被领导者、领导环境和领导目标有效地连接起来，就形成了领导的全过程，也形成了互为因果、相互影响的四大关键因素。2400 多年前，古希腊的色诺芬将军就形成了关于领导力的初步认知，在其著作《居鲁士的教育》中，通过讲述居鲁士所受的理想教育，来阐明他对于培养政治人才的见解。随着经济社会的发展，人类对领导现象及领导活动的认识呈现出由局部到整体、由单一到多元、由静态到动态的发展趋势。大众对领导力的认识，尤其是对解释领导现象及领导活动规律的领导理论，一直处于不断的发展完善中。人们对构成领导活动各因素的内在特征及相互作用的认识也在不断深化，提出了不少有代表性的领导理念，比如特质理论、行为理论、权变理论等经典领导理论，以及变革型、仆从型、道德型、本真型等新型领导理论，这些构成了西方领导理论的主要流派。

首先是特质理论，也被称为“伟人理论”。该理论认为，领导者是“生而知之”，不论在任何历史时期和任何情况下，这些人具有相似的个人品质和特征。研究表明，个人特质与领导有效性之间确实存在着正相关关系。如颇为知名的“4 + 2”理论，即成功者的四项必备特质——远见、果断、大度、责任，与两项附加特质——沟通与公平，构成了领导者的核心素质。显然，这对于领导者的选拔、培养和任用是有参考价值的，但该理论有很大的局限性。斯托格迪尔在研究了 120 余项性格特质后指出，特质本身并不是领导者成功的唯一因素。

其次是行为理论。该理论发源于勒温的领导风格理论，以权力定位为基本变量，通过实验分析，把领导风格分为民主、专制、放任三个类型。具体而言，专制型领导注重权威和秩序，民主型领导强调鼓励与自主，放任型领导一切悉听尊便。很显然，行为理论试图用机械的理论体系去诠释灵活多变的领导过程，无疑不够全面也不够科学严谨。

其三是权变理论。从 20 世纪 60 年代起，强调在不同环境下运用不同领导模型的领导理论应运而生，这就是权变理论。其核心是领导行为应当随着环境的变化和被领导者的特点而以变制变，达到相应的领导效果，代表人物有费德勒、豪斯等。

其四是新型领导理论。主要包括道德型领导、仆人型领导、变革型领导和本真型领导。20 世纪 80 年代以来，经济全球化、信息化高速发展，领导理论的四大因素均发生了巨大变化，对领导理论的研究迈入百家争鸣时代，主要有四大类型的代表理论：道德型领导是一种以身作则的领导方式，是领导者通过道德约束和有效互动进行信息传递，表现什么是恰当和规范的行为，主要体现为引领、鼓励和教育，并通过多种方式强化这类行为；仆人型领导由麻省理工学院格林里夫教授于 1970 年提出，他认为领导主要是尊重追随者的个体尊严和价值，把服务他人作为重要职责，满足追随者的生理需要、精神需要和更高级的正常需要，真正地体现了“领导即服务”的理念；在这一时期，伯恩斯提出的变革型领导理论很受欢迎，其核心是强调员工自我价值实现，更加强调领导者的个人影响力而非职务影响力，迎合了时代发展和需求；本真型领导强调的是领导者坦率地按照自己的信念和价值观工作，以此影响追随者，主要是不伪装、不推诿、有使命、有担当，当前对于本真型领导的研究尚不成熟，还需修正和完善。

此外，其他类型的领导理论还有共享型领导、魅力型领导、破坏型领导等。在领导理论的丛林时代，它们也具有代表性，值得我们关注和研究。可以预见的是，随着社会转型的深入和中国影响力的增加，这些将成为领导力研究的新兴领域。

三、中国本土领导力研究的高潮正在到来

改革开放 40 多年来，中国经济一直保持稳定增长。在经济发展高歌猛进的大背景下，出现了以海尔、华为、联想、比亚迪等为代表的制造企业和以腾讯、阿里、字节跳动、京东、美团等为代表的互联网企业，中国制造、中国创造、中国智造类企业风起云涌，谱写了新的发展篇章。随着经济全球化的深入发展，

尤其是伴随着中国新兴市场的崛起与繁荣，以欧美企业为研究对象形成的各种领导理论，对于中国企业的领导力问题出现了解释不通或无法解释的现象。于是，以中国这样的新兴市场的代表性企业、中国本土企业人群为研究对象的东方领导力研究应运而生，这也应成为领导理论研究的重点和热点。在建设社会主义现代化强国的大背景下，本书第一次在理论界提出了创新领导力，尝试着进行创新领导力的理念梳理和实践总结，可以说是适逢其时。

实际上早在2005年，徐淑英、张志学等学者就呼吁，中国学者对于领导力的研究要从单向引入或修正西方领导理论，转向本土化研究和创新，提出基于中国情景的领导理论，并通过对话与交流影响全球领导理论学界，为全球领导知识的创造和社会的发展做出中国理论界的贡献。

中国情景下的领导理论，主要分为传统领导理论和创新型领导理论。传统领导理论体现为家长式领导、差序型领导和传统型领导。家长式领导就是像父亲对待儿子一样进行道德引领，从严要求，以仁慈和严厉实施领导的领导方式，由中国台湾学者郑伯埙提出，并构建了一套比较完整的理论体系。理论界认为，家长式领导含权威、仁慈和德行三个维度。差序型领导最早由费孝通先生提出，与西方“束柴成捆”式团体格局不同，中国社会呈现一种以自我为中心，由内而外、由近及远的差序格局。在这样的格局里，每个人以自我或家庭为中心，以血缘、地缘、学缘、情缘为纽带，形成尊卑有别的差序局面，产生圈内人与圈外人的区别，形成儒家文化影响下的一种独特的本土领导架构。而传统型领导由杨国枢等人提出，指员工依据儒家的五伦思想明确定位，服从大局，从“遵从权威、孝亲敬祖、安分守成、宿命自保、男性优势”五大维度强调领导下的尊卑有序、责任权力，形成稳定的关系和秩序，这对于研究创新领导力具有一定的参考作用。

徐立国等人通过对海尔及海尔领导力的研究发现，在企业发展过程中，中国本土领导者主要扮演了三种角色，即设计师、商业政治家和企业领导者；乐国林等通过对鞍钢和华为基本法的分析提炼，总结了三个中国企业本土覆盖元素，即英雄领袖的魅力型领导、集体的组织行为和集体平衡的管理哲学；韩巍、席酉民结合中国企业的现实经验与理论思考，提出了中国本土领导分析框架的四个维度，这就是文化、社会化、组织情景和互动，在此基础上归纳出了理想型领导、常态型领导、机会型领导和幻觉型领导四种领导类型。

总体而言，目前中国情景下的领导理论研究仍处于初级阶段，远远落后于中国国情和企业实践。但中国学者在经历过对西方理论的最初模仿后，已逐步意识到领导力的古今融合与领导力本土化创新的重要性，这不仅是中国崛起的必然，更是道路自信、理论自信、制度自信、文化自信的外化表现。而这些正是本书的重点研究所在，笔者希望能抛砖引玉，创新领导力研究由此发轫，滚滚向前，谱写新篇。

目 录

第一章

领导力的本质

人心惟危，道心惟微，惟精惟一，允执厥中。

——《尚书·虞书·大禹谟》

第一节　刘邦的千年一问

汉高祖刘邦一次在洛阳南宫大宴群臣，问了一个问题："吾所以有天下者何？项氏之所以失天下者何？"意思就是他为什么能取得天下？而项羽失天下的原因是什么？

大臣高起、王陵回答：皇帝陛下胸怀宽广，与天下人利益共享，攻取了城池，获取了财富能够分给大家；而与您争天下的项羽却不是这样，他嫉妒有功劳的人，怀疑有才能的人，有了功劳也不赏赐，升官的印章在手里磨得发光也舍不得拿给别人，这就是失去天下的原因。刘邦说："公知其一，未知其二。夫运筹帷幄之中，决胜千里之外，吾不如子房；镇国家，抚百姓，给饷馈，不绝粮道，吾不如萧何；连百万之众，战必胜，攻必取，吾不如韩信。三者皆人杰，吾能用之，此吾所以取天下者也。项羽有一范增而不用，此所以为我所擒也。"群臣心悦诚服。

生于乱世，没背景、没资源的刘邦却吸引了当时最优秀的人才辅佐，这是什么原因呢？很简单，刘邦有一颗匡救乱世的雄心，这个雄心就是神圣的使命和追求，就是领导力的根基——道心。有了这样的雄心，自然能感召有能力、有智慧的人来辅佐。后世刘邦的子孙刘备是中山靖王之后，织席贩履的刘备凭什么能结拜文武双全的关羽和万人敌的猛将张飞？凭什么能够感染名将之后马孟起和勇武过人的老将黄忠？凭什么能够招徕本来是公孙瓒麾下的赵云和智谋过人的卧龙凤雏呢？也正是因为刘备有一颗匡扶汉室、平定乱世的"道心"。

这就是中国传统文化的伟大之处。

一、中国的“三神”文化

中华传统文化可以用三个词来概括，那就是神奇、神秘、神圣。神奇说的是中国传统文化的功能和作用。中医学通了可以成为名医，兵法学通了可以达到用兵如神的境界，文章学通了下笔如有神，绘画学通了可出“神品”，技术学通了可以神乎其技。

中华文化的第二个特征是神秘，这概括了五千年文化的深不可测与博大精深。传说当年孔子去拜访老子，回去之后弟子们问：先生去拜访老子，老子是什么样子呢？孔子非常感慨：说飞鸟可以用箭射落，走兽可以用网捕捉，游鱼可以使用钓钩，这些都有对付的办法。而龙呢？千变万化，腾云驾雾，老子的学问深不可测，志趣高雅难知，就像龙一样让人捉摸不透，真是我的老师呀！

只有神奇和神秘是远远不够的，中国文化的核心实际是圣贤视野下的人文关怀，是人类生命与自然万物共生共荣的人文关怀。这是中华文化的第三个特征：神圣。学通了中国文化，就会越来越具备这种悲天悯人的神圣情怀。如果说神奇代表了能力，神秘代表了智慧，那么神圣就代表了根本追求，即“道心”。只神奇不神圣，容易走上歧路；只神秘不神圣，容易丧失追求。因此，神圣的家国情怀、达济天下的济世之心，才是传统文化的灵魂所在。

二、启迪道心，德法相依

《尚书》又称《书经》，古称《书》，是一部记言的古史，记载了虞、夏、商、周的历史状况。《尚书》主要分为典、谟、训、诰、誓、命六体，通常被称作“典谟训诰之文”。

1. 关于领导力的永恒话题

尧舜十六字心传源于《尚书》，来自于尧舜禅让的故事，“人心惟危，道心惟微，惟精惟一，允执厥中”这十六字传播的是华夏文明的种子，托付的是天下百姓的重任。

培育、启发人的“道心”即人性中的积极力量以促进人类进步，通过制度体系来约束人性的弱点，这是领导力的永恒话题。其实，最理想的社会治理和公司治理，就是让每个人做到自律、自觉与自由的有机统一。

自律就是管好自己，听从自己的道心而非欲望去思考与行动，面对各种诱惑，能明辨是非对错，管理好自己该做什么、不该做什么；所谓自觉，则是由于“道心”的启发，做一个有觉悟的人，结合工作与生活，明了生命的使命和责任；自由不是想做什么就做什么，而是在一定边界内行事，是在遵守一定规则下的自由。

因此，我们在提倡自由的时候要学会把自觉和自律结合起来，把自由和法律道德结合起来，努力做到自律与自觉。自觉的自律与被动的自律无论是境界还是效果，都不在一个层次上。一个自律自觉的人，才是真正有修为的人；由自律的人组成的群体或公司，才能使领导力达到最佳效果。

2. 启迪道心

启迪道心就是通过优秀文化激发人性中积极的力量，激发人性中最大的善意，实现人们的自我管理与自我建议；充分认识到人性的不足和弱点，并加以改正。通过国家的法律约束、公司的制度建设和有效的监督执行去防范人性的不足，达到社会与公司的有效领导，须做到“三要”。

一要扶正固本。领导企业的重点是培养正气，最好的办法就是大力传承和弘扬优秀的传统文化，祖国文化史上的仁人志士，为国家、民族、社会发展勇敢担当的人比比皆是，这些都可以滋润人们的心灵。经典所传达的智慧会在很大程度上影响一个人的言行和思想。

二要灰度领导。理解了社会或公司领导的主旨——启发道心，我们就会警惕“非此即彼”“非黑即白”的武断主义。早在 18 世纪，以亚当 · 斯密为代表的经济学家反对政府管控，结果经济无序发展，社会贫富分化，出现了 20 世纪 30 年代的大萧条。凯恩斯提出了宏观调控和政府主导相结合；几十年后，哈耶克又提出了新自由主义，结果引起了新的经济危机。如此非左即右的思想在公司治理上实不足取。

三要德法相依。孟子曰：“物之不齐，物之情也。”考虑到人性的复杂和环境的复杂，在领导方式上一定要多管齐下，才能取得良好的领导效果，我们必须充分地总结自身的文化特点和领导经验，借鉴其他国家的做法。

三、做自己的心理医生

领导力的培养应从自我领导开始，而自我领导就需“与己和”。我们常说的天时、地利、人和还不够，还应包括己和、神助，这些构成了成功的五大要素。所谓的“己和”，其实是通过“道心”实现生命的自律、自觉与自由。明白了这一点，你就可以尝试着处理自己的焦虑、抑郁、烦躁、恐惧和不安这些情绪问题了。从这个意义上讲，你完全可以用“道心”指引，做自己的心理保健医生。下面是笔者总结的自我心理健康领导“六字真言”。

洞悉：最主要的是洞悉“道心”，我们不能任由过去不好的习气、思维带着走，成为后悔、抱怨、不甘心的俘虏。揭开情绪的真相才发现，我们往往被人性的弱点牵着鼻子走，在这种情况下，思考得越多越深入，心理负担就越重，陷入情绪内耗而不能自拔，直到不堪重负、系统崩溃，这才是精神疾病、心理疾病的根源所在。运用“洞悉”二字，找到症结，是对症施治的第一步。

觉察：实际上，只要我们停止这些所谓的思考，一念清净而万念歇，大多数问题自然会解决，比吃药管用得多。这时有一个方法，只需加上一个觉察的自己，那些习气、念头就会像灯光照亮黑夜一样瞬间消散。一念察觉，觉即不随，这个“觉”就是“道心”，就是照见我们心里的真我。记得 8 年前我戒烟的时候，一开始很痛苦，毕竟一天两包烟十多年了，烟瘾上来特别想抽烟。后来我就加了个觉察的念头，另一个自己看着被烟瘾折磨的自己，只是觉得可怜可笑，就这样成功把烟戒了。

内观：明白了这一点，接下来当然是对症下药。讲一个一招制敌的方法，无论你是坐是站、是躺是行，放松精神，把注意力放到自己的呼吸上，深吸气，感受气息由鼻孔到四肢缓缓流过；缓呼气，从脚到头放空自己，观察自己的呼气，数出来的气息，过不了多久，你就会进入安静的状态。一念清净则智慧产生，让大脑停下来，让心绪静下来，真正的智慧和灵感就来了。笔者经过多次亲身体验，奥妙无穷，这“六字真言”是自我心理领导的实用法门。

第二节　领导力的逻辑前提和构成要素

现代社会比以往任何时候都更需要领导力。无论是家庭，还是政府、机构、各种组织和社会群体，领导力已成为近些年各行各业不得不重视的课题。如果对领导力进行一个简单清晰的定义，目前在学术界比较能够达成一致的概念是，领导力就是影响力。

谈到领导力的本质，至少要引出三个问题。第一个问题，领导力存在的逻辑前提是什么？第二个问题，领导力的构成要素有哪些？第三个问题，互联网时代领导力有哪些特点？

一、领导力存在的逻辑前提

我们必须认识到，领导活动是领导力存在的逻辑前提，只有领导活动才能把领导者、追随者、领导目标和领导环境联结起来，相互作用，相互影响，从而形成领导力的过程与结果。

简单来说，领导者是指在组织中担任领导岗位、身负领导责任、履行领导职责、行使领导权力、达成领导效果的个人或集体。领导者对领导目标的确定、实施、实现都有着决定性作用：首先，领导者是领导活动的驱动者，带领组织和团队朝目标前进，并在这个过程中沟通、交流、激励、监督、考核；其次，领导者也是领导活动的主导，是整个领导活动中的主要组成部分；最后，更重要的是，领导者还是领导活动的统治者，需要时刻关注环境变化，整合资源，提升组织竞争力。

追随者也是被领导者，这样的个人和群体在领导活动中主要负责执行领导者的决策、完成领导者分配的任务、接受领导者的监督考核、实现组织的目标。根据重要性和作用，追随者一般可以分为重要追随者和一般追随者；根据时间，可以分为长期追随者和短期追随者；根据是否在领导活动内部，又可分为内部追随者和外部追随者；还可根据追随者的目的，分为利益追随者和理想追随者。

领导目标则是领导活动要达到的目的和效果，目标测评可以用组织绩效或领导有效性去界定，要达到目标，就需领导者与追随者同频共振、思想一致、行动一致，心往一处想，劲儿往一处使，然后才效果可期，产生“1+1 ＞ 2”的效果，达成预期的领导目标。毕竟，领导活动是人类社会有意识、有目的进行的改造世界的活动。“上下同欲者胜”，只有领导者与被领导者在价值取向、权力配置、信息对称性和敏感性、行使权力的意识和行为高度契合，才能达成高度一致，凝聚合力，有效提升领导力。

领导环境是领导活动开展过程中各种自然要素和社会要素的总和，根据内涵，可以划分为社会要素对应的人文环境和自然要素对应的自然环境；还可以根据对组织的影响，划分为政治、经济、文化、教育、科技、思想、道德、传统、习俗等宏观环境，以及组织内部人际关系、组织成员素质和组织的物质条件支持等微观环境。

二、领导力的构成要素

近年来，我们做了不少大中型企业和一些小微民营企业的咨询和内训，也对领导力进行了比较广泛的调研，接触到很多上市公司领导、民营企业老板、社会活动家、厨师长、MBA 学生、高校老师等。有趣的是，几乎所有人对领导力都有自己的见解，他们的看法细致入微且洞若观火，他们大都读过领导力方面的书籍，并对此进行过深入的思考。

一个什么样的人让人愿意被影响，并接受他提出的目标，这就是大家关注的领导力的本质。

曾经领导力高高在上，居庙堂之高，远非普罗大众所能奢望。如今随着社会的发展，领导力的场景已发生了很大变化，变得越来越大众化，越来越贴近普通人的工作与生活。随之而来的是领导力的含义也越来越丰富，不能简单地用“决策”“指挥”“控制”这样的词语来总结,更关乎积极性、关乎情绪、关乎那些受到影响的活生生的个体。

笔者之前参加一场活动时，看到一名志愿者衣服外面罩着一个红色的马甲，马甲上面印着黄色的“志愿领导者”字样，穿马甲的小伙子主动热情，神情颇为自得。在人流少的时候，我走过去问他，马甲上印的“志愿领导者”这五个字意味着什么？小伙子停下手里的工作，立刻骄傲地回答:“榜样！”

或许，这说明我们对领导力的理解已经进步了，并且这些关于领导力的智慧无处不在、无人不用，遍及我们日常的角角落落、时时刻刻，而研究领导力的构成要素尤为重要。

经过大量研究，我们发现领导力的构成有五大要素：

真诚是领导力的前提。对于领导力而言，最重要的就是信任，必须能赢得别人的信任或者有信任的人可以托付，领导力的实现才成为可能。什么样的人最容易赢得信任呢？毫无疑问，那就是真诚、不做作的人。

思想观念是领导力的重要内容。思想的穿透力是无形的，也是巨大的，又是没有边界的，其小无内，其大无外，综观古今中外影响较大的无疑是思想观念的力量。

胜任能力是领导力的基础。具备岗位胜任能力是培养个人领导力的基础，只有胜任了岗位，才可以率先垂范，才可能充当追随者的教练和指导员，带领追随者行稳致远。

知人善任是领导力的关键。从某种程度上看，知人善任是考察一个领导者是否真正地把握了人性的关键，领导者应掌握不同人的优劣势，因势利导，巧妙地带出有战斗力的团队。

成己达人是领导力的核心。人生最大的成就是成就别人，并在这个过程中提升自己，优秀的领导者都有成人之美或者是化腐朽为神奇的能力。比如韩信在项羽手下不过是一个执戟郎，到刘邦手下却可以联百万之众，攻必克、战必胜，这就是领导力。

三、领导力的新特点

有一天笔者坐出租车和司机聊天，他问我是做什么的，我说是教管理学的，研究心理学、组织行为学。司机看了我一眼，不屑一顾地说："什么心理学、行为学，不就是人那点事儿吗？"这引起了我对互联网时代领导力的思考。

一是人性化。所有创新的本质都是要满足人的需求，领导力也一样。创新和人性本身并不矛盾，领导力是回归本质还是有所创新，本身就是个伪命题。

二是普适化。领导力的培养和学习，并非只是帝王将相、才子佳人，而是芸芸众生、普罗大众，互联网时代人们的沟通方式更多，交流形式更广，这使得领导力更加普及。

三是迭代化。当今时代对于领导者而言，善于学习非常重要，未来的竞争不取决于你会什么，而取决于你的学习能力，比别人拥有更强更快的学习能力，是不可取代的核心竞争力。在急剧变化的环境下，我们需要拥有高超的学习创新能力。

四是民族化。民族的才是世界的，领导力在现代管理理论上主要源于西方，改革开放之初确实为企业管理带来了很多启发，但我们不能不加鉴别地全盘接受，要结合我国企业发展实际，发展具有本土特色的领导力。

五是共享化。牛根生有一个理论，说财聚人散、财散人聚。我认为还要加上两条，公司的元老、高管们还需要有权力和名誉，所以应该加上权散人聚、权聚人散，名散人聚、名聚人散，一些民营企业做不大，很大原因即在于没有做好这一点。

六是制度化。我们经常讲，亲友之间不宜共同创业，总有一天要分开，因为感情越深，越不按规则办事。这种情况如何规避？第一需要老板有分享的胸怀，自己不贪、不懒、不占；第二是要有一套制度来规范约束领导力。

由此我们可以追溯到领导力的本质就是影响力，可以细分为两个方面：一个是激发普通人取得非凡表现的能力，另外一个是获得追随者的能力。

再细分，"领"字有四层含义，一是带领对伍，有人追随；二是把握方向，知道领到哪里；三是提纲挈领，有权威性；四是领会意图，实现目标。

"导"字同样有四层含义，一是引导，以柔性方式带领大家实现目标；二是辅导，一个优秀的领导者必须是一个优秀的教练；三是督导，注重目标也要关注过程；四是教导，培训具有综合能力的优秀人才。

这“四领”“四导”加在一起，正是领导力的本质。

第三节 领导力的“6M”与“12C”

领导力的“6M”和“12C”是笔者的创新，但创新源于传统，是建立在广泛研究、充分论证和深入学习的基础上的。

一、“6M”的由来

1973年，英国克里斯蒂娜·奥斯本提出“横向领导”的概念，即对同事也要有领导力，既能管理自己、管理下属、管理上级，还要管理同事。

1974年，斯托格迪尔提到，有多少人试图定义领导力，就会有多少领导力的相关定义。可见，人人都有对领导力的看法。

1991年，弗莱希曼指出：“在过去的50年里，大约发展成了65种不同的领导力体系。”

1997年，罗杰·费希尔也提出了“横向领导力”的概念，这时的论述就更加清晰了，领导力的发展经历了管理自己（第一个M）、管理下属（第二个M）、管理上级（第三个M）、管理同事（第四个M）的路线。2017年，中国学者谢克海提出了第五个“M”，即管理外部伙伴。如今笔者在前人研究的基础上，提出了第六个“M”，即管理家人。

如此一来，6M理论真正形成，这实际上也是本书的理论创新之一。

那么，什么样的人更容易成为领导者呢？答案是懂得和运用领导力法则的人。领导力法则主要有三：

盖子法则：领导力就像一个盖子，比如一口大铁锅里面盛的水不可能超过锅盖，也就是说领导力决定了一个人或团队的工作成效。领导力和效能的关系在体育界更为明显，因为体育比赛的结果是一目了然的，领导力水平的高低比赛下来瞬间可知。

过程法则：领导力就像投资，也会不断升值，当然这也非一日之功，而是日积月累逐见效果。领导力专家沃伦·本尼斯对 90 多位不同领域的领导者进行研究发现，能否自我发展、不断学习、持续提升自己是领导者和追随者的最大区别。

增值法则：开市客（Costco，美国连锁会员制仓储量贩店）的总裁吉姆·辛内加尔先生说过，如果你不能把功劳归于他人，那么你就无法让他人增值，最终会毁掉自己的事业。他认为，让他人增值才是一个优秀领导者必备的素质，让团队和员工增值是一个优秀领导者的必备素质和技能。松下电器的创始人也说过，松下的使命是谋求企业和人的同步发展。由此可见，单纯追求经济效益最大化，是比较浅薄的想法。正是基于这样的认识，Costco 成为目前为止员工流失率最低的企业之一。

二、"12C"理论

12C 理论是本书的又一大创新，主要指领导力所必需的十二项能力修炼。具体如下：

1. 信念能力修炼（Cultivation of Faith-ability）

翻阅大量典籍文献和管理学著作，笔者尝试揭开信念能力的神秘面纱，在解析信念能力、提升信念能力等方面做出尝试，我们提出了"六自"理论，这就是自知、自信、自律、自励、自谦和自省。围绕提升信念能力，笔者提出了"六项精进"并总结出来，领导者应该养成带着团队完成目标的习惯，这是提升信念能力的有效法门。

2. 战略能力修炼（Cultivation of Strategic Ability）

从《孙子兵法》的道与术入手，深入阐述战略的概念和内涵外延，提出了战略管理的一句心法、两种思维、三大要素、四个类型、七步推演法；总结了战略解码“三部曲”，提炼了三个重要会议，即战略澄清会、战略解码会和绩效合约会；对战略执行和战略评估进行分析，形成了战略破局的“过五关”和“四重奏”，形成了战略能力从认知到实践的闭环。

3. 团队能力修炼（Cultivation of Ability to lead a team）

从解读《道德经》入手，道法自然，顺势而为，解析什么是天地精神，诠释了有所为有所不为，提出来团队能力的“三大命脉”与“四大角色”，总结了一流团队的标准和团队领导力的基本法则，解决了如何提升团队领导力的问题，人才是希望，团结出力量，在实践中总结，在变革中成长。

4. 影响能力修炼（Cultivation of Influence Ability）

影响力从何而起？我们从禅宗经典中找寻，书中整理了决定一位领导者影响能力的“二十字心法”，并从提升威望、提升魅力、保持一致、保持距离等方面论证影响能力的修炼，真正开启内在智慧，做生命的觉者，用正念、正知、正言、正行影响他人，做一位有远见、有胆识、有度量、能谋善断、沉稳担当、守信真诚、果断坚毅的领导者。

5. 人本能力修炼（Cultivation of Ability to People-centered）

见贤思齐，见不贤而内自省。笔者以《论语》的贤与愚为引子，深入剖析了孔子的伟大、圣人的境界和经典里的主要观点，并以曾国藩识人、用人、管人为例，解读了曾氏用人的“八字诀”，提出了识人九法、看人五法，指出用人要容人、用人要信人、用人要匹配、搭配要合理。

6. 掌控能力修炼（Cultivation of Control Ability）

中庸之道是大学问，从郭子仪的中庸之道历史故事开始，解读了《中庸》的核心内容，总结了掌控能力提升的“十大黄金法则”、掌控能力的培养。我们分析了领导者与战略、领导者与企业价值观、领导者与资本、领导者与核心团队、领导者与战略方向的关系，总结出掌控能力的核心要素和提升办法，如综合素质、战略定位与实施能力，建立高效能团队等。

7. 沟通能力修炼（Cultivation of Communication Skills）

解读好孟子，就把握了沟通能力修炼的要点。孟子善于沟通，精于讲故事，他通过巧妙的比喻、拟人的故事、生动的画面，为我们提供了一个个鲜活的沟通案例。文中提出了沟通从和父母聊天开始，对领导者的说话艺术、沟通原理和方法进行了梳理。

8. 激励能力修炼（Cultivaton of Motivate Ability）

明朝一代名相张居正的挫折教育，给激励能力修炼打了一个很好的样板。从这个著名的历史故事开始，我们总结了激励的原理和分类，激励的一般原则如民主公平、按需激励、正负结合、物质与精神不可偏废等，总结出最好的激励其实是工作本身。那工作本身又该如何激励？这也是我们在激励能力修炼中应该重视的问题。

9. 执行能力修炼（Cultivation of Executive Ability）

王阳明先生的《传习录》影响深远，他的心即理、知行合一、致良知三大命题，是研究执行能力的必修内容。企业的执行力如何强化？个人的拖延症怎么解决？如何打造团结高效的执行团队、规避管理中执行力不到位的问题，在执行力修炼的部分都作了比较详尽的解答。

10. 自觉能力修炼（Cultivation of Self-control）

自律给人自由，而自觉是下意识的自律，是高度自律后的自觉，是和生命融为一体的习惯。《了凡四训》是古代著名的劝善书，融合了中国传统文化儒释道的精髓，作者袁黄先生亲身实证，证明了“自觉自律才能更好地领导自己”的道理，并身体力行地为我们做出了自觉能力修炼的典范。笔者由此延伸开来，提炼了《了凡四训》的商道智慧，自觉自律，成己达人。

11. 创新能力修炼（Cultivation of Innovation）

从《易经》的巧妙运用开始，初步归纳了易经的智慧，对有代表性的卦象、卦辞和易理进行了解释，然后提出创新的核心在于学习，学习能力的培养有一定的方法，对于新时期的企业创新，我们总结了五种模式供参考。

12. 应变能力修炼（Cultivation of Ability to Handle Change）

在企业危机来临之际怎么处理？怎么防范和减少危机的影响？《素书》无疑给了我们很大的启迪，书中也第一次提出了领导者的自我修养、应变能力提升的方法，危机管理也是企业管理的有机组成部分，值得我们研究和学习。

案例一

一战赚了9000亿，恐怖的宁德时代

宁德时代新能源科技股份有限公司（简称宁德时代）的曾毓群，在大众眼中一直是一个非常神秘的角色。尽管宁德时代的经营业绩、市场地位和股票价格这几年表现非常惊艳，但是对于这家公司的创始人以及发展历程，大家仍然看得云里雾里的。

曾毓群是一座非常值得深挖的宝藏。他对时代发展趋势的把握，对创新领导力的理解，对企业经营管理的理解和实践，对中国传统文化的认知和应用，都特别值得人们探究和学习。可惜的是，由于他太过低调，这些都不为外人所知。曾毓群和宁德时代的发展历程，是一个非常精彩的故事，其中蕴含的理想、友情、奋斗、逆袭，无不令人心潮澎湃。

辞职

1989年，曾毓群大学毕业。那年是全国大学生就业比较艰难的一年，但曾毓群被分配到了一个好单位——福州的一家国企。福州离家近，工作单位也不错，按理说，从山沟沟里走出来的曾毓群应该很满足了。

但没想到，仅仅工作了三个月，曾毓群就辞职跑到东莞去打工了。这一决定在小小的山村里掀起了一场轩然大波。村民们都无法理解，好不容易跳出农门，端上铁饭碗，怎么又自己放弃跑去打工了呢？

曾毓群打工的地方是东莞新建立的一家外资工厂，名为新科磁电厂。这家工厂表面是港资，属于香港新科集团，但由于新科集团于1986年被日本TDK公司全资收购，所以实质上算是日本企业的下属工厂。现在我们很难想象，21岁的曾毓群为什么会放弃福州国企的工作，跑到东莞打工。

新科磁电厂的主业是做硬盘读写磁头，曾毓群的岗位是技术工程师。这和他在上海交通大学所学的船舶技术完全不搭，但是他并未因为专业不符而放弃，反而是斗志昂扬地去挑战自己不会的东西，很快就成为厂里的骨干。

有一个例子很能展现曾毓群的主动意识和好学精神：当时新科的磁头原本是用氟利昂清洗的。20 世纪 90 年代初，由于氟利昂被认为是破坏臭氧层的罪魁祸首，在全球遭到抵制。新科的主要客户之一 IBM 要求新科停止使用氟利昂清洗剂，改为去离子水洗剂，否则就要在新科产品上贴上“本产品使用了破坏臭氧层的清洗剂”的特殊标签。

在新科，这个事情本来是由另一个名叫 CLEANNESS（清洁）的部门负责的，但曾毓群觉得自己的产品如果被贴上特殊标签的话，也太丢人了，便主动请缨去解决这个问题。

那段日子，曾毓群一边要完成本职工作，一边还要研究如何解决这个困扰全球的业界技术难题，忙得不可开交。但最终，这个技术问题还真被他解决了。从那以后，全公司的磁头清洗就摆脱了氟利昂，全部改为去离子水。曾毓群也被提拔，接管了 CLEANNESS 部门。

或许是因为曾毓群干得很不错，赚的钱很多，两年后，他的高中同学黄世霖也辞去体制内工作，到新科磁电厂来打工了。黄世霖高中毕业后上了合肥工业大学，读的是半导体器件与微电子技术专业，1989 年毕业，运气也不错，分到宁德地区，当了一名基层公务员。

1991 年，在曾毓群的影响下，黄世霖离职去了东莞，从此两人成为同事，此后一直到 2022 年，也就是 31 年之后，因为黄世霖的辞职，这种同事关系才告结束。

曾毓群在新科很快就成为技术骨干。但在当时的环境下，中国员工在外资工厂很难升到高位，所以曾毓群做到高级经理，就止步不前了。

贵人

1994 年，他迎来了一位新的顶头上司，就是张毓捷。

张毓捷以美国博士毕业、曾在福特和 IBM 工作这样金光闪闪的履历，一到东莞新科就担任总监职务，后来又升为总裁级（president level）。

张毓捷比曾毓群年长 25 岁，经历更丰富，职位也更高，所以成为曾毓群的“师父”。这种师徒关系保持了终身。

他俩的关系有多好呢？用一个小例子可以说明：张毓捷非常喜欢打麻将，

而且在人生与事业的抉择中，也以“敢赌”而闻名。在60岁生日时，他专门请人写了一幅字，题为“赌性坚强”。

曾毓群看了非常喜欢，找张毓捷要，张毓捷不给，后来曾毓群趁师父不在，偷偷地把字顺走，挂自己办公室了。张毓捷没招儿，只能任由自己最喜欢的一幅字挂在弟子的办公室。后来实在忍不了了，又请人写了一幅“赌性更坚强”，才把原来的字换回来。

1995年，曾毓群又迎来了人生另一位“师父”。这位师父在曾毓群的生命中或许比张毓捷更重要，他就是陈棠华。

陈棠华到新科之后，成为曾毓群的顶头上司。与张毓捷的洒脱性格不同，陈棠华更缜密、更勤勉。用张毓捷的话来说：陈棠华严于律己，是制度的建立者；而他自己活得自在，是制度的破坏者。所以在工作上，曾毓群与陈棠华接触更多。

陈棠华对曾毓群高度认可，不管是技术还是人生经验，都倾囊相授。后来，曾毓群用“恩师、恩人、贵人、亲密战友”等词来形容他。

陈棠华除了在工作方面对曾毓群大力指导以外，还安排曾毓群去美国考察，并推动曾毓群去华南理工大学读在职硕士。1999年，他又大力提拔年仅31岁的曾毓群为总监，让他成为新科历史上最年轻的总监，也是公司首位来自中国大陆的总监。

不过，陈棠华对曾毓群最大的影响是拉他出来创业，即加入日后在业内大名鼎鼎的ATL公司。ATL最初的发起人不是曾毓群，也不是陈棠华，而是梁少康。

梁少康是香港新科的联合创始人之一，当时担任新科的执行总裁。在职位上，他是陈棠华的上级。1997年，梁少康就看到手机、MP3等消费电子产业正在蓬勃兴起，他认为消费电子电池将大有可为，于是极力推动香港新科拓展电池领域的业务。但是这个建议被日本母公司拒绝。梁少康推来推去推不动，于是1999年，他就和陈棠华、张毓捷商议，另外成立一家公司，专做电池业务。

由于梁少康当时在香港新科担任总裁，那一摊不能扔下，因此他主要是作为公司的发起者和投资人，但是不参与具体的管理工作。新公司的总裁由陈棠华担任，陈棠华、张毓捷、曾毓群组成了新的ATL公司的核心三人团队。

日后人们会发现，陈棠华目光长远，心思缜密，擅长于提前布局；张毓捷激情澎湃，敢打敢拼，是公司一些关键性重大决策的有力推动者；曾毓群踏实稳重，好学上进，是靠谱的执行者和持续进化者。

ATL的全名是Amperex Technology Limited，中文名翻译为“新能源科技有限公司”，公司总部位于香港，但实际生产地在东莞白马。后来陈棠华也将ATL诠释为“Advanced，Thin，Large and Light”，也就是先进、轻薄、大而轻。这正是当时做电池最需要的三个特质。

ATL是先有理念后有团队的。原来大家都是在新科做磁头的，谁都不懂电池技术。好在陈棠华是化学博士，对材料科学很熟悉；张毓捷是电机博士，对电力系统很熟悉；而曾毓群的专业完全不相关，他的长处在于敢于做事，刻苦钻研。

没有技术，除了自己钻研之外，最快的就是去购买现有的专利。当时市场上最先进的技术是聚合物锂电池，这个专利为美国的贝尔实验室所拥有，专利的购买费用是100万美元。100万美元是ATL全部资金的40%，当时还要购买厂房，还要发工资。花那么多钱买一个专利，是需要下极大决心的。但张毓捷的“赌性坚强”理论主导着公司，所有人一致同意：“买！”

但没想到，花大价钱买来的贝尔实验室专利有一个重大缺陷，按照该技术做出来的电池充放电几次就会出现鼓包问题。他们联系贝尔实验室，贝尔实验室的人双手一摊，说这个问题他们也无法解决。

当时，全球已经有20多家企业都买了这个专利，但是谁也没能解决充电鼓包的问题。而这个问题如果不解决，ATL前期的100多万美元等于打水漂了。对这个初生的公司来说，这无疑是灭顶之灾。

没办法，陈棠华、张毓捷、曾毓群等人日夜都扑在电池上，想尽一切办法来解决这个问题。在不眠不休连续两个星期后，这一困扰全世界的、连贝尔实验室的科学家都无法解决的难题，竟然被ATL的团队攻克了。

这一经历，更加印证了技术对公司发展的极端重要性。为了获得技术，陈棠华想尽办法和中国顶级的电池技术研究机构和专家取得联系。1999年，ATL还没成立时，陈棠华就邀请陈立泉参加ATL成立的论证会，在ATL做电池试验的时候，陈立泉提供了至关重要的技术改进方案。可以说，陈立泉在ATL的早期发展中，做出了极其重要的贡献。当时陈立泉还不是院士，但是陈棠华对陈立泉的水平有深刻认知，请陈立泉为ATL公司培养两名博士。那时候，中国科学院物理所还没有过招收在职博士的先例，但是在陈棠华的大力推动下，中国科学院物理所最终同意了这一要求。

虽然是开放了这个口子，但是入读博士的考试并没有放松要求。在陈棠华推荐的两位候选人中，只有一位通过了考试，另一位以一分之差惜败，被刷了下去，录取的那一名就是曾毓群。也正是在他录取的那一年，陈立泉当选为中国工程院院士，所以曾毓群是陈立泉当院士后的开山大弟子。

曾毓群读博，是陈棠华极富远见的一步，不仅仅是为了让曾毓群接触到世界最前沿的电池技术，而且他和陈立泉院士的这种关系，也是日后公司发展的重要助力——陈立泉院士作为中国电池界的泰斗，对技术和政策走向有很大的发言权和建议权。明白了这个问题，就更要感叹陈棠华早先让曾毓群去读硕士是多么英明的决定。如果不是曾毓群及时在华南理工大学拿下了硕士学位，他连报考博士的资格都不具备，在2001年就不可能报考陈立泉的博士了。

也就是这一年，陈棠华在台湾大学、伯克利加州大学的校友兼IBM前同事徐大麟看到了ATL的发展潜力，由其主导的汉鼎亚太出资1200万美元，给ATL注入了第一笔风险投资。到年底，美国凯雷投资、英国3i集团又投了2500万美元。为了得到这些融资，创始团队大幅出让了股权，成为公司的小股东。

有了充足资金的ATL开始迅猛发展，并于2004年打入苹果公司的供应链，为苹果公司新推出的颠覆性产品iPod提供1800万颗电池。但公司的蓬勃发展并没有让投资人安心，当时的电池市场竞争日趋激烈，早先被ATL攻克的技术，其他企业也都逐渐掌握。而相比那些老牌的电池厂商，ATL没有规模优势，原先的技术优势被追平后，竞争力就不那么突出了。2005年，ATL的重要投资人凯雷资本在调研了在美国的另一家电池企业后，发现对方的技术更先进、成本更低，于是直言不讳地跟陈棠华、张毓捷、曾毓群等人说：你们完了。并着手开始退出，其他两家投资人也跟着要撤资。

没办法，陈棠华等人又没有那么多钱自己回购股权，只好到处找其他投资人接手。刚开始想卖给其他台湾厂商，但是却没有人看得上。最后，由老上级梁少康接洽，找了老东家东京电气化学公司，后者出资一亿美元收购ATL，才解决了这个问题。

陈棠华等人兜兜转转一圈，本来是自己出来创办的企业，最终由于资金问题，还是没能脱离东京电器化学公司的怀抱，而且失去了对公司的控制权，不能不令人扼腕叹息，张毓捷也因此一度离开了公司。

从日后ATL的发展来看，汉鼎、凯雷和3i可能要悔断肠子，而东京电器化学公司则笑到了最后。ATL并没有如凯雷预测的“你们完了”，反而乘着中国电子产品蓬勃发展的东风，走上了快车道。

2007年，ATL的销售额达到23亿元，福布斯评选了100家最具潜力的中国企业，ATL名列第13位，但这还只是ATL刚刚崭露头角而已。到2012年，ATL已经累计出货10亿个电芯，成为全球排名第一的聚合物锂电池厂商。这依然远远不是ATL发展的巅峰。

嬗变

早在2004年12月，位于东莞的ATL总部迎来了一群特殊的客人。那是从曾毓群家乡宁德蕉城来的招商引资团队，带队者名叫钟家尧，曾经当过飞鸾镇的镇长，时任蕉城区政协主席。

面对家乡来的领导，曾毓群给予了超高规格的接待，他召集了ATL的全部宁德员工，包括黄世霖、吴映明、左允文、陈元太等后来成为宁德时代高管的员工，宴请钟家尧一行，并且还专门邀了自己的父亲曾庆长作陪。

钟家尧的这次拜访没能够直接邀来曾毓群设厂，但是为此打下了很好的基础。后来，钟家尧又陪同家乡的区长、书记一次又一次过来诚邀；同时，宁德也在不断改善条件，最重要的是修通了高速公路，投资的条件比以前大大改善。

而在ATL内部也有了新的变化，2007年，随着ATL的业务大幅扩张，原来在东莞的两个厂已经不够用，急需扩大规模。当时，全国各地都在大力招商引资，来找ATL的地方很多。但宁德市早就打好了基础，而且给予了非常优厚的条件，加上与曾毓群的关系，宁德市就成为ATL的首选。

但日本总部并不同意去宁德设厂。陈棠华作为总裁，力推宁德方案，做了诸多工作；张毓捷此时也重新回归了ATL，担任副董事长，他力排众议，坚持要去宁德；曾毓群更是决定，如果不能去宁德建厂的话，他就和宁德籍的员工集体辞职。

最终，总部只得同意去宁德办厂的方案。2008年3月，ATL在宁德成立了全资子公司宁德新能源科技有限公司。这是宁德市历史上最大的一个招商引资项目，直接改变了整个宁德的产业、经济和城市格局。

日后，为了感谢张毓捷为宁德做出的巨大贡献，宁德市授予张毓捷“荣誉市民”的称号。而对于陈棠华的贡献，曾毓群如此表述：我的家乡福建宁德市的三百万人民真是太感谢他了。促使ATL投资宁德，他起了至关重要的作用。

拨开历史的迷雾，我们回到2007年、2008年，会发现陈棠华等人和总公司的博弈是非常耐人寻味的。从经营的角度讲，在宁德如此优厚的招商引资条件下，去宁德设厂本身是一个商业上很可行的选择，总部为什么要强力反对呢？

现在分析，在宁德设厂不仅仅是一个厂选址的问题，更关键的是对公司未来的控制权之争。自己辛辛苦苦创立的ATL被人收购，本来以为是创业，没想到最后还是打工，这应该是陈棠华、张毓捷、曾毓群心中无法言说的痛。而脱离出来真正创业，自己掌控亲手创建的公司，应该是他们共同的梦想。

宁德是曾毓群的根据地，而宁德新能源工厂的投资规模巨大，是整个ATL的未来所系。如果新工厂放在宁德，他们就有了自己可以完全控制的一块地盘。这块地盘做大了，他们在总部面前就有了足够的话事权。在宁德，他们可以有足够的腾挪空间，一步一步去实现自己的梦想。

2008年，位于宁德东侨的工地正式动工。这里的面积足有4.67平方千米，原本计划是用作鱼塘。ATL来了之后，全部填平，建成了工厂。

曾毓群等人之所以到宁德，是因为已经不满足于做给手机、MP3等小型电子产品使用的消费电子电池，而是要做给汽车用的动力电池。张毓捷认为，消费品电池虽然也不错，但是成长的斜率太小；而如果改到动力电池赛道，成长斜率可能是消费品电池的 3 倍以上。

就在成立宁德新能源的同一年，ATL 内部设立了专门的动力电池研发部，开始研发动力电池。动力电池与消费品电池有一个巨大的不同是，动力电池涉及汽车领域的重大政策走向，其背后是传统燃油车与新能源车的两条产业路线的抉择，这对整个国家未来的产业布局和经济增长都有巨大的影响。因此，国家对动力电池的政策与消费品电池完全不同，其准入门槛和补贴政策，会因企业是内资还是外资而有天壤之别。

为了符合国家的政策要求，享受必要的政策支持，2011 年，在张毓捷的主导下，ATL 内部的动力电池研发部独立出来，组建为新的“宁德时代新能源科技股份有限公司”（英文名为 CATL，比原来 ATL 增加的 C，是 Contemporary 的缩写，即“时代”之意），简称“宁德时代”。

这家独立的宁德时代公司，在股权结构上，由张毓捷、曾毓群等人全面主导。日资背景的 ATL 只是以“宁德新能源”的名义，占有宁德时代股权的 15%。从 1999 年开始创业，到 2011 年从股权上真正掌控公司，曾毓群等人整整走了 12 年。

令人遗憾的是，在此之前的一年，陈棠华因为突患败血症，病逝于美国，未能亲眼见证宁德时代的成立。

所幸的是，宁德时代日后的发展，完全按照陈棠华所设想的路在走，步伐之快速稳健甚至超过了他之前的想象。如陈棠华有在天之灵，看到曾毓群和宁德时代日后的发展，应该也可以瞑目了。

转型

宁德时代成立后，曾毓群担任董事长，张毓捷则继续在宁德新能源担任董事长，后来，宁德时代尊其为“荣誉董事长”。

从消费电子电池到动力电池，是一个非常大的跨越。能做好小电池，并不意味着能做好大电池（组）。而且，当时中国的电动车市场其实非常小，一年也就生产一万多辆电动车；而日本的松下、韩国的三星、美国的 A123、中国的比亚迪，都已经在动力电池领域多年，不管是技术还是市场，新玩家都难以望其项背。

所以宁德时代的成立，其实也是一件风险极大的事情。原来作为ATL的一个部门，做砸了是公司的事，个人还是好好地当职业经理人；现在独立出来，做砸了就是自己的事，甚至有可能把全部身家都赔进去。如果不是张毓捷和曾毓群这种“赌性坚强”“赌性更坚强”的企业家，恐怕谁也没有魄力赌这么一把。

宁德时代第一个关键的单子，来自华晨宝马。2012年，宝马想要推出一款名为“之诺1E”的电动车。这其实并不是一个大单，而是一个试验性的产品，只计划装配几百辆车。由于此前宝马的其他系列电动车与韩国三星和德国博世都合作过，未能满意，所以想寻找新的供应商，于是就找到了刚刚从ATL动力电池研发部转型而来的宁德时代。

曾毓群带领全公司员工，对这个单子全力以赴。当时宁德时代建立了全亚洲最大的测试中心，投入了几乎全部的人力与资源，专攻宝马项目。很多人不理解，认为为了这么一个小的项目，就投入这么大的力量，完全是得不偿失。但曾毓群不为所动。

曾毓群提出，虽然宁德时代是一家刚起步的公司，但是客户是世界级的，拥有世界级的产品、技术和服务，他们对供应商的要求，也是世界级的标准。所以，宁德时代也必须以世界级的标准来要求自己。事实证明，这一步走对了。虽然从会计成本上计算，宁德时代做这个项目也许是亏的，但是在技术和品牌上的收益却大得超乎想象。

当时，宝马提供了800多页德文版的电池生产标准文档，并且派出工程师驻扎到宁德时代，共同开发这款新的电池。宁德时代吃透了这些文件，将其消化，转化为自己的技术后，其对动力电池的理解和技术水平，就上升到了国际顶级的标准。

而且，“成为宝马供应商”“开发了令宝马满意的电池”这两点，在中国乃至全球的动力汽车市场上，都可以称之为金字招牌。

果然，成功完成宝马项目后，宁德时代就接连拿下了宇通、吉利、上汽、金龙、长安等汽车厂商的大单子，一举成为中国乃至全球动力电池的重要玩家。

随着特斯拉等先行者的强力带动，新能源汽车开始在全世界蓬勃兴起，从2012年的11.6万辆增加到2015年的54.6万辆，增长了3.7倍；而对动力电池的需求量，更是从2012年的2.7亿瓦时增加到2015年的24.3亿瓦时，增长了8倍。宁德时代遇上了巨大的风口，赶上了张毓捷所说的“三倍斜率”的增长。2015年营收达到57亿，净利润达到9.5亿。

更为重要的是，2015年，宁德时代摆脱了日本东京电气化学公司最后的束缚。日本东京电气化学公司持有宁德新能源的15%股权于当年全部退出，由中国资本宁波联创接手。宁德时代变成了百分之百的内资公司，在享受国家有关的政策优惠方面，不再受外资占比的束缚。此后，经过多次股权运作，曾毓群通过其100%拥有的瑞庭投资，占有宁德时代29.23%的股份，成为第一大股东；他的高中同学、二十多年的老搭档黄世霖，占有13.34%的股份，成为第二大股东；宁波联创稀释后的股份为8.5%，成为第三大股东。

值得一提的是，宁波联创从日本东京电器化学手上获得宁德时代15%的股权时，只花了8900万元。现在，宁波联创在已经套现过很多亿的情况下，依然持有宁德时代6.77%的股份，按当前（2022年11月）市值，约合人民币657亿元。宁波联创的老板裴振华也因此跻身福布斯全球富豪榜。这可能是这些年来最惊人的投资回报故事。

雄心

曾毓群今年55岁。对于执掌这么大的一家企业而言，这个年纪正是当打之年，在可预见的未来5～10年，将是他的黄金时代。

在与沈南鹏的对话中，曾毓群曾经预测，到2030年，宁德时代在动力电池领域，做得好有可能占到50%～60%的市场份额，做得不好有可能公司都不存在了。

按照现在电动汽车行业每年两位数甚至三位数的增速，结合50%～60%的市场占有率测算，宁德时代的营收还有很多倍的增长空间。

这也意味着到2030年前后，宁德时代将是一家年营收几万亿元的超级企业，成为中国民营企业一骑绝尘的第一名——前提是，宁德时代没有发生“公司都不存在了”那种风险。

动力电池还只是宁德时代三大业务板块中的一块，其他两块分别是储能和电动化＋智能化。曾毓群的雄心是，以可再生能源为核心，替代传统的煤炭、石油、天然气的化石能源；以动力电池为核心，替代传统的加油、加气的移动式化学能源；以电动化＋智能化为核心，实现市场应用的集成创新。

这一雄心也体现在曾毓群为宁德时代所设立的愿景之中：立足中华文化、包容全球文化，打造世界一流创新科技公司，为人类新能源事业做出卓越贡献，为员工谋求精神和物质福祉提供奋斗平台！

曾毓群骨子里真正追求的，其实是中国传统儒家的“内圣外王”。曾毓群虽然是工科生，长期以来都是做技术工作的，但是他对中国传统文化深深喜爱，并有着极深的见解。真正听过他讲话、看过他文章、见过他行事的人会发现，这是一座宝藏。

他在公司的内部讲话和文章，经常会引用中国古代经典，尤其是儒家的经典，平时与人交往，他经常会推荐对方看《论语》。公司最重要的文化学习资料，是一本名为《修己达人》的小册子，里面主要是他的讲话和部分传统文化学习资料。

而最近整个宁德时代上下都在学习的，是由青年学者姚尧专门为宁德时代写的一本《论语之道》。曾毓群希望宁德时代的员工能从中国传统文化中汲取精华，做有高远志向、有责任担当、有强大自驱力和永远昂扬向上、持续进化的人。

曾毓群办公室曾经挂的字是“赌性更坚强”，但现在已经改为了“溥博渊泉”。这四个字出自儒家经典《中庸》，意思是圣人的智慧、美德、功绩如天一样广博，如渊一样深邃，普照天下，泽及世人。

也许，他只是在代表陈棠华、张毓捷、曾毓群三人小组，实现他们曾经畅谈过无数次的梦想。

（资料来源：来自何加盐的公众号）

第二章

《大学》的内圣与外王：信念能力修炼

大学之道，在明明德，在亲民，在止于至善。

知止而后有定，定而后能静，静而后能安，安而后能虑，虑而后能得。物有本末，事有终始。知所先后，则近道矣。

——《大学》

第一节　信念的力量

一、申包胥救楚和伍子胥灭楚

春秋末期，楚平王为增强楚国实力，和秦国联姻，秦国把王室女子孟嬴嫁给了楚平王的太子建，以结秦楚之好。这本来是个好事，可楚平王听他的宠臣说孟嬴有绝代美色，不顾准公公的身份，把准儿媳变成了夫人。太子建无可奈何，自认倒霉，可楚平王做贼心虚，加上奸臣蛊惑，把太子建驱离首都，准备以谋反罪名诛杀。

太子的老师伍奢义愤填膺，指责楚平王没有礼义廉耻，盛怒之下的楚平王诛杀伍奢全家，只有伍奢的二儿子伍子胥得以逃脱。逃亡路上，伍子胥遇到了八拜之交申包胥，申包胥同情他的遭遇，让他赶紧逃离楚国。伍子胥临走时对申包胥说，自己一定要灭掉楚国，报父兄之仇。申包胥作为楚国臣子，针锋相对："你若灭掉楚国，我必救楚国。"伍子胥表示同意："我灭楚国是为尽孝，你救楚国是为尽忠，这都是我们应该做的事情。"

一心想着尽孝的伍子胥过昭关一夜白头，跑到吴国流浪街头，每天以凄凉的箫声引人注意。后来伍子胥得到吴国公子姬光的青睐，与他畅谈天下大事，久而久之成为知己。后来姬光发动政变，登基为王。经过十来年的精心准备，公元前506年，姬光和伍子胥动员三军，对楚国发动总攻，双方在楚国境内打了五场大战，吴国五战五捷。伍子胥率兵进入楚国都城，挖坟掘尸，把楚平王鞭尸三百，践行了他之前的坚定信念：灭楚报仇。

之后，他当年的好友申包胥也开始践行当初的信念：救楚国。但他和伍子胥一样，本人没这个能力，必须借助外力，于是他跑到秦国几经辗转见到秦王，请求救楚，秦国认为楚国已经灭亡，拒绝出兵。申包胥在秦王宫外站着，不吃不喝，站了七天七夜，彻夜大哭，秦王被他感动，下令出兵救楚。实际上，由于楚国地域太广，吴国并没有吞并楚国的计划，秦军刚刚进入楚国边境，吴国就带着金银财宝、辎重粮草退出楚国。经此一战，楚国存续下来，毫无疑问，第一功臣当属申包胥无疑。

申包胥救楚和伍子胥灭楚明明是相反的两件事，在信念力的作用下，竟然都办成了，这也在一定程度上说明了信念的力量。

二、信念力之三纲

大学者，大人之学也。凡是有志于造福大众的仁人贤士，都应该认真阅读《大学》，从中体会信念的力量，明白内圣外王之道，成为经世致用之才。《大学》是《四书》之首，回答了人应该活成什么样子，怎么活成真正的人。一个卓越的领导者该如何从《大学》中吸取营养、获取能量呢？

《大学》这本书的精神，首推“三纲八目”。所谓“三纲”，就是“在明明德，在亲民，在止于至善”。首先说“明德”，明德就是净洁的内心，明德如同太阳，太阳发出光芒即是明明德，太阳发光是自动自发的，没有任何借口和理由，正如领导者弘扬善良光明的德行，不必让人催促要求。环境和命运的制造者正是自己，在心中种什么样的种子，就结什么样的果。明明德就是让民众恢复他们本自具足、与圣贤一体无二的正大光明的本性，回到原来的自己。

然后是“亲民”，也有人说是新民，即把民众的旧思想革除，使之自新。经过考证，笔者认为“亲民”更为妥善，民之所好好之，民之所恶恶之，顺着人民的心而用心，明明德的君子，应该亲近仁爱百姓，而不是简单地使他们弃旧图新。在企业中，亲民就是为员工服务，为他人服务，大而化之为社会服务。实际上，亲民和新民应合二为一，才是领导力的正道，领导者既要引导大家开拓新思路、学到新知识，更要通过教诲让彼此亲近仁爱，创造更多社会价值。

再谈“至善”，即让整个社会都能达到完美的道德之境并长久保持下去，至善如船舵，明德与亲民则是航海之船。大学之道的最终目的，是培养一个道德完善并对社会建设有热忱和责任感的君子。所谓“止于至善”就是心中常存善念，扮演好我们在这个世界上担任的各种角色。

领导者懂得了止于至善的道理，信念才得以确定；信念确定，身心才能安静；身心安静，才能安于当下；安于当下，才能虑事周详；虑事周详，才能达到至善境界。止、定、静、安、虑、得，形成了一个成功做事的闭环。

“人人自有定盘针，万化根源总在心。”一言以蔽之，决定人生方向的指标就在于人的本心和良知，找到目标后自然会信念坚定，志向明确，这就是“知止而后有定”；信念坚定，志向明确后安静专一，这就是“定而后能静”；内心安静专一，就能够安于当下，这就是“静而后能安”；在内心的作用下，可以从容不迫考虑问题，且会考虑得非常周到，这就是“安而后能虑”；深思熟虑，自然会有所收获，这就是“虑而后得”；最后回到起点——知止。

一定要明白的是，止于至善不是研究未来做什么，而是要研究今天做什么才有未来，所以《大学》里说“物有本末，事有终始”。以终为始，大概如此！

三、信念力之八目

如果说“三纲”明确了领导信念力的方向，那“八目”就是信念力的实施路线和探索方法。

1. 格物致知——万物皆有道

“夫大人者，与天地合其德，与日月合其明，与四时合其序，与鬼神合其吉凶。”作为一个领导者，就应该“赞天地之化育，则可以与天地参矣”，穷究事物的道理，即所谓“格物”。

观察四种自然现象，天是最广大的，地是最方正的，太阳是最灿烂的，月亮是最皎洁的，所以叫正大光明，从观察自然到修身致知，就成了“正大光明”的人格追求。

观察天地的神态，向天地学习，就能天人合一，形成大格局、大气象。大地方正、安稳不动、宁静祥和、柔软谦卑，能包罗万有、滋养万物而不言，这是美德；上天高大，高而脱俗可谓贵，博大深远，莫过于天，这也是美德。通过广泛学习，细致研究某事某物并身体力行，脚踏实地去实践体会，就可以获得真知。

2. 诚意正心——起心动念处下功夫

《大学》中说："所谓诚其意者，毋自欺也。如恶恶臭，如好好色，此之谓自谦。"诚意是要保护自己的正念，即利益大众的念头，通过对自己念头的觉察和管理，一个人就可以做到正心。

要正心，一定要在起心动念的地方着力。我们是不是时常反省、检查自己的念头？是不是发现一些极端的念头就加以净化与克制呢？空山穷谷之中黄金万两，露白苍葭而外有美一人，试问夫子动心否？所以中国传统文化特别注意在心念上着力，面临人和事的当下，第一念非常重要。道德的教育往往是防患未然，从起心动念处入手，而法律手段则着眼于人的行为，已经在末端了，所以诚意正心很重要。

3. 修身齐家治国平天下——红尘可炼心

"修身"之后才能"齐家"，一个人只有把自己修好了，才能做一个好家长。在现实中，很多人觉得"齐家"似乎不值得重视，实则不然。保安、电工、挖掘机手还需要专业培训持证上岗，一个德行不端、性格偏执、能力欠缺、言行不端的家长如何能培养出堂堂正正的中华好男儿？一个自私自利、贪图享受、高傲自大、愚昧无知的领导者如何能带出一个龙精虎猛、能打胜仗的虎狼之师呢？

关键人物，尤其是企业的领导者，其言其行是众人表率，不可不察。领导者的气象和风格某种程度上关系着企业的风气。

我国的家族企业短时期内无法摆脱这样的事实，所以领导者必须明白修身治平本是一体，更要明白四书之首《大学》就是一本领导者必修的入门课程，如此才能立足岗位、游刃有余，最终成就商业价值和人生价值。

第二节 信念能力的构成

北宋大文豪苏轼曾说过，“古之立大事者，不惟有超世之才，亦必有坚忍不拔之志。”“问汝平生功业，黄州惠州儋州。”东坡先生本人的经历，也很好地印证了这句话。

美国作家奥里森·马登在著作《信念力》中，也提到了信念力的强大作用，但对于信念力的要素构成却语焉不详。笔者翻阅大量典籍文献和管理学著作，尝试揭开信念力的神秘面纱，在解析信念力、提升信念力等方面做出尝试，提出了“六自”理论。

一、自知：知道你是什么样的人

要有坚定的信念，你必须先读懂自己，只有建立在自知基础上的信念力才牢不可破：即使风吹雨打，你自闲庭信步；即使偶有挫折，依然东山再起。

作为领导者，一定要学会向内求，凡事反求诸已，主动和自己对话。

一是认知自己的性情。人与人的区别全在性情，学会审视自己。

二是认知自己的优点与长处。知道自己擅长什么，把优点打磨得强大无可替代，形成核心竞争力，以长板理论突破自己。

三是认知自己的经验。想想你做过什么，对社会和人情世故的理解如何。世事洞明皆学问，人情练达即文章，你掌握了多少？

四是认知自己的资源。你有哪些人脉优势，有哪些别人没有的核心优势，一个好汉三个帮，你的伙伴在哪里？

五是认知自己的使命。“天生我才必有用”，每一个人都有自己的目标和责任，早日找到这个目标，就是早日找到自己的信念力来源。

二、自信：相信的力量

当比尔·盖茨第一次体验到使用电脑的快乐时，他相信每一个普通家庭的桌子上都会有一台电脑。当马云在美国第一次使用互联网时，他相信天下没有难做的生意。华为的任正非说，他领导的华为是为人类服务，不是为金钱服务的。雷军在创建小米前已经实现了财务自由，不到10年成为全球四大智能手机厂商之一。在2021年3月30日的小米春季发布会上，雷军宣布愿意押上自己所有的声望和财富进军新能源汽车市场，这就是相信的力量，或者说是利他的力量。

自信，目标必达：明智的领导者都很清楚，凡事战胜自己是关键，避免用战术上的勤奋掩盖战略上的懒惰。

自信，关注当下：如果你清楚自己要什么，就会专注自己走的每一步路，这种专注往往会产生不可思议的力量。

自信，明辨是非：有了清晰的目标，就必然具备慎独的能力，不论人前人后，都会内外合一，分清自己的理想与欲望，做正确的事往往比把事情本身做正确更为重要。

三、自律：从领导自己开始

智者把人分为三类，第一种人是火，点燃自己照亮别人，或者成为一束光，照亮一个行业或区域；第二种人是木头，必须靠别人点燃才能发光发热，提供能量；第三种人是石头，很难燃烧，如果燃烧，必须用“三昧真火”，耗神耗力，事倍功半。而好的领导者无疑是第一种，能律己，能点燃唤醒他人，从这个意义上说，领导的核心其实是激发人的最大能力以达成目标。

领导者最低成本的领导就是自律。当我们谈到自律时，第一个想到的就是生活自律和工作自律，比如坚持不懈锻炼、定时定量读书、某一种技能的刻苦重复等，作为普通人，这样的自律于己足够，但对于一个团队的领导者，这些远远不够，还需要做好志向自律、情绪自律和复盘自律。

所谓志向自律就是目标一以贯之，正念顺势而为，做正确而长久的事情。“势”其实是天道人心。雷军曾经说过，一个人要成就一件事情，本质上不在于你有多强，而是你要顺势而为，于万仞之上推千钧之石。在情绪自律上，他主张用稻盛和夫的方式，那就是努力工作，以行动克服负面情绪。据说，雷军总结了稻盛和夫的《六项精进》后，认为这本书就是在重复三句话：付出不亚于任何人的努力；认真拼命地工作；除了拼命工作之外，世界上不存在更高明的领导诀窍。你不觉得这就是一句话吗？情绪自律要求我们既要承认负面情绪的存在，又要在负面情绪出现后及时警觉、对症下药。最后，再看复盘自律，任何事情无论失败得失，都应该事后复盘、阶段性总结。总结的目的是去掉运气成分，找到成功规律，让成功变得可以复制粘贴。

四、自励：聚焦而专注

“饥来吃饭倦来眠，只此修行玄更玄。说与世人浑不信，却从身外觅神仙。”其实，越是聚焦的，越是简单的，就越可行，而越是可行的，当然就越有生命力。14 世纪的英国人奥卡姆总结出了如无必要、勿增实体的“奥卡姆剃刀原理”，就是聚焦与关注的另一种表达。

一个人不能聚焦，就会计较短期的利害得失，一旦计较了短期的利害得失，就会产生荣辱之心和是非之心，做起事情自然会瞻前顾后，如此反复颠倒，心多牵挂，则很难成事。

了解什么对自己最重要，然后用有效的时间和精力专注地追求，从而获得最大的成就。这实际上包括了聚焦的五点内涵。第一，欲望极简，了解自己的真实欲望，不受外界影响，不盲目跟风；第二，精神内敛，了解、选择并坚持一两项自己真正喜欢的精神活动；第三，信息聚焦，远离一切垃圾信息源头，精简信息渠道，收集核心信息；第四，表达简练，写文章、说话，各种表达尽可能简单直接；第五，工作不拖延，一段时间只聚焦一件事，不做无用社交，提高效率。

五、自谦：温和且坚定

古人云：君子如玉，望之俨然，即之也温。这讲的是一个领导者的修养。曾国藩说过，古往今来，庸人大多以懒致败，能人往往以傲致败。

外表的温和如果要成为美德，必须以内心的坚定为基础，这也是一个领导者必备的信念力内核。

任何一个领导者都要有信仰，那就是舍我其谁的英雄主义与改变世界的理想主义，企业领导者更需要向前看，看到不确定的风险，以舍我其谁的精神迎难而上。

必须有逆境而上的拼搏精神，关键时候做好决策，尤其是困难来临的时候，必须有自信心和自控力，坚持到底，不妥协、不放弃、不退缩。

必须把精神内核输入到团队中。把精神、意志灌输到领导的企业、团队中。这一点非常重要。

如何才能如玉般温和呢？主要有三点：首先是心有敬畏，明白人性平等，屈己待人；其次是放下身段，以无我的朴实心理建立自我；其三是学会谦让，领导者要有牺牲精神，让出利益而不是让出权力。

谦逊、谦和、温和与内心坚定，对使命的执着追求是信念力的一体两面，类似中国传统文化的“外圆内方”。要做到外表温和，内心坚定，做一头温和的狮子，内敛而有主见，则自然会由内而外散发出领导者的魅力，追随者自然择善而从。

六、自省：达到“四极”境界

自省能力是信念力的基本要素。简言之，作为领导者有必要一日三省，主要是问自己三个问题：有没有克制自己的情绪？有没有警惕自己的傲慢之心？有没有改善自己的不良习气？

如此三省己身，领导者基本上可以达到“四极”境界。一是极自然：就是忠于内心，做自己该做的事；二是极朴素：经典往往是质朴的、有效的；三是极通透：一个人不被情绪控制，不被外物纠缠，那内心必然通透，当然能得心应手处理各种人际关系，轻松随意处理各项工作；四是极和谐：和谐当然不是“好人主义”、问题来了撒腿跑，而是能够和而不同，分工协作，积极面对，这才是真正意义上的和谐。

第三节　提升信念能力的六项精进

信念能力是人的使命、认知、情感、意志的统一体或形成的合力，强大的信念力往往伴随着坚定的使命感和炽热的感情。正因如此，信念力不仅深藏于内心，还一定会外化为行动，在信念力的作用下，人们的意志是坚强的，行为是坚决的。

一、立凌云之志

王阳明先生有言："志不立，天下无可成之事。"有人问：什么是立志？先生回答：念念不忘存天理。什么是天理？就是北宋理学大家张载先生的"横渠四句"：为天地立心，为生民立命，为往圣继绝学，为万世开太平。简而言之，就是天下为公，为人民服务。真正的志向是做多少事业，造福多少人民，归根结底是有一颗服务大众的心。

第一，立志要正。志向如同种子，所立的志向应建立在善念的基础上，所谓念念存善，所立的志向要能代表大多数人的根本利益。

第二，立志要早。所谓的早，就是一年之计在于春，趁青春年华，应立宏图大志，尽早确立自己的志向和目标。

第三，立志要远。立志并非遥不可及，而是需要时间的打磨和实践的淬炼，投入足够的精力方能达成。

第四，立志要专。一旦立志，变的是方法，不变的是方向，当困难艰险来临，依然信念不变，不忘初心，方得始终。

二、有自信心

自信心源于道德感、判断力、意志力，我们要知道什么是正确的，坚信自己可以做到且具备这样的能力。事实上，不是有了能力才自信，而是有了自信之后才会有意识地提升能力。我们以福耀玻璃曹德旺先生为例。

首先是文化自信。中国传统文化中，“义”和“利”是关键，优秀企业的领导者一定要义利并重，曹德旺认为，“义”就是要承担责任，把应该做的做好，“利”则是让相关人员得到利益，在遵纪守法的前提下努力赚钱。

其次是行为自信。曹德旺说，有些企业领导者总是急功近利，最终身败名裂，他经营的福耀集团仅捐款就有110多亿元，这种行为动机来自哪里？就是感恩国家的政策与环境，感恩社会大众的理解与支持。

其三是能力自信。曹德旺不到20岁就跟着父亲走南闯北做生意，多年来在企业经营管理上积累了丰富的经验，而且能够与时俱进，办厂40多年，在十多个国家和地区投资发展，无一失手，这当然源于他的能力和魄力。

人生在世，离不开四个字：人情事故。人情是人际交往，事故是解决工作和生活的事情。若要人情练达，世事洞明，需要懂得是非善恶，知道了是非善恶，我们可以用喜怒哀乐来应对：喜是对工作热爱喜欢，怒是对自己不能尽职尽责而愤怒愤恨，哀是为不能胜任工作而焦虑着急，从而知耻而勇，起奋发之心，最后达到乐于工作的境界。

三、养浩然正气

孟子曰：“吾善养吾浩然之气。”浩然之气是天地间最具正能量的物质，也是信念力提升的根基，具体方法可以参考以下几点。

克己之欲。欲望是每个人生而有之的，不可否认也不可放任。荣华富贵、美食美色都应适度，领导者必须时刻谨记，物欲必须节制，以身作则由此开始。

舍己之利。追求利益无可厚非，但领导者理应“先天下之忧而忧，后天下之乐而乐”。所谓吃苦在先、享乐在后不应只是口号，推己之利给集体，也是浩然正气养成的重要心法。

去己之“病”。这里的“病”是工作的习气和生活的毛病，领导者的毛病在群众雪亮的眼睛里无处遁逃，让下属改过完善，领导者必先从自身下手，经常反省，迁善改过。

惕己之慢。谨防知识的偏见与权力的傲慢，不少身居高位者忘乎所以，轻慢怠人，久而久之以为自己高明伟大，一旦傲慢必然失人失德、疏于管理，长此以往，丢职丧身者不是少数。

制己之怒。林则徐曾书写“制怒”二字悬于书房，时时警惕，为一时佳话。如果在企业管理中遇到无纪律、不服从的下属，需有耐心、恒心、决心，不可因怒草率处理，时间久了自见成效。

四、尽最大努力

“尽最大努力”是日本著名企业家稻盛和夫的心法，也是信念力提升的必由之路，大家都知道要付出不亚于任何人的努力很重要，但怎么去做是个问题，我们总结了“三步走”的办法。

第一步，为目标努力备课：对于不了解、不清楚的工作内容和工作性质，马上去学，对于可能出现的问题和困难提前做好预案，以备不时之需。需要注意的是，领导者不能拉帮结派，这百害而无一利。

第二步，分析努力的动机：在任何企业做事，必须顺应企业内部的体系和习惯，尽量先做出小的改变，否则往往出力不讨好。对企业的难题一定迎难而上，不逃避、不指责、不抱怨，敢于担当、勇于任事，以积极的态度去面对、去解决、去改进，不避不让，这是作为一个领导者的本分和职责。

第三步，对自己的所有行动负责：全力以赴做好应该做的事，如果很顺利，说明你有能力做更多的工作；如果还没能力做好当下的工作，一定不要好高骛远，回到手头的事，认真做好。信念能力的精进只在行动中，不在胡思乱想中。行动吧，答案就在立即行动中。

尽最大努力，是在正念的引导下尽最大努力，而不是在欲望引导下玩命狂奔，明白了这一点，就会理解首先要做对的事、做自己喜欢的事、做利他的事，唯有如此，才会力量无穷。

五、修平常之心

平常心是领导力修炼的重要目标，也是信念力精进的法宝。清代名臣曾国藩在给弟弟曾国荃的信中写过这样一首诗："左列钟铭右谤书，人间随处有乘除。低头一拜屠羊说，万事浮云过太虚。"大意是一边是奖状一边是诽谤，人生的美好丑恶都在身旁，虚心学习春秋时期宰羊屠夫的豁达，功名利禄不过天上的浮云飘过，哪有什么快乐与沮丧？

看得开：屠羊说（通"悦"）本来是楚昭王时期的屠夫，楚国败亡时，他跟随逃亡，在流浪途中帮助楚昭王解决了很多问题，功劳很大。后来楚王复国，昭王派人问屠羊说希望做什么官。屠羊说回答："楚国复国，我也恢复了我的羊肉摊，还要什么赏赐呢？"

放得下：作为一个企业领导者，在其位谋其政，尽心尽力是本分，不在其位，不干扰不分心也是本分。一些企业领导者出问题，往往就是不在位了心还没放下，爱干扰、不得人心。在做事上也是如此，当下的事尽心为之，不避不让，事情过后则立刻放下，不恋不贪。

忍得住：任正非在一次访谈中说："社会一定是合作共赢的，每个国家孤立起来发展，这在信息社会是不可能的。"这就是在危难期任正非老先生的世界观。在女儿被非法扣押的时间里，一位七十多岁的老人没有愤怒，没有悲惧，只是淡淡说了句，已经做好了与女儿永远见不到面的思想准备。这就是一个伟大的企业领导者泰山崩于前而气定神闲的定力。

案例二

金融前锋李小加

短促的哨声响起，上半场球赛告一段落。李小加胡乱擦了擦汗水，从球场退到休息区，调整呼吸，复盘这场球的得失。

他是这个足球场上唯一超过 60 岁的选手，也是追着球跑得最欢最野的那一个；他自嘲球技不佳，却因为负责给队员扛水、买啤酒，在球队里颇受欢迎，每周都要踢5场比赛，还成为冲锋陷阵的前锋。

前锋，是敢为人先、直面挑战、冲出新局面的角色；也是负责吸引火力、突破包围，寻找机会射门得分的关键人物。球赛和人生是相通的。作为中国金融界最具标识性的人物，李小加一直都是那个最突出的前锋。

他推动大开大合的制度变革，把握稍纵即逝的机会，冲在高远理想与深沉现实之间，不断冲撞出新的可能。那些迎着风的奔跑、闯出新路的执着与莽撞、挑战困难的干劲与信念，也不断在李小加的人生中复现。

2020年，李小加正式卸任港交所行政总裁，“球赛”上半场完美收官。

在过去的10年里，他顶着各种质疑和压力，大刀阔斧地改革港交所关键规则，坚定其互联互通金融市场的定位，踩准数字经济和科创企业的发展红利，终于使港交所成为全球金融高地。

如今，“球赛”的下半场已经开启，李小加再度起跑，将球带到边界处，激射出一个意想不到的弧度：他从金融市场的顶层领导者，扎进了小微经济的“泥土”，成立一家致力于将海外资本投向中国境内门店，与小微经济共同成长的投资机构——滴灌通。

截至2022年7月，成立1年的滴灌通就像个“开店机器”，在内地多省市投资了600余家门店，涵盖零售、餐饮、文体、服务等行业，身影重叠，星光璀璨。在李小加的规划中，滴灌通将在2023年底投资上万家门店，并不断加快步伐，在这片数字经济之海上掀起一股新的洋流。

“我们要成为小微企业的华尔街，成为世界上开店最多的公司！”再度出征，这位金融前锋依旧血性，笑声爽朗，磨砺着进攻的锋芒。

“你认为自己为什么能够胜任港交所行政总裁？”2010年，港交所主席史美伦向刚加入港交所1年的李小加提问。“我不能胜任，因为我没有管理公司的经验，不懂IT，也不懂广东话。”李小加的回答诚恳质朴。当时的史美伦未曾想到，凭借过硬的业务素质，李小加会打破惯例，成为港交所历史上首位内地背景的总裁，且一干就是10年，刷新了港交所行政总裁的任职时间。

实事求是、执行到位，一直是李小加身上最鲜明的符号。

2020年12月，李小加辞别港交所。有媒体将港交所近10年的发展冠以“李小加时代”之名，赞扬他对港交所的贡献；还有人将李小加从钻井工人到行政总裁的逆袭形容为属于他的“传奇”。

李小加匆匆摆摆手，马上和这些形容划清界限。“哪有什么传奇，我们这一代人赶上了好时代。”他的声音中气十足，谦和低调，透露着一份练达与澄明。

他精于表达，更敬畏表达，从未因说话让自己变得“不靠谱”。近来，他在公开演讲中，不止表达对金融市场改革的看法，还让更多人认识到他的创业项目滴灌通。在他的构想中，滴灌通能让淤积在传统金融市场顶层的资金向下渗透到小微经济根部，这将重构小微经济的基础金融逻辑。

在这个高远的愿景面前，李小加也始终压着自己的调门，只谈滴灌通原理和底层逻辑，言语中甚少出现“普惠”“革命性”“颠覆”等价值维度的拔高，展现出难得的清醒和纯粹。

他崇尚简洁、高效、严谨，接受采访时，他的回答基本上出自他迄今为止发表过的演讲、接受的访谈和写过的网志、公开信。它们是经反复打磨后最能表达他思想的答案，不论问题走多远，话题的落点依旧会被他拽回那些熟悉的比喻：桥梁、大房子、大江大河、毛细血管……

这些比喻里藏着他思考、工作的元逻辑——“通”。这是他所有抉择的出发点，是他金融工作的铆钉，是他无法剥离的精神内核。

作为中心市场的领导者，李小加需要在各方势力中争取理解，求得共识。为了让自己的理念更高效地传达，他用10年成为一位“比喻大师”。在自己对事物基本原理充分理解的基础上，这些脱口而出的形象类比更宽阔、更容易理解，能更清醒地抵达金融世界的本质。复杂生涩的金融名词，经他反复分析、并拢、压缩、捣碎为“通”之后，变得言简义丰、充满弹性。

“我的人生里都是好机会”

李小加最著名的比喻，是将自己比作“水利工程师”。

在他看来，金融就是一汪水。在它流向需要的地方时，难免会受各种障碍的阻滞。作为港交所行政总裁，他的任务就是探索更顺畅的制度安排，疏导市场与市场、国家与国家交互中的各处堵点，让金融之水顺畅流动起来。

疏通这些管道的过程，常常伴随着巨大的质疑和争议。在李小加看来，香港是个有鲜明中国元素又完全按照国际规则运作的市场，完全能成为中国和世界互联互通时最核心的连接器、转换器。最开始他的这些构想被不少人斥为“痴心妄想”：“两地市场差异巨大，怎么可能直通？”“两地联通，会不会抽走香港的资金？”

李小加心中笃定互联互通的价值，也清楚一位前锋在快速奔跑的过程中，耳畔难免会有风噪。2012 年，他与时任上交所理事长桂敏杰在深圳一家小茶馆里喝茶，探讨两地联通的办法。说着说着，李小加就在一张餐巾纸上写下了初步的方案，奠定了“沪港通”的最初模型。

2014 年 11 月 17 日，沪港通正式落地，两地投资者都能经由这个管道买卖对方交易所上市的股票。随后，李小加趁热打铁，推动深港通、债券通陆续开通。同时，他主导港交所收购 LME（伦敦金属交易所），让香港跻身世界级商品中心。

这一系列的突破和建设搭建起了更宽广的金融市场，丰富了投资者的选择，也强化了港交所的中心价值。

在这些职业生涯的高光时刻之外，李小加也曾陷入深深的失落和怀疑，背负巨大的争议和压力。2012年，因同股不同权的股权架构不符合港交所规则，李小加眼睁睁看着阿里巴巴赴美上市却无可奈何。

遗憾之后，李小加力主港交所发起 30 年来意义最深远的制度改革。当时也有很多声音反对改革，担心引入不同投票权架构会损害普通投资者利益。甚至有言论说李小加是为个别公司开绿灯，攻击他在谋私利。为此，李小加再次当起前锋，冲在争议的最前沿，协调各方意见。他还写了一篇 5000 多字的文章，以传统先生、创新先生、大基金先生、小散户女士等 9 个身份指代不同的立场，深入浅出地分析改革利弊。

2018 年，港交所改革上市制度，开始接收新经济公司上市申请，允许同股不同权类型公司、未盈利的生物医药公司登陆港股。2019 年，港交所迎来阿里巴巴二次上市，并吸引美团、小米等明星企业纷至沓来。

李小加执掌港交所 10 年来，港交所上市公司数量及总市值都大幅提升。

截至2020年12月6日，港股上市公司总数为2524家，总市值超过45万亿港元。10年里五次获得全球IPO年度募资冠军，港交所自身的市值也从2010年的1900亿港元增长至2020年12月的4893亿港元。

时间的每一道折痕里，李小加都是那个坚定的变革前锋，扎实地推动港交所自我革命。这些被他比作“连水、换鱼、跨界、改制”的大胆尝试背后，是他敢于做梦、勇于冲锋、一直滚烫的理想主义。

“曾几何时，我也在做着一些遥不可及的梦。”李小加说。作为一个祖籍东北、生于北京、长在甘肃、学在厦门和美国的人，他一直都在“漂流”，也不断向高处攀登，用理想来锚定自己。

曾经，李小加是并不富裕的石油钻井工人。一次培训后，他经过中山大学，那些戴着校徽的大学生在校园张扬青春的画面，就像闪电一样击中了他。经过努力，他如愿进入厦门大学学习英语专业。毕业后，李小加成为一名记者。无比向往外面世界的他，没多久就因为一篇出色的关于足球黑哨的报道，获得赴美留学的机会，但签证被拒3次的波折，让他备感绝望与无助。到了美国，一穷二白的他常常梦想有一天可以走进麦当劳，鸡翅汉堡随便点；也期待换掉那辆破旧的二手汽车，免去常常抛锚、天天维修的困扰……

在这些细微的、闪光的梦想驱动下，李小加在哥伦比亚大学取得法学博士学位，从一名律师一路做到美银美林中国区总裁、摩根大通中国区主席。2010年，他进入港交所，成为中国金融业最具标志性的人物之一。

“我的人生里都是好机会，我只是在正确的时间做正确的事情，每次都努力挑战自己的人生边界，凭感觉走到今天。”

李小加的话语中，透露着一份智者的豁达。曾经面对那么多困难、争议和挑战，李小加从未怨天尤人，而是用一种“抓住好机会”的智慧，积累拼搏的力量，寻求前行的坦荡。

时代激变，今天的世界充满了不确定性，创业者越来越谨小慎微。在这样的背景下，李小加这份轻盈感与通透豁达的智慧十分珍贵。创办滴灌通后，李小加的状态更加松弛、更加自在，就像有源源不断的新鲜活水流经身体。

闯入金融“无人区”

李小加和东英金融前总裁张高波是非常好的朋友，两个人在香港的家相隔不远，从一个人家的阳台望出去，就能看到对方家。

李小加在港交所任职时就时常约张高波出来运动、聊天，碰撞思想。“高波也是很具有想象力、极富好奇心、具有宏观思维的人。我们总能同频共振，一起聊宏观全局，研究大板块的基础原理。”李小加很欣赏张高波，他每一次的奇思妙想，张高波都会认真对待、理性评估，给出合理化建议。

2019年的一天，李小加还是和往常一样，约张高波出门爬山。伴着山风，李小加和他聊起最近最触动他的事。当时，港交所完成改革，一批国内的互联网平台公司相继向港交所提出上市申请。李小加每天都在同这些企业的负责人深入交流，也不停地翻看招股书，了解美团、阿里巴巴等企业的业务模式和发展情况。

技术造就商业奇迹。李小加惊讶地发现，过去10年间中国互联网的独特景象，让数字经济蔓延到了居民生活的每个角落。这些技术完成了线下经济的线上投射——扫码枪、二维码就可以连缀出无数小店的真实世界，线下门店被网络彻底连接起来，针脚细密。

数字化金融对毛细血管的高效渗透和连接，让李小加有个朦胧的预感：这么大的国家，这么多“吃喝拉撒”的需求，这么多样化的生意，正在酝酿一次重塑的机会。因为还没想到具体的切入点，李小加想听听张高波的想法。

于是，这两位传统金融业颇具影响力的人物，一边慢悠悠往前走，一边从金融的基本逻辑出发，研究小门店被数字化“毛细血管”打通后的商业想象。

李小加回忆，在这场交谈中，两个人都很兴奋。他们你一言我一语地聊着，一点点触及了问题的本质。就像抓住空中稍纵即逝的灵感闪电，那些原本可能消散在虚空中的想法，在思维的碰撞中，凝聚成滴灌通最初的构想。

在此之前，李小加也曾暗暗思考港交所下一步的变革方向。他在港交所《战略规划2019—2021》中明确提出三大主题：立足中国、连接全球、拥抱科技。在他的构想中，港交所应该能借助自己的公信力和交易中心的优势，自上而下地将数据资产化。

“但尝试不是很成功”，李小加说。他发现，港交所这种庞然大物有着很深的路径依赖，他更适合在大市场的“大江大河”中赚钱，从小微企业这种非标、复杂的业务上赚钱，大金融机构没有太强的动力，两者的DNA不符。

李小加相信，中国大地上被串联起来的门店，那些涌动的数据蕴藏着一种巨大的变革势能。他转而去研究在宏观环境和政策的变化下，金融行业如何“向实而生”，如何与小微经济同频共振，如何用更低成本的资金规模化触达线下门店，为他们的健康发展增砖添瓦。

这些问题关系着什么是金融，什么是好的金融。李小加无疑是回答这些问题最有发言权的人之一。“长期站在中心市场俯瞰金融场域，我清晰地知晓每个金融参与者的需求和能力。”李小加分析，“传统金融的内核和原理决定了这个无比昂贵的系统是精英主义的，是小微企业无力承担的。所以，小微经济一直是大部分传统金融的“无人区”。

就此，李小加提出了他的“金融三角”基础原理。金融，实际上就是交易双方对金钱与收益在时空维度的利益互换。这需要金融市场回答三个问题：第一，如何定义交易的产品，到底是股票还是债券？第二，如何给这个产品合适的定价？这需要专业人士的评估、计算。第三，买了以后，将来这些钱能不能回得来？这需要交易过程中有充分的保障机制，如证券交易所、托管银行、清算所等。这三个环节，每个细节都需要大量华尔街专业人员参与和监管机构的背书才能完成。

“这就像IBM的第一代计算机，有两三个屋子那么大，运转起来非常昂贵。”李小加说。正因如此，传统金融喜欢服务大企业，也只有大公司才能支撑得起如此庞大的金融负担。这就是全世界至今也仅有一两万家上市公司的原因。

对于小微企业来说，他们几乎只能用信贷产品融资，资金通常来源于银行。但小微企业规模小，抗风险能力低，信息也不透明，投资风险高，单体投资价值不大。所以小微经济是被传统金融排斥的，是失语的。

高举高打的融资、信贷等“热钱”，总褒奖跑得最快的，拒斥动作缓慢的，在这场残酷的丛林竞争中，往往巨头赢者通吃，“小微”出局。这些小门店、小生意就是大金融的“结构性弃民”。

李小加心里清楚，小微企业是中国经济最具活力的单元，他们没有“弹药”的补给，这并不合理。对于大国金融而言，不能仅仅关注独角兽、新巨头，一个个门店旺盛的生命力，那些粗粝的精气神、那些困窘与活力，是经济的基本盘，饱含生活的希望。

所以，他也在期待找到一个全新的解决方案，以全国市场的数字化为背景，用系统性投资的规模效益，解决门店的痛点。这是个建构与解构的过程，对李小加来说，这充满挑战，也更加刺激。

李小加的逻辑还是出自那套“三角理论”。传统金融的产品打造、定价和交收都由专业人士负责，这些昂贵的人力和组织抬高了融资成本。但今天，市面上随处可见的付款码、扫码枪每时每刻都在产生海量的数据，它们经由一定的算法模型，同样也能支撑起那套金融三角。最重要的是，它们无比便宜！

只要顺着网线找到它们，就能调取既往的交易流水，计算成本、利润率、回本周期、业务稳定程度等最核心的数据，再通过接入收款平台，时时按比例抽取一小部分交易流水，就能及时清算，一点点收回资金。

如此一来，这个模型不就是专门为小微经济量身打造的金融系统吗？对于这个构想，李小加和张高波很兴奋。经过缜密的推理，他们认为这能够满足大规模复制扩张的要求。2021 年，由李小加和张高波联合发起的项目“滴灌通”正式成立。

起名“滴灌通”，是李小加的主意。就像一个精准灌溉系统，在数字技术的加持下，把水和肥精准输送到农作物的根部，将每一滴水都用到实处。

李小加也想用滴灌技术连接海外资本和中国的小微门店，将澎湃的金融“瀑布”注入这些“毛细血管”，积聚势能日夜流淌，发出激越的轰鸣。这是李小加为滴灌通设计的基本业务模型：假设开一个门店需要投资 100 万元，创业者出资 50 万元，滴灌通负责投资另外的 50%。滴灌通投入的这 50 万元不是创业者欠下的债务，也不占这家门店的股份，只是双方签订的一份合作协议。创业者只需要和滴灌通约定好分成比例，并接入滴灌通的业务系统，就能将每天的经营流水实时抽出一笔现金流，回到滴灌通的资金池，供滴灌通收回投资，并适当盈利。

与债务相比，这种投资的优势在于，滴灌通承担投资风险，即便门店经营失败也无须还本付息，与经营者“同甘共苦”；与传统股权相比，滴灌通不是永久性股权摊薄，只按事先约定的比例和节奏“分红”。李小加认为，相较而言，它是以门店为业态主体的品牌商和连锁店扩张时的最佳增长资本。

为了让投资更高效地落地，滴灌通没有直接投资零散的单个门店，而是通过精选连锁品牌方等节点企业触达优质小微实体。他们离小微企业最近，具备和小微企业的数字化互联互通的能力，也能及时抓取小微门店的每一笔收入分成。

“单个门店没有投资价值，但把他们整合在一起就会产生巨大的投资价值。”李小加说，滴灌通将投资的地域、行业分散开，降低企业间的相关性，并采用小额、多批次投资的方式，降低投资风险。

以往李小加的视线中满是上市公司、债券市场、大宗商品，高大上，专而精。而今，他调整了眼睛的景深，复杂多维的小微门店场景扑面而来。

按照李小加的规划，2023年底，滴灌通投资的门店数将过万，2年内实现100亿元，10年内达到万亿元级的投资目标。

几十年来，李小加都在为“通”努力。“通”的首字母是“T”，一横一竖。在港交所，李小加的努力是那一“横”，横向疏通基础平台，联通中外市场。而在滴灌通，李小加更执着于“竖”的那一部分，力求将金融上层空转、淤塞的水疏导到最有需求的小微企业和门店，用巨大的数字化系统，将传统金融的两个世界击穿、打透。

在这场关注、扶持、依赖小微企业的潮流中，李小加是顺时而动者，也是推波助澜者。在这些反复打磨、迭代的过程中，滴灌通延伸自己的触角，不断深入各行各业的角落中，以一种更加柔软的方式参与中国经济增长，深刻地影响着各行各业。

小微投资的范式变革

2022年，身为全国政协委员的李小加进京开完“两会”后，特意在内地待了3个月。这3个月里，李小加每天都在忙着考察街头巷尾的门店，和不同的创业者沟通，试图总结出小生意的逻辑。

他和滴灌通团队随着人群奔波，仔细观察一家家餐厅、饮品店、健身房如何迎来送往，如何投资、盈利，目光始终落在门店的经营百态上，询问他们的需求、了解他们的难处、学习他们的经营秘诀。

这些经历仿佛是对传统金融工作者的一次再教育，李小加突然发现，他搞了一辈子金融，却从这些小店里学到了老百姓做生意的本质。

最让李小加感慨的是，这些小微企业在解决就业和居民生活需要方面贡献这么大，却时常为资金紧张发愁。“传统金融里，这么多钱泛滥在顶上，我们搞金融的人不把它给“通”下来，真是白活一辈子！”小微经济深厚的韧性和价值，让李小加罕见地动情。

投身复杂、混沌又充满活力的商业社会，扎根在烟火中，是李小加不悔的选择。今年李小加去一家专门提供洗头服务的新业态体验了一次“只洗头、不理发”的服务，这是滴灌通成立后第一批投资的业态。这个项目的所有投资决策和落地执行都由团队成员完成，李小加没有参与。这也是滴灌通的投资特点：数字化、快决策，依赖数据而非某个人。

他还去参观了一家滴灌通参与投资的连锁血液透析中心。看着门诊里来来往往的病患和忙碌的医护人员，李小加很感动。“我搞金融这么多年，第一次觉得我自己活得有意思，我活得有意义，我真的和实体连在一起了！”

通过密集的考察，李小加坚信，如果这门投资能不断按规划发展，就一定能做大。如果能做大，还能长时间持续发展，这门生意就可能是一个非常伟大的生意。

但在滴灌通起步阶段的募资过程中，因为市场上少有人看好这项业务，李小加总是碰一鼻子灰。第一次听到滴灌通的人，无论有没有金融常识，第一反应大概率是“这不靠谱吧？”

李小加说，越是做传统金融的人，越不太容易理解或相信滴灌通的模式。他们会下意识地认为“没有银行怎么行”“没有股权登记怎么保障权益”。可拿着这种认知去套滴灌通，永远都不会理解它去中心化的逻辑。

“小加是不是在象牙塔待太久了，不知道江湖的险恶了？”“小微金融、普惠金融太多人做了，有真正做起来的吗？”“小加高大上的交易所风格，小微融资这种事肯定做不了。”……

在质疑声中，即便是很多钦佩李小加能力的人也开始带上看热闹的心态围观，试图见证一个理想主义者灰头土脸的结局，或验证自己关于“小微金融不能碰”的结论。

很多滴灌通员工曾想象的状况并未出现——凭借“李小加”3个字的影响力，滴灌通振臂一呼，就会有应者云集的场景。可以说，李小加用数十年的金融资历、信用和影响力做抵押，去担保一个说出来时还会被人质疑的梦想。

但李小加并不意外。这有点像球场外的倒彩，他不能不让人表达，只有通过实打实的努力和业绩，才能让更多人理解、接受。

这又将是一个漫长而复杂的过程，就像是他所亲历的每一次变革。面对投资人的迷惘和质疑，他既要向决策者建言，又要耐心劝服创业者，这背后是一场金融革命。但李小加似乎很享受这件事，每天连轴转地募资、参加演讲、接受访问。

托马斯·库恩曾在《科学革命的结构》里提出“范式”概念，科技的进步往往意味着看待、理解、认知世界的范式突破。在李小加看来，滴灌通诞生的原理亦然。“这个国家的经济肌理中，整个支付、数据的系统已经给我们准备好了，我就是个重新梳理和组接的角色。”这并非科技上的突破，而是认知范式的跃迁。

在这部“神话”中，马上认知滴灌通的意义和价值，并不容易。但即便是那些持有谨慎与怀疑论调的人也不可否认，没有人能控制时代的潮流，最复杂的门店行业在数字经济的加持下，正逐渐从细微之处脱胎换骨。

（资料来源：《商界》，作者：梁坤）

第三章

《孙子兵法》的道与术：战略能力修炼

兵者，国之大事，死生之地，存亡之道，不可不察也。

故经之以五事，校之以计，而索其情：一曰道，二曰天，三曰地，四曰将，五曰法。

——《孙子兵法》

第一节　由《隆中对》谈战略思想内涵

《三国志》记载，官渡大战以后，刘备逃到荆州，投奔刘表。刘表象征性地拨给他一些人马，让他驻在新野（今河南南阳新野县）。

刘备是一个雄心勃勃的人，因为自己的抱负没有实现，总是闷闷不乐。他想寻找个好助手，打听到襄阳有个名士叫司马徽，他特地去拜访。

司马徽说："这一带有卧龙和凤雏，您能请到其中一位，就可以平定天下了。"卧龙名叫诸葛亮，字孔明；凤雏名叫庞统，字士元。

徐庶也是当地一位名士，听到刘备正在招请人才，特地来投奔。刘备很高兴，就把徐庶留在部下当谋士。徐庶说："我有个老朋友诸葛孔明，人们称他卧龙，将军是不是愿意见见他呢？"刘备听了徐庶的介绍，说："既然您跟他这样熟悉，就请您辛苦一趟，把他请来吧！"徐庶摇摇头说："这可不行。像这样的人，一定得将军亲自去请他，才能表示您的诚意。"

刘备先后听到司马徽、徐庶这样推崇诸葛亮，知道诸葛亮一定是个了不起的人才，就带着关羽、张飞一起到隆中找诸葛亮。三顾茅庐后，诸葛亮终于被刘备的诚意感动了，就在自己的草屋里接待刘备。

《隆中对》中，诸葛亮的战略分析非常精彩：当时曹操已经战胜袁绍，拥有百万兵力，又挟持天子发号施令，那就不能光凭武力和他争胜负了。孙权占据江东一带已经三代，江东地势险要，百姓也愿意归附，还有一批有才能的人为他效力。如此看来，只能和他联合，而不能打他的主意。

接着，诸葛亮分析了荆州和益州（即今天四川、云南和陕西、甘肃、湖北、贵州的一部分）的形势，认为荆州是一个军事要地，可是刘表是守不住这块地方的。益州土地肥沃广阔，向来被称为"天府之国"，那里的主人刘璋却是个懦弱无能的人，大家都对他不满意。

最后，他作了总结："将军是皇室的后代，天下闻名，如果您能占领荆、益两州，对外联合孙权，对内整顿内政，一旦有机会，就可以从荆州、益州两路进军，攻击曹操。到那时有谁不欢迎将军呢？能够这样，功业就可以成就，汉室也可以恢复了。"

刘备听了诸葛亮这一番精辟透彻的分析，豁然开朗。他觉得诸葛亮人才难得，于是恳请诸葛亮出山，帮助他完成兴复汉室的大业。诸葛亮遂出山辅佐刘备，按照既定的战略规划，和孙权，拒曹操，火烧新野，再烧博望，第二年又烧赤壁，天下三分，然后占荆州、攻益州，成就蜀汉霸业。夷陵之战后，永安托孤，成顾命大臣，以相父身份六出祁山，鞠躬尽瘁，传为佳话。

后来，人们把君臣际遇称作"三顾茅庐"，把刘备和诸葛亮这番谈话称作"隆中对策"，一千八百多年来，"隆中对"作为中国古代战略思想的代表作广为流传。

什么是战略？战略最早来源于军事，是对军事斗争全面的策划和指导，以有效达成既定的政治目的和军事目的。而企业战略则是企业根据环境变化，依据自身的资源和能力，选择合适的经营领域和产品，形成自己的核心竞争力，在市场竞争中取胜的过程。

在中国传统文化的经典中，对战略阐述最为到位的无疑是《孙子兵法》。《孙子兵法》流传很广，是中国古典军事文化的瑰宝，也是世界三大兵书之一。《孙子兵法》一共十三篇，诞生已有约两千五百年，被太宗皇帝李世民誉为"观诸兵书，无出孙武"。

战略看起来复杂、难以入手，经典战略案例《隆中对》却为我们打开了战略推演与实践的奇妙之门。其核心是领会一句心法、用活两种思维模式、记住"三三"口诀、学好四个类型、掌握七步推演法。

一、一句战略心法

参考经典案例《隆中对》和《孙子兵法》的核心思想，我们可以从中提炼出"战略心法"。首先要做到"知己知彼定方向"，即认清自己、了解对手、研判形势、确定方向，这是战略的逻辑起点。曹操拥百万之众，不可与之争锋；孙权据有江东已历三世，此可以为援而不可图也；突破口找到荆州、益州，方向就确定了。然后是“有主有次配资源”，资源是有限的，做到效果最大化无疑是战略的重要任务，刘备团队根据战略联吴抗曹，应对“赤壁大战”，于是“果如其计”。

二、两种战略思维

战略的表现形式千变万化，但主要的思维方式有两种。

一种是适应型战略思维，采取了“情景—适应”的反应模式，应对的是相对稳定的市场环境，它的主导逻辑是“定目标—找差距—补短板”，建立累积性优势，集中资源，突破原有发展瓶颈。

一种是塑造型战略思维，采取了“情景—塑造”的反应模式，应对的是复杂动态的市场环境，它的主导逻辑是“找机会—提设想—重构建”，建立先发性优势，以终为始，整合资源，构建实现目标的充分条件，寻求新的经营突破。

三、三大战略要素

洞察机会、设计路线、配置资源是战略的三大要素，为便于记忆和操作，我们总结了“三三”口诀，即三大要素，每个要素紧抓三个关键点。

洞察机会“察三侧”：环境侧、需求侧、供给侧。

设计路线“设三线”：总路线、业务线、行动线。

配置资源“配三类”：战略资源、组织结构、体制机制。

四、四大战略类型

我们按照“形势研判—基本矛盾—战略响应”的逻辑，将企业分为四大类型进行战略推演。

业务增长型：行业处在市场萌芽阶段，产业基础比较薄弱，企业被机会驱动，以做大为战略主题，实现规模增长是关键。

市场经营型：市场迅速增长，主流商业模式出现，企业被投资驱动，以求快为战略主题，抢占市场份额是关键。

创新赶超型：市场增长放缓，市场结构比较稳定，企业被创新驱动，提升核心竞争力是关键。

战略转型型：市场开始萎缩，顾客偏好转移，产能过剩，企业受转型驱动，构建赢利“第二曲线”是关键。

五、七步战略推演

第一步，形势研判。通过“三察三看”进行研判：察环境侧看发展大势，察供给侧看竞争格局，察需求侧看市场变化。此时应注意以下要点：

①宏观经济走向如何，受哪些因素影响？

②技术因素、社会因素、政策因素有哪些发展和变化？

③行业内的细分市场增长趋势与前景如何？

④目标客户的关键诉求、痛点、重点、难点和特征是什么？

⑤竞争对手的数量和竞争强度如何？新进入者优劣势如何？

第二步，矛盾识别。矛盾识别的主要任务是审定外部环境的匹配性，审定内部环境的协调性，将内外部环境联系起来，找到战略突破口。

①企业的发展历程及市场定位，主要产品发展如何？

②企业近三年的市场状况和市场份额如何？

③企业的组织架构、规范制度、人员配置如何？

④企业的优劣势和核心竞争能力如何？

⑤企业所在行业的成功因素具备多少？有哪些差距和应对办法？

第三步，中心任务。形式研判—矛盾识别—中心任务，构成了洞察机会的“三段论”。中心任务推演需注意以下五项：

①中心任务是解决企业发展的主要矛盾而非次要矛盾。

②中心任务主要是挖掘市场机会，解决内外不匹配和内部不协调问题。

③中心任务会随着企业的不同发展阶段、主要矛盾的调整而变化。

④中心任务是否可以作为日常工作决策的参考和指南？

⑤中心任务是否有客观真实的数据调研和问题分析以确保落地？

第四步，总体路线。主要是解决“我们是谁”与“到哪里去”的问题。

①企业的总路线必须明确清晰，最好一句话可以讲得清楚。

②精准的战略定位必须回答“要做什么”“可做什么”“能做什么”三个核心问题。

③不同的战略思维会决定企业未来不同的战略定位。

④界定企业的边界与范围，明确主攻方向。

⑤形成长久的竞争优势和企业核心竞争力是总路线追求的根本目标。

第五步，业务路线。主要是解决“干什么”“如何赚钱”的问题。

①客户选择的是“我们在为谁创造价值”的问题。

②价值定位是业务路线的核心，或基于成本差异或基于诉求差异。

③业务活动设计解决的是“哪些价值必须完成”“由谁完成”“如何完成”的问题。

④产品与服务的独特价值能否让客户直接感知到？

第六步，行动路线。主要回答“如何正确做事”的问题。

①从机会中找到对策，从问题中找到方向，从目标中找到路径。

②重大行动要从产品、市场、地段、产业链和核心技术入手。

③学会从战略方向层面细分到每一步的具体行动。

④企业将争取哪些行动及这些行动之间相互有何关系？

第七步，配置资源。解决“需要什么资源、整合什么资源、优先配置到哪”的问题。

①资源配置指的是广义的资源概念，包括战略资源、组织结构、体制政策等。

②配置资源的过程是一个“评估—整合—分配”的过程。

③配置资源在事前遵循战略重要性进行分配，事后遵循创造价值的多少进行分配。

④企业的组织结构和体制机制是否与战略匹配？

最后，在战略推演过程中，一定要遵循一致性、协调性、优势性与可行性原则，这样才能达到最佳效果。

第二节 战略解码“三部曲”

了解了战略推演，就可以更加深入掌握战略的落地与应用了，这就是战略解码（Strategy Decoding）。所谓战略解码，是指用具体的实施方案和操作办法将组织的战略转化为全体员工能够理解、能够执行的行为的过程。

战略解码的概念，是由我国企业咨询专家吕守升先生提出的，主要解决的是战略落地及与绩效有效连接的问题，此体系的推广在国航股份、中国工商银行、中国电信、康泰人寿、潍柴动力、百度等大中小型企业取得了极大的成功，如今已成为中国企业界战略管理理论的重要组成部分。

战略解码之所以重要，主要体现在三个方面：一是提高了战略执行力。战略的成败不在于制定得是否科学，再科学的战略没有执行也是纸上谈兵，战略解码用具体行动解决了战略的执行问题。二是有利于培养高绩效的企业文化。战略解码会议在基于对战略重点的分析、拟订行动计划、责任落实到人、关注执行的同时，更关注团队和个人的绩效，让员工和企业利益共担、荣辱与共，形成命运共同体。三是解决了战略实施中的管理障碍。充分沟通、畅所欲言、头脑风暴的氛围营造和真刀实枪的战略解码会议，有助于形成企业团结协作的良好文化并展示积极向上的企业形象，也无形中传达了企业的发展信心。

一、战略解码的基础：RIDER 模型与 RACE 原则

“宁要三流的战略加一流的执行，也不要一流的战略加三流的执行。”阿里巴巴创始人马云说过这样的话。由此可见战略解码难度之大，落地之难。《哈佛商业评论》中的一篇文章《基于对全球 400 位 CEO 的调查》指出，无论是亚

洲还是欧美，打造卓越的战略执行力都是企业领导力面临的头等挑战，其挑战难度甚至超过创新和企业收入增长。

为了让战略更简明高效、更易于落地和执行，吕守升等人基于多年的咨询经验，构建了全新的战略管理模型——RIDER 模型，即驾驭者模型，包括调研分析（Research）、战略澄清（Indentification）、战略解码（Decoding）、执行跟踪（Execution）和评估更新（Review）。它主要有以下特点：

①以战略解码为核心而不是以战略分析为中心，讲实现而非规划。

②强调群策群力，以集体研讨的方式形成战略，防止出现一把手独断专行。

③自始至终强调员工的参与和承诺，打造利益共同体。

④能够以简洁、清晰明确的语言阐述战略，易于理解执行。

⑤将愿景、目标、特性和责任之间联系得更紧密、顺畅，化繁为简。

⑥能够使企业的长期战略和中长期战略有效连接起来。

RACE 原则，是制定战略的根本原则：

① Reliability 可靠度：所制定的战略必须质量过硬。

② Acceptance 认可度：管理层和员工对战略要高度认同。

③ Clarity 清晰度：实现策略和路径等必须清晰明确。

④ Enabling 支持度：战略必须得到组织、人才等方面的支持。

二、战略解码的核心：三场重要会议

1. 战略澄清会：快速穿越战略迷雾

当今商业社会进入了 VUVA 时代，VUCA 分别代表易变性（Variability）、不确定性（Uncertainty）、复杂性（Complexity）和模糊性（Ambiguity)。快速多变、模糊复杂成了时代主题词，因此，战略澄清会必不可少，主要讨论企业五个方面的内容并达成共识：使命、愿景，战略目标，市场与产品，核心竞争力的增长策略，组织能力。

关键点一：形成共同的长期价值追求。企业的使命是利他的，是要为客户创造价值的；愿景则是企业未来成为什么样子，是利己的，是自己公司要达到的，如迪士尼是“成为全球的超级娱乐公司”；而目标是企业未来一段时间内（一般大于3年）计划实现的结果。既然是目标，就应该符合SMART原则，即目标必须是具体的、可以衡量的、可以达到的、相关联的、有明确期限的。

关键点二：定位市场、产品和客户。这需要做到明确目标客户及其需求；核检产品组合和市场策略；创新商业模式，思考客户的核心诉求，明确如何开发产品、利益相关者如何交易及分配利益等。

关键点三：确定企业的竞争策略和未来的核心竞争力。一家企业至少拥有一项竞争优势才能存在，是技术、品质、产品组合优势，还是成本、获客、产能、客户服务优势？这是企业核心竞争力打造的重要维度。

2. 战略解码会：统一目标锁定硬仗

通常而言，一次完整的高层战略解码会需要两到三天的封闭讨论时间，从早到晚没有间隔。一次中层的战略解码会也需要两天时间，最好一气呵成，保证深度，其核心产出是围绕硬件而做的一系列周密部署。

关键点一：形成年度硬仗清单。什么仗才够硬？一般是对完成中长期目标有里程碑意义的、大家普遍认为有难度且有意义的事件，是有一定取胜可能性的“必赢之仗”，是使劲跳一下可以够得着的目标。

关键点二：对硬仗进行界定描述。涉及为什么打这场硬仗？这场硬仗是什么？衡量硬仗成败的关键指标是什么？打硬仗的有利因素和不利因素是什么？如何把握和防控？等等。

关键点三：从硬仗中分出年度行动计划。在战略解码会上，对每一场硬仗准确全面描述后，就要为此制订明确可行的年度行动计划，包括但不限于行动领域、子行动、完成标志、时间节点、责任人等。

关键点四：将企业年度计划落实到个人绩效上，个人绩效合约（Personal Performance Contract，简称PPC）体现了个人与企业之间的承诺。

3. 绩效合约会：打造承诺型绩效文化

PPC仅仅是针对个人业绩的合约，所以只承载两类指标：数量型指标和任务型指标，前者展现的是关键业绩指标（KPI），与岗位职责要求相关；后者展现的主要是行动计划，与团队硬仗相关。合约主要包括六项内容：

①受约人，发约人。受约人是自然人而非岗位，也就是说，对于同一岗

位如销售经理，每个受约人的指标可以是不一样的，发约人一般是上级。

②考核维度。按照平衡计分卡（BSC）的概念，对高管或子公司负责人一般分四个维度，财务维度、客户维度、运营维度、人才及创新维度。对中基层则按岗位职责考核，一般不超过 7 个。

③关键绩效指标（KPI）及考核项目。可以分为数量与任务两大类，一般不超过 10 项。

④权重。整体为 100%，单项不小于 5% 但也不宜超过 40%。

⑤考核频度。根据工作情况一般可以分年度、月度。

⑥目标等级。一般分为 3 级：保底值、优秀值、杰出值。

三、战略解码的落地：战略执行与战略评估

通过战略澄清，企业确定了三至五年中长期战略目标；通过战略解码，确定了企业的战略任务（打硬仗）、年度行动计划（包括负责人、支持人、行动步骤及阶段性成果）、衡量标准、PPC 等。为确保战略任务顺利执行，有必要成立战略推进领导小组或战略项目推进办公室（简称 PMO），确保战略解码的顺利落地与执行。

大部分实施了战略解码的企业并没有成立专门的组织机构，管理的职能分散在不同的部门：硬仗的主帅由企业的不同管理领导担任，与硬仗有关的责任部门在战略解码的行动计划中得以明确。一般情况下，绩效管理的职责被放到了人力资源部门；数据统计的职责交由各职能部门归口管理，由财务部门统一审计把关；月度或季度的硬仗督查由战略管理部门负责，有的企业由运营管理部门或总裁办公室负责。

有的企业为统一管理、便于协调、加强执行力，专门设立了 PMO，有的企业在原有组织机构的基础上，成立 PMO 虚拟组织，核心职能是助推企业战略项目的推进、督导、分析与支持。不管是虚拟的 PMO 还是 PMO，为保证战略解码的落地，这样的机构必须具备以下职能：

①参与制定企业的发展战略，做好调研和考察，为领导决策提供依据。

②根据企业战略要求，确定打硬仗的项目、时间、负责人等。

③拟定企业战略管理的制度、流程、办法、奖惩、措施等。

④在企业内部做好战略项目的宣讲培训、评估考核。

⑤协助企业领导组织不同形式的专题会议，推进战略项目实施。

⑥根据企业战略要求，确定战略项目轻重缓急，提出资源配置方案。

⑦组织相关人员督导战略实施的进度、质量、节点、标志性事件等。

⑧根据不同战略项目的评估结果，提出奖惩意见供领导参考。

⑨审核战略项目的阶段性总结报告并提出可行性建议。

⑩对各战略项目存在的风险进行评估，制订风险应急计划。

在执行的同时或执行之后，阶段性的评估必不可少，如每一场硬仗的专题调度、月度的自检核查、季度的汇总通报和年度的综合评价等；对个人绩效合约进行跟踪与督促，完成任务且符合预期的为绿色无警，未完成进度指标或预测成本超预期的为黄色轻警，进度指标严重滞后或大幅度超出预测成本的则为红色重警，不同的警报对应不同的奖罚措施。

在评估任务的同时，对全员的评估考核也不可少：对领导干部，按 PPC 合约可以分工作业绩和工作态度进行打分评价；对一般员工的考核由能力态度和业绩表现分项目，根据不同权重进行打分，以此来保障各项工作的真正落地。

第三节 战略破局“过五关”与“四重奏”

华为公司的轮值董事长郭平说过，实现战略的成功落地，是许多企业领导者考虑的问题，在战略思考、战略共识、战略解码和战略实施过程中，企业会碰到各种各样的问题和挑战，这就是从脚踏实地向抬头看路的五道关。

一、何谓“过五关”？

第一道关：从自我满足到持续刷新。微软公司CEO萨提亚·纳德拉在《刷新：重新发现商业与未来》一书中指出，每一个人、每一个组织乃至社会，在到达某一个点时，都应点击刷新——重新注入活力，重新激发生命力，重新组织并重新思考自己存在的意义。由此可见，企业能否提出新的增长曲线至关重要。

第二道关：从拍脑袋到建体系。拍脑袋在创业初期因其权力集中、速度快而执行力强，很多初创企业依靠着老板的敏锐和精明成长起来。但随着企业发展和内外部环境的变化，企业需要的最适合方案越来越难找，用体系化、结构化、理性化的方式思考就显得必要且重要。

第三道关：从团伙到团队。拥有真正的团队是战略成功的关键，团队是拥有共同的使命、愿景、价值观的共同体，一个老板“一言堂”的群体是不规范、不守规则的江湖帮派。迈过这个坎的关键是领导者要放下小我，建立平等、尊重、共创的团队氛围。

第四道关：从层层衰减到上下穿透。一般企业发展到一定程度有个通病：高层很了解企业使命、愿景和目标，中层基本了解，基层基本不了解，最后导致企业初心流于空谈。有人问美国航空航天局（NASA）的清洁工：你打扫卫生这么努力，为什么？“为了送人上月球。”这样的回答很好地诠释了“上下同欲者胜”。

第五道关：从眼前到未来。科技的快速发展和客户需求的快速改变，迫使企业的战略随之做出调整和改变。从专业化到多元化战略，再到平台化战略甚至生态化战略，每次的升级迭代都需要从未来的视角、从客户变化的视角重新思考，迈出这一步的关键是高层的危机意识和使命感。

迈过了以上这五关，才能弹好战略的“四重奏”。

一、弹好“四重奏”

（一）战略思考的三个规律

通过分析一些国内外知名的企业案例，我们总结梳理了以下几个战略思考的规律：

1. 坚定运用单一的理论模型和框架来思考问题本质

所谓情景规划，就是假设未来多个可能的场景，模拟推演做好多种备案。诺基亚董事长李思拓就非常善于运用这一方法进行战略思考，李思拓曾担任诺基亚董事 12 年、董事长 8 年，是带领诺基亚死里逃生、艰难转型的领导者。在他的领导下，诺基亚避开了灭顶之灾，转型为专注电信运营商的服务型企业。

更为典型的是埃隆·马斯克，他是运用第一性原理的高手。所谓第一性原理，指不用比较思维，不考虑原有的东西，拨开现象看本质，找出原来没有的最基本的东西。持续艰难地突破不如另起炉灶，与其更好不如再来。当年特斯拉电池的制造就充分说明了这一点：以价格论，原来的传统电池组供应商是日本的松下电器，市场定价是 600 美元每千瓦时。马斯克没有继续纠结砍价，而是运用第一性原理，发现从英国购买的原材料组合的锂电池组，每千瓦时的成本只有 80 美元，于是从 2013 年开始自建电池厂，投产之后，成本明显下降，以此支撑了特斯拉电动汽车的批量生产。

2. 判断战略拐点，把握节奏下注

西门子也是经过艰难的壮士断腕才实现了成功的战略转型。2014 年，这个制造业巨头发布了 2020 愿景计划，宣布退出石油和天燃气及传统制造业务，建立新的数字化业务部门，为企业转型提供服务。电力业务是西门子深耕了 140 年的核心业务，有 300 亿美元的年收入和 8 万员工，但是西门子公司看到了战略拐点，果断决策，立即行动，成立了智能基础设施和数字企业两个以核心业务为主的新西门子。董事会以为这是正确的决定，尤其是当业务运转还良好的时候，是战略转型的最好时机，晴天才好修房子。战略学中，一直存在着 2E 的说法，也就是企业永远都要做 Exploit（榨取）和 Explore（探索）这两件事，既要拼命榨取既有业务和现有客户潜力，又要不断探索新业务、挖掘新客户。

3. 围绕原有的核心竞争力，开拓新的业务方向

日本的富士胶片和柯达胶卷处境相似，在 2000 年左右共同面临着被数码科技取代的颠覆性冲击。在当时的情况下，柯达发明了不用胶卷的数码相

机，因为害怕影响自己的胶卷业务，将发明藏之不用。业界后来普遍认为柯达的失败是没有抓住影像数码化的机会。而带着富士胶片杀出一条血路的富士 CEO 古森先生认为，无论是富士还是柯达，即使抓住了影像数码化的机会，也根本无法仅仅靠数码生存下去。确实，这块业务不久就被手机和移动互联网给淘汰了。

富士的做法很值得我们思考。古森先生认为，富士胶片的成长战略仍以技术运用及提升作为基础，以技术为核心维度，结合市场状况，2002 年，富士胶片开始进行战略转型，大力投资医学成像领域，利用原有的技术优势，将业务推广到医药品、医疗设备、光电、数码影像、印刷及高性能材料六大领域，实现了公司的脱胎换骨。于是，一个新富士重构新生，老对手柯达公司则于 2012 年申请破产。

（二）战略共识的五大要素

战略共识的前提是建立充分开放的讨论氛围和相互尊重的观点交锋，既需要参与讨论者独立思考，坦陈观点，以数据和事实说话，不扣帽子、不打棒子、不记仇、不报复，又要让讨论高效，控制好节奏，当辩论中出现互相不认同、分歧很大的情况时，可以安排辩论，双方互换立场，找到症结所在。

第一要素是感人至深的初心回顾。从“企业为什么出发”开始，共同分享企业的发展历程、奋斗历史、感人画面和重要事件，帮助团队成员抽离日常工作，进入公司大局和发展道路上，切到一个频道探讨问题，达成共识。

第二要素是激动人心的愿景展望。使命以他人为中心，愿景以自我为中心，对企业愿景的共识是战略共识的前提，不同的愿景会形成不同的商业模式、发展路线和发展节奏，成为什么样的企业是愿景的核心所在。

第三要素是开阔清晰的信息输入。在讨论和达成战略共识前，企业有必要邀请技术专家、行业领导、投资人、政策制定者、KOL（关键意见领袖）等扩大信息量，增加信息储备，方便后期的同频沟通。

第四要素是激发干劲的战略描绘。如何实现企业愿景？时间空间和具体目标，每个阶段的工作重心和业务重点、市场重点等都需要从不同视角、不同市场和不同观点充分讨论。

第五要素是负责到底的庄严承诺。达成共识后，要让推演成功转变为现实，必须有公司基层的个人承诺和各个团队的集体承诺，每一个掌握资源的负责人在完全认同战略共识的前提下，回到自己的位子上后一定要推进战略共识，而不是持续停留在自己的原有想法上，如此才会让战略共识层层深入贯彻下去。

（三）战略解码的解人、解事、解心

斯大林在流放期间读马基雅维利的《君主论》留下批注：人的恶习只有三个，软弱、贪婪、愚蠢，除此之外都是优点。战略解码的本质是把握人性，重点是洞察人性特点，找到战略任务和能够且愿意承担的人，充分保证责任与权力的匹配。

需要注意的是，关键事情只能有一个负责人，任务分配的明确性非常重要，"一个负责人"原则非常重要，并且一定要广而告之，让大家都知道，此为"解人"。

解事主要是解大事、解要事、解难事，避免浅尝辄止、形式主义和面面俱到的敷衍心理，抓住事情的重点、难点分析透彻，特别是战略共识与战略实施的中间环节，确保能够顺畅衔接、执行到位。

解心则是达成共识，让关键人员都能全程参与解码过程，尽可能让大家充分辩论，尽可能取得每个人的认可和支持，最后用庄严肃穆规范的仪式感收尾，以加强彼此承诺，带来有益的群体压力。

（四）战略实施的关键抓手

战略实施方面最重要的方法论就是战略绩效管理。顾名思义，战略绩效管理就是以企业战略为出发点、有一整套逻辑关系、上下左右打通的有机执行体系。常见的有以下三种：

一是关键绩效指标管理。主要根据企业的战略目标和日常工作制定，强调自上而下的任务分解。一般分为数量指标和任务指标，前者一般有具体数字，如营利、毛利、费用率等，指标数量以 5 ~ 8 个为宜，不可超过 10 个；后者一般有完成程度，如组织结构优化方案到位等。

二是目标与关键结果法（Objectives & key Results，OKR）。不求全面衡量，只求重点聚焦，确保企业的精力和资源集中在精心挑选的少数事务上，每个周期制定 3 ~ 5 个 OKR，强调目标周期，一般包括目标和关键结果，如企业目标要达成一季度盈利，关键结果应为第一季度整个企业扭亏为盈；第一季度主营业务盈利 500 万元以上；第一季度新开发业务亏损低于 500 万元。

三是平衡计分卡。近些年，在不少企业，把最初的业绩衡量体系转化为战略绩效管理体系已成为平衡计分卡的主要用途。

①财务维度：解决“股东如何看我们”的问题，是绩效的重中之重。

②客户维度：解决“客户如何看我们”的问题，是绩效的焦点。

③内部运营维度：回答“我们的优势是什么”，是改善业绩的重点。

④学习和成长维度：解决“我们是否持续创造价值”的问题，是绩效的后劲和核心力量。

案例三

中国藏得很深的大老板

浙江文联的家属院里，走出了两位首富。一位是阿里的马云，另一位是农夫山泉的钟睒睒。如今马云已经退休，而钟睒睒却因近期富豪榜的公布，再次走到聚光灯下。

2022 年 11 月 8 日，《2022 胡润百富榜》发布，农夫山泉董事长钟睒睒以 4550 亿元的财富蝉联中国首富，并创造了二十多年来中国首富财富的最高纪录。紧随其后的依次是张一鸣、曾毓群、李嘉诚、马化腾等一众互联网及实业巨头。

连续头顶首富光环，如今外界对钟睒睒不算陌生。他手握两家上市公司，一家是做“卖水生意”的农夫山泉，另一家则是“开发出首个国产宫颈癌疫苗”的万泰生物。除此之外，钟睒睒的商业版图还横跨保健品、化妆品、农业等多个领域。

现年68岁的他人生经历跌宕起伏，年轻时干过泥瓦匠，当过记者，种过蘑菇，养过鳖，卖过保健品，后来转战饮料行业，创办农夫山泉，才终于取得真正意义上的成功。

虽然商业成就如此突出，但是钟睒睒却很少在公开场合谈及他的经营理念。为此，我们翻阅了钟睒睒近20年来少有的专访、演讲、授课等资料，梳理出他的51条商业思考，分为经营管理、商业洞察、思维认知三部分内容，希望为读者带来启发和参考。

经营管理

（1）一个小企业要发展壮大，所经营的种类必须具有唯一性，而且必须是有一定利润空间的，因为没有规模效应来供你慢慢积累。

（2）“忠实用户”几乎是不存在的，当苹果手机诞生的时候，所有诺基亚手机的“忠实用户”都一个晚上“倒戈”。消费者只有一个认知：给我带来什么好处。大家都是消费者，“忠实用户”实际上是个杜撰概念。

（3）真正沉下来研究的企业家是不想多说的。任正非从来都不说。他不是不想说，因为很多时候说的会被误解，报道出来的东西不是你说出的东西。不是我不想出来采访，是因为我害怕被曲解。其实我很希望能够有机会把我的观点亮给我的消费者。在市场经济下，企业的名誉要大于它的固定资产，名声不好了，什么东西都卖不掉了。

（4）我不会要求科研项目有明确的商业产出目标。如果科研人员一天到晚想着商业、想着市场回报，创新精神就变味了。用创新精神探索、认知未来，这才是我们要做的事情。

（5）对我而言，管理真正的艺术在于将新事物、新思维与传统中和、更新的能力。人的认知力是理性和理智的交融贯通，我们不是无所不能的人。天行健，君子以自强不息，自强不息才能保持企业生生不息。管理者要赋予企业生命，这不单单是说上两句鼓舞人心的话语，而是在商业秩序模糊的地带建立正直的方针。这条路并不好走，核心责任是追求效率及盈利，尽量扩大自己的资产价值，其立场是正确及必要的。

（6）管理层有空降兵，也有我们自己培养的。人的能力某种程度上是看他掌什么样的舵，这是非常重要的。一个公司的总经理要有全面的才能，要有对市场的敏感、要有对财务的把握、要有对员工的凝聚力，还要有敬业的精神、企业远景意识，这样才能掌管公司。

(7)我认为我的团队在任何一个民营企业中一定是最强的。如果有问题的话就出在我身上。过于自负可能就是我的问题。这是性格因素，很难去改变它，我就不善于倾听。

(8)我既不管财务也不懂财务，我不知道有多少钱，也不知道要怎么投入。我像银行一样，谁做得好，谁的知识产生率大我就给谁。如果我们不讲究哪一块产品（利润）产得高，这个公司就没有前途。我们一定要看知识的产生量有多少，如果这份产品的知识含量很高，即使眼下卖得不好，将来某一个时间需要这块知识的时候，我就用得上。我不会急功近利，某个东西有用就只生产这个东西，那整个公司的方向就是有问题的。

(9)最好的营销就是事件营销。

(10)大家听到商业炒作就认为这是一个贬义词。炒作不是夸张或者作秀，而是运用商业智慧的自我宣传，产品的质量内涵始终是任何企业长久发展的最终支撑点。对于农夫山泉来讲，知名度就是生产力，就是价值。酒香也是怕巷子深的。企业在炒作过程中应该保持清醒的头脑，不能被商业炒作制造出的表面辉煌所迷惑，进而使自己的商业思维简单化，一味追求新闻效应。同时，还要注意扬长避短，在通过炒作获取巨大关注后，将这种关注内化为对企业品牌、价值观以及企业精神的认可，实现从知名度到美誉度的转化，这才是炒作的终极目的。

(11)广告本身是长期对产品的一种思考。广告不是想出来的，必须在制造产品前就已经有了你的观念，你才能创造出一个好的广告。这就是为什么农夫山泉的产品和广告都是连在一起的，从产品开始以前基因已经在那里了，产品的生命已经在血液当中，这就是我们的文化。

(12)我们不用数据做决策。当你看到数据的时候已经是过去时了，你永远追不上。如果用数据做决策，最多只是一个二流企业、二流的投放，一定要有超前的意识。我们公司买一点数据就是为了证明我们的投放对了，用来验证而已。

（13）很多人把产品就叫作商品，我认为商品跟产品是两回事：产品里面包含着研究成果、心血、科技；商品不一样，商品有售价，是商场里面的买卖关系。如果一个企业不通过产品来对社会表达它的贡献，那要这个企业干什么？

（14）我们要生产的不仅仅是有形的产品，更是无形的知识。知识的产生速度、人才的集聚速度与产品的创新程度一定是正相关的关系。

（15）我认为最重要的标准是产品的真实性，以及产品给消费者带来的真实利益。这是最重要的，任何人都跨越不了，你哪怕有最好的广告，但产品不能给消费者带来利益，这本身就有欺骗消费者的成分，你没有把产品的利益真实描述给消费者，即便一夜之间暴富，但摔下来更惨，水能载舟亦能覆舟也是这个道理。

（16）你的出发点要站在自己的角度、家庭的角度。大卫·奥格威说过一句话，你的消费者就是你的太太、你的孩子。首先，你的产品上架，不是为了让货架上多一个牌子，而是让消费者多一种选择，这种选择有它的特异性，产品的特异性不够的话，千万不要上架，产品的特异性是产品生命力的第一标准，然后再请广告公司把它的特异性传递给消费者。

（17）任何行销活动的成功，必须以产品作为背书。如果没有很好的产品，再好的行销活动，也像无线的风筝一样，可能会飘上去，但飘高了以后，飘得不长久。所以我觉得每个行销活动还得以产品作为自己的底子，如果产品底子不好，那么行销活动可能达不到理想效果；如果产品底子好，那么每次行销活动都会增量。

（18）我们要告诉消费者我们在干什么，我们用时间在研究，我们认认真真做每一个产品，产品就是我们的荣誉，产品承载着我们的情感，产品承载着农夫人的良知。

（19）我们的销售没有目标，为什么？因为销售目标不是说你生产什么由生产者决定，这是由消费者决定的。我们只有成功地创造符合消费者需要的产品，满足了消费者的需求，或者我们提供了解决问题的方案，解决了产品上的满足感、满意感，我们才能达到我们的要求、才能发展。对于销售来说，我们永远不设置目标。我们的任何团队，销售从来不谈目标。如果把销售放在第一位的话，那我们的公司寿命是有限的。

（20）我觉得现在的80后、90后、00后，知识面很丰富。因为他获取知识的管道宽，信息量多。但是问题就是他愿不愿意静默下来做一件事情，如果他愿意静默下来做一件事情，能力是远远超过我们的。所以对这一代消费者，你只有一个征服点，就是要他看到新的东西，看到好的东西，他非常善于评价。因为他见多识广，世界上你根本无法想象到的地方，角角落落他已经搜出来了，这家东西谁做过了，谁没做过，这以前谁做的，你是模仿还是创新，他清清楚楚。

（21）我们传统企业不能在快车道上跟人家比拼，我们要在慢车道拼自己的个性、独特性。

（22）农夫山泉的竞争者从来不是国际品牌，我们要竞争的是对水的研究。我们从来就没有把竞争当作一种可有可无的东西，我们拥抱竞争，我们欢迎竞争。但是我们希望光明正大的竞争，我们希望摆在桌面上的竞争，我们不希望阴暗的竞争。

（23）你看生意两个字，生就是生存，意就是意义，就是说企业生存的意义就是生意。企业的最高境界不是大，而是长远。我从2000年以前就开始研究企业的长寿问题。我现在考虑的每一个产品都是要考虑一百年，也就是你走得下去。

商业洞察

（24）房地产的人进来做水了，做得怎么样？任何一个产业都需要知识的积累，如果有钱就可以进入一个新的行业、可以转型，那是胡扯，砸钱做出来的是愚昧。

（25）过去十多年的时间，大部分“聪明”的企业家都进入了房地产领域，因为来钱快、风险低。那些默默研究产品、开发技术的人都是又“傻”又“穷”的人。

（26）中国的企业家肩上承担的责任是什么？我们要创造产品，通过我们的产品来告诉社会我们的认知、我们的理想。我们应该静下心来，兢兢业业研究产品、竞争和科技。

（27）任何一个企业也好，创业者也好，我建议人们都先去积累知识，如果你的知识能解决人类目前还没解决的问题，那我相信你能成功。人类的创造都是从点开始，不断有人在上面画点，就变成了圆，圆上面就成了科学。要打破圆，就要把圆画出去，画成椭圆，就是一种创新。而人类的进步就是这样一个不断创新的过程。创新的代价和阻力是自身。创新也需要金钱和时间，没有时间的累积成不了经典。

（28）我认为20年以后生活水平会提高，知识会爆炸，但是说传统企业没有饭吃不可能，我们就是煮茶叶蛋、揉揉面，每家里都有祖传技艺，我的揉法和你不一样，我照样有饭吃。

（29）我特别反感“定制”两个字，定制可以说代表着无知，他根本不了解工业化的过程，定制意味着成本，只有无知的人才会讲定制。

（30）品牌力不足是国产产品的通病，升级迫在眉睫。很多国产品牌长期以来还只是满足人们的物理需求，还没有将品牌进化到故事和情感的层面。

（31）企业有两类，一类是要看它科技的创新程度和占领的位置；另一类是快速消费品企业，看你是不是最早进入、是不是可以做出行业标准，还有是否具有不可替代性，我认为制定企业战略要考虑这些方面。

（32）我认为国家的行业监管部门落后于企业的研究能力是正常的，是无可非议的，因为总是科技在前面发展，研究到一定时候有标准，然后才有标准的修改。

（33）传统企业承担着90%以上的就业压力，是95%以上的低学历、低收入人群的生活来源，传统企业是这个国家稳定的保障。但传统企业是一类长期被冷落的企业，正在面临各种各样的困境。

（34）传统企业需要什么？我们需要升级、升级、再升级，把中国产品升级到世界水平。

（35）人们对升级转型有着认识上的误区，认为转型就是盲目地抛弃掉自身原有的，但这种想法是错误的。升级比转型更为重要和关键，突破自身瓶颈的过程是一个走向更高、更强的过程，是一个不断突破、不断创新的过程。

（36）升级和转型的区别非常大：转型是必须的，是任何时代都需要的。相比于转型，中国目前最紧迫的是要升级。技术、管理、品牌、生产、物流上的升级是最核心的环节。大众创业、万众创新的口号正是呼应了升级的需求，可遗憾的是我们一窝蜂地扎进互联网领域，进行赌博式的创业。

（37）现在，从劳动分工到知识分工，单个个人、单个企业所拥有的知识在人类知识库的总量中所占的比例越来越小了，传统企业准备新的知识系统成为非常必要的事情。传统企业的升级不是一件容易的事情，但升级再难，也是传统企业必须选择的。升级的第一步是观念的升级。升级是一种内在观念的演变，观念的演变需要新的复合知识来支撑，不同的产品、不同的品牌，升级的路子是不尽相同的，但有一条是相同的，就是观念的升级。

（38）政府支持企业的标准，应该从 GDP 高低转向就业人数的多少，就业是第一民生。没有传统企业就没有人类进步的基础，现在应该到了重新正视传统企业价值的时候了。传统企业应该有足够的自信，过去的习惯、经验、知识、时间和成功的数据，都是宝贵的财富。

（39）互联网是一种工具，不是我们经济发展的全部，我们太把它当回事情了。

（40）互联网的发展离不开传统企业，互联网是传统企业用来提升自身效率的工具。以前的传播只能靠喊，有了互联网就能把内容注入产品进行传播，因此要用好互联网工具。

（41）传统企业要保持清醒，仅仅是把产品放到淘宝或京东去卖，并不等于“互联网 +”。传统企业的“互联网 +”是自身的互联网化。如何利用互联网提高效率、改良工艺、刺激创新，才是企业要长期探索的重点。

（42）传统企业要学会发出自己的声音，不能让互联网的大咖左右舆论的方向，你的品牌就是你的声音，你的历史就是你最好的故事。我们正在经历从劳动分工到社会分工的阶段，未来社会为传统企业创造了非常多的知识窗口。传统企业应该把大数据和人工智能作为加速自己知识进程的一种工具，加强自己的知识力量，在各自的领域中，去发掘人所未知的、新的知识，让知识变成真正的核心竞争力。

（43）传统企业具有高度的习惯性，是依赖于人类本身长期形成的生活习俗而存在的企业。传统企业的力量就是过去10年、20年沉淀下来的各类知识、流程、标准以及价值观，这便是传统企业相比较互联网企业的强大之处。

（44）互联网是时代的产物，是这个时代的宠儿，也有可能是下一个时代的弃儿。当这个工具得心应手的时候，就好好利用，时刻保持敏感等待下一个更有利的工具。所谓的保持初心、工匠精神，归根结底就是回归到生产，回归到人。

（45）人工智能和大数据并不是新东西，1956年美国科学家就已经首先提出“人工智能”，1980年，未来学家托夫勒在《第三次浪潮》中提出了“大数据”。人工智能和大数据不是互联网企业的专利，它们只是一个企业的装备、工具和统计手段。人类在贮存、记忆方面不如电脑，这是事实，但阿尔法狗是一种完全的理性，一种人类设定的静态规则之中的理性，但理性并不是人类进步的全部。人类大脑的复杂性和创造力是无法预知的，不应当强制所有人朝着一个方向发展，人类进步的方向在绝大多数状态下也是未知的。从历史上看，大数据、人工智能只是人类进步过程中的重要一步。而人类进步过程中更多的原创性则来自偶然发现，从偶然中推出规律，用规律推动世界进步。大数据、人工智能是从数据中推演数据，而人类的智慧在于人类仍然扮演着选择、判断、存贮和处理数据的关键角色。

（46）互联网是所有企业都有权利使用的工具，不是思维。思维是一种只有人类特有的，与生命体共存的能力。

（47）互联网对于传统企业永远只是锦上添花。科技在发展，下一个工具来临之时，你依然强大，而当年如日中天的互联网企业可能瞬间崩塌。

思维认知

（48）什么叫主流？人多并不一定代表主流，不是说你掌握了话语权、掌握了大媒体，你的声音大、你的声音多，你就是主流。真正的主流是必须把握民意流动的方向。中国的民意是流动的，你只有抓住这个动向，才算抓住了主流。

（49）你要走一条人家没有走过的路，你不可能不受委屈。

（50）农夫山泉依靠天、依靠人、依靠自然。人法地，地法天，天法道，道法自然。春秋战国时期是大家畅所欲言的时代，形成了中国历史文化传承的百家争鸣时代。我们要看历史，以史为鉴，把心静下来，不要那么浮躁。

（51）很多人会觉得我不合群，我这个人确实很自负，我一般不跟谈不拢的人多谈。但是我觉得我自己不孤单，我有我的圈子，我有自己的生活方式，我有我的朋友群。这是一个人的性格决定的，没有对错，只有适合不适合。

（资料来源：根据网络内容整理）

第四章

《道德经》的顺与逆：团队能力修炼

故道大，天大，地大，人亦大。域中有四大，而人居其一焉。人法地，地法天，天法道，道法自然。

——《道德经》

第一节　道法自然与顺道而为

范蠡前半生一心一意辅佐越王勾践复国，可谓忠以为国。越国战败后，范蠡劝勾践忍辱负重，保全性命，以求东山再起。在吴国期间，他出谋献策帮助勾践消除夫差疑心，先是拒绝夫差招揽他的想法，再和勾践上演了败国君臣得到吴王垂青、从而内心感激一心侍奉吴王的好戏，夫差动了恻隐之心，勾践度过危机；同时，范蠡向勾践提出先抓经济，继而亲民，稳定社会，同时积极治军备战。经过二十年的准备，越国最终打败吴国。

成就功业后，范蠡不可避免地面临“飞鸟尽，良弓藏；狡兔死，走狗烹”的千古难题。范蠡和同样辅佐越王的文种做出了截然不同的选择，范蠡看透勾践刻薄寡恩的为人，不辞而别，急流勇退，泛舟五湖，开创了人生新的篇章。范蠡走前还劝文种急流勇退，写下上面流传千古的名言，可惜文种不听，认为越王会顾念旧情，选择留在越国，结果君臣矛盾不断扩大，文种最终被勾践赐死，可悲可叹。

离开越国后，范蠡泛舟五湖，充分发挥自己在经商上的专业才能，在远离越国的齐国海边，他改名换姓，因地制宜，勠力耕作，兼营捕鱼、晒盐副业，积累了数千万家产，成为富豪。他仗义疏财、施善乡梓，发挥了应有的作用。之后他充分发挥自己独到的经商眼光，迁徙到位于天下物资汇流中间位置的陶地，利用最佳经商之地，根据时节、民情、风俗等，人弃我取、人取我与，顺其自然，待机而动，成为富甲天下、留名千古的陶朱公。

范蠡是有大智慧的人，可谓“君子不器，政商一身”，在精通治国理政之外，还精于经商之道，这和他过人的智慧和胸怀是分不开的。

一、顺道而为才能掌握主动权

“道”和“德”是《道德经》的关键字，前者是宇宙、社会和人生的规律，领导者只有遵循规律才能掌握主动，取得成就，背道而驰自然不会有好的结果；后者是一个人修炼的状态，只有内心非常清净才会宁静致远，正确领悟大智慧，这种以清净心领悟智慧的状态就是“德”。

1. 有道先天地生

什么是道？道是万物根源，是超越时间和空间的存在。对于大道，老子曾经这样描述：“上士闻道，勤而行之；中士闻道，若存若亡；下士闻道，大笑之。不笑不足以为道。”就是说，听到大道时，不同的人有截然不同的态度：第一种人，也就是上等资质的人，马上就知道这是好东西，立即按照大道的要求去执行，从而有所成就；第二种人也就是中等资质的人，听到之后将信将疑，有时候会执行，有时候就忘掉了；第三种人，听了大道之后，不仅不会认可，还会觉得非常可笑，觉得根本不是他能够接受和认可的道理。我们在现实生活中经常有类似的经历：当你充满善意地劝导一个人，有的人听了之后会心怀感恩立马执行；有的人听了之后将信将疑，想起来了就忙活一阵子，想不起来了就当没听到；还有一类人则会我行我素。

在道家看来，人类的能力有先天和后天的区别。所谓先天，是生而俱来的能力，如眼睛能看、鼻子能闻、耳朵能听、大脑能够思考问题等能力，都是在出生以后随着身体的发育而产生的。道家把先天的能力称为元神，把后天的能力称为识神。真正智慧的打开，必须要排除外在的干扰，从而把先天的能力启动起来，根据我们的经验，一个人内心清净、排除外在干扰的时候，往往是智慧涌现的时候；反之，如果被外在的人事、物欲和各种因素干扰，往往是智慧被蒙蔽而盲目决策的时候。

2. 道法自然与天地精神

老子认为，地比天重要，地哺育了万物，给万物提供了生活的空间。人又比地大，人是世间万物的主宰，用双手和智慧创造了万物，推进了社会文明的进程。“道”又比人重要，因为“道”给万物提供了规则和标准，让万物在生命区间内有规律可循。自然又比“道”更加重要，自然在混沌初开之际就已经产生，它给“道”的形成、发展和完善提供了赖以生存的土壤。换句话说，“道”是宇宙万物的信仰，万物在信仰里各司其职，和谐生长。

宇宙万物实际上是一个不可分割的整体，其中自然最大，天、地、人都是自然的一部分，就像大自然里的一个小部件，只有小部件运行良好，整个自然大道才能和谐地持续下去。“道”离开大自然，就像水离开了源头，树木失去了根，根本难以存活。“道法自然”里的“自然”，除了指大自然之外，还有一层意思，即自由自在的状态。“道”只有在自由自在的状态里，不受外界的干扰和强迫，才能体现出最大价值。

每个人生活在社会和自然中，都不是孤立的存在，所以要以身作则，敬畏和热爱大自然，遵守社会的规则和秩序，不做破坏规则的事情。维护大自然的秩序，也就是维护自然大道的秩序，体现利人利己的精神。一个人生下来，通过不断学习来提高自身修养，尊老爱幼，遵法守纪，助人为乐，乐于奉献，最终做一个大写的人，把个人价值发挥到最大化，这是人的“道”。如果每个人能在自己的“道”上发光放热，温暖自己的同时也在温暖他人，那整个社会就和谐美好了。

二、有所为有所不为，无为而治

在两千多年前，老子就指出：“五色令人目盲，五音令人耳聋，五味令人口爽，驰骋畋猎令人心发狂，难得之货令人行妨。”领导者能否在物欲前坚守、坚定、坚毅和坚持，能否顺势而为至关重要。

老子在《道德经》第四十八章说：“为学日益，为道日损。损之又损，以至于无为。无为而无不为。”在这里，无为其实是一种境界，一种至高无上的契合于道的境界，要达到这样的境界有两条途径，一条叫为学，另一条叫为道。为学需要持续深入的学习积累，广泛涉猎，一门精入，让自己的学养越来越深厚；为道就需要长期主动地去除奢望，淡泊明志，让自己的修为越来越平和，少一分物欲，多一分清净，去欲才能归真，归真才能无为，才能达到道的境界。

“多言数穷，不如守中。”说的话多，往往会使自己陷入困境，不如保持沉默，把话留在心里。守好自己这一份道心，把心守好了，叫作“深根固柢”，就能无为而治。

“执大象，天下往。往而不害，安平泰。”《道德经》三十五章中，老子用这句话描述了这样的境界：人要懂得天地万物的法则，如果能坚守大道，就能得到天下人的归附和顺从。归附他不会有任何害处，人们都能过上太平安乐的好生活。《道德经》给我们最大的启发，就是让我们的格局不断放大，精神不断升华，境界不断提升，得大自在。

三、圣人无常心，以百姓之心为心

“圣人无常心，以百姓心为心。”这是《道德经》第四十九章老子的名言。真正的领导者都经历过一段又一段的人生升华，超越小我的利害得失、悲欢离合，心系大众利益，悲悯有情众生，从“小我”走向“大我”，放下自我，追求无我，找到本我。

我们总结人类的历史发现，以造福人民为价值取向，是古今中外圣人的共同特点：神农氏救治百姓尝百草，大禹治水三过家门而不入，孔子周游列国宣讲正道，诸葛亮鞠躬尽瘁死而后已，岳武穆心系天下而不顾自身……可以看出，世界上凡是让人尊敬之人，无一不是把造福大众作为自己最高的人生追求，他们对人们的成全和奉献，不会因人发生变化，也不会因环境发生改变。

《道德经》里讲“善者吾善之，不善者吾亦善之”，普天之下的老百姓，有好人也有坏人，但我们都应把他们当作好人来治理，因为人的本性是善的。若用长远眼光看，有过失的人也可以引导向善。一个得道的人，他在行为道德上必然是如此，做到至善的境界。好的人固然可爱，值得钦佩；不好的人更要帮助。

“信者吾信之，不信者吾亦信之，德信。”对于守信的人，我信任他；对于不守信的人，我也信任他。诚信是人德行的体现，用诚信对待不诚信，是道德的教化，因为内心中正，信的原则不会因外界环境的改变而改变。

“为天下浑其心”，余秋雨认为是“圣人在天下，收纳天下浑朴之心”之意，陈鼓应则将其译为“使人心思化归于纯朴”。“浑其心”的“浑”是混合统一，“浑其心”就是统一民众的心。所以人的道德修养，是要效法天地之心，才能够达到浑然、浑厚。这是说真正有修为的领导者，对于善良的人与人为善，对于不善良的人仍能坚持与人为善的立场，这是有德之人做事的基本立场。对于讲诚信的人，有修为的人以诚相待；对于不讲诚信的人，有修为的人仍然坚持做一个诚信的人，因为诚信是有修为之人做人的基本原则，这才是真正的诚信。在这里，老子提出一个人非常重要的修养，就是始终如一地坚持自己的价值追求，这种追求和坚守与环境没有关系，是自己由内而外的自然展现。

很多人口口声声说以诚待人，与人为善，造福大众，现实中一旦遭遇一点挫折，或利益稍有损害，立马改变自己的立场，最终随波逐流，一事无成，更别说成为一名优秀的领导者了。

不让欲望牵制我们的内心，让内心复归清净。“知其雄，守其雌，为天下谿。”“知其白，守其黑，为天下式。”这是《道德经》的精神内核。布袋和尚在一首诗里，表达了类似的智慧：“手把青秧插满田，低头便见水中天。六根清净方为道，退步原来是向前。”

第二节　“三大命脉”与“四大角色”

通过对《道德经》核心理念的分析，我们明白了团队领导的根本要义，所谓团队，就是有共同目标、共同行动、不同分工和执行到位的社会群体。我们经常讲，小团队领导要看《西游记》，四个人完成了取经大业；大团队领导要读《水浒传》，看如何把一个中高层有一百零八人之多的十来万之众的超大群体领导得风声水起。

一、从《水浒传》谈“三大命脉”

江湖不是打打杀杀，而是人情世故，我们从《水浒传》谈起，这是团队领导的样板，非常吻合《道德经》“道法自然”的核心思想，很好诠释了团队领导的三大命脉。

1. 领导权问题

也就是“谁说了算”的问题。宋江原是山东省郓城县的押司，相当于办公室的秘书，五短身材，面目黝黑，没形象、没专业、没文没武，却能让一帮强盗土匪等心服口服，值得我们思考。宋江的领导力之关键是抓住了这帮江湖豪强的需求，需要银子给银子，需要权力给权力，最终掌握了梁山大权，解决了“谁说了算”的问题。

2. 班子团结问题

为了解决班子不团结问题，宋江接手后求同存异，把聚义厅改为忠义堂，以“替天行道”统一思想，尽管有武松、鲁智深、李逵、林冲等人反对，但团结了大部分的人，有了稳定的领导核心，让梁山真正团结起来。

3. 干部任用问题

梁山有一百单八将，三十六个正职、七十二位副职，这些候选人出身不同，性格不同，来自不同的山头，按英雄排位次，排不好就引来纠纷甚至火拼，白衣秀才王伦就是例子。一百零八人排得那么合理、妥帖，领先的如卢俊义、吴用、公孙胜等人不浮躁、不骄傲，落后的不争吵，大到名门之后关胜、呼延灼，小到偷鸡摸狗之流时迁、白胜，一个个服服帖帖。用好干部，是团队领导的关键一步。

二、从《西游记》谈“四大角色”

如何打造一个优秀的团队？《西游记》中的唐僧师徒给我们以启发：一个优秀的团队要有四种人，有信仰、有追求的德者，有本事、有方法的能者，有头脑、有技巧的智者，有态度、有干劲儿的劳者。德者领导团队，能者攻克难关，智者出谋划策，劳者执行到位。

1. 德者居上

为什么手无缚鸡之力的唐三藏是师父，是取经团队的带头人？简单分析我们会发现，他具备了领导所必备的三大基本素质：首先是愿景清晰，目标明确。领导者本是企业文化的传播者和继承者，是企业愿景的描绘者和动员者，只有以身作则，坚定不移朝目标前进，才可能带领团队成员实现团队目标。其次是以权制人。作为其他三位的师父,唐僧具备伦理上的天然领导优势，尽管如此，如果没有观音菩萨传授的紧箍咒，别说管理大闹天宫的孙悟空了，唐僧就连八戒、沙僧也使唤不动，可见领导者的硬性处罚权是必要的，当然权力不可滥用。扬善公堂，规过私室，好事得传千里，处罚尽量少用，基本的领导艺术还是要讲的。再次是以德服人，以情感人。在生意场上熟人文化的背景下，往往是有交情才有交易，先认可人再认可事。作为团队领导，道德引领和情感管理非常重要，团队的领导者一定要在道德上没有大的瑕疵才能服众，也要学会必要的情感投入，多与下属交流、沟通，和伙伴建立长期信赖的关系，关心团队成员的衣食住行，营造良好的工作氛围。

2. 能者居前

取经四人组中，孙悟空无疑是最有能力的，有个性、有想法，也很敬业、重情感、知恩图报，凡事敢于挺身而出，具备解决问题的能力，但其缺点也很突出，脾气大、性子急、爱卖弄、看不起师弟们等。如何留住这样的人才，让其规避缺点发挥长处，为团队服务呢？在《西游记》中，师徒关系并不是一直和谐的。刚开始，孙悟空打死了几个强盗，遭到斥责，负气出走。后来看到张良为黄石公三次拾鞋才得到传授的天书的《圯桥三进履》这幅画，幡然醒悟。再一次是三打白骨精后,师徒发生分歧,唐僧觉得悟空滥杀无辜,悟空无奈，只好离去，但走的时候“止不住腮边泪坠，停云止步，良久方去”，悟空已对团队产生了深厚感情。

唐僧作为团队领导者，是如何留住有能力的团队成员的呢？一靠规矩，敦促每个成员都按规矩行事；二靠情感，用坚定的信念、善良上进的人品感化能人。

3. 智者在侧

猪八戒是什么类型的员工？优缺点都很明显，优点是大是大非问题上立场还算坚定，打起妖怪也非常卖力。生活上要求不高，随遇而安，比较容易满足，是整个团队的开心果，善于调节气氛，也能干些苦活累活，更重要的是他对师傅非常尊敬，孙悟空有不对的地方，他直言不讳，某种程度上起到了领导与核心员工的协调作用。其缺点是喜欢搬弄是非，打小报告，经常心灰意冷闹分裂，刚加入取经团队的时候，工作意志很不坚定，动不动就闹情绪，吆喝着散伙走人。

如果站在现代团队的角度，八戒的随遇而安、快乐随心的态度实际上起到了"智者"的缓解调和作用，凡事不可强求，由天蓬元帅被贬为猪妖没影响到他的快乐，工作不可压抑，八戒加入团队后见美女就追、见妖怪就打，活得洒脱快乐，何尝不是一种智慧？

4. 劳者居下

沙和尚是个很好的管家，任劳任怨，耐心、细心、忠诚可靠，这类员工往往是老板最喜欢的人，因为被器重，他们往往会被委以重任，但由于能力欠缺，往往成事不足，败事有余。这类人才可常用，不可重用。

总的来说，取经四人组优势互补，唐僧说明了资源的重要性，悟空说明凭能力可以打天下，八戒说明了关系是第一生产力，而沙和尚则说明了态度决定一切。

三、团队属性变化对领导力的影响

21 世纪过去的 20 多年里，团队领导力经历了快速的、指数级的变化，部分基于上世纪 80 年代、90 年代初研究的书籍和理论，已经严重不适应当前的变化，对于团队领导的认知止步不前，无疑是落伍的做法。

现在的团队和 21 世纪及之前工业化时代的团队存在明显差异，这需要我们有清晰的认识，以全新的方式看待团队领导力。

1. 团队稳定性

过去的团队相对稳定，成员流动少，企业单位同事相处几十年的并不少见，今天的团队成员是高度动态的，因项目与环境的变化，成员往往频繁变化，这给团队领导增加了难度。

2. 团队人数

过去团队的领导和成员一般相对固定，现在则因为任务多变性和扁平化管理而属于不同团队，这极大分散了团队领导和成员的精力。

3. 团队服务时限

由过去的任务终身制或项目期限长而决定的团队服务时限较长，转变为临时性工作变多、期限变短，这意味着领导者必须在短期内让团队达到最佳表现。

4. 团队成员

过去的团队往往来自同一个地区、同一个民族或国家，随着国际合作交流的深入，团队成员正不断全球化、多元化，不同的经历、背景和文化习俗也给团队领导带来了新的挑战。

5. 沟通方式

过去的团队主要是面对面交流，人际交流沟通较多，团队信任与团队精神相对容易培养；今天的团队交流往往需要借助远程技术开展。

6. 团队边界

过去的团队之间有明确严格的团队界限，各尽其责，分工明确，很容易辨别哪位成员属于哪个团队；而今天的团队之间边界模糊，团队成员经常变化。

由于以上变化的存在，当今领导者需要重新认识团队特点，把握差异，以变制变，顺势而为。

按照 Bradley L. Kirkman 的说法，团队关系是一个从低到高紧密程度不同的维度：最基本的是联营式依赖关系，团队成员在工作中实际上不需要紧密合作，如保险公司的销售其实都是相对独立的，这需要领导者把注意力集中到个体身上；更高一级的是互惠式依赖关系，团队成员需要经常交换各自需要的信息、资料或资源才能完成工作，如风险评估团队，就需要每个成员与其他成员保持一致的信息和资源，才能确保做出准确的风险评估，作为领导者需要把注意力集中在整个团队；最高层次的是多层次相互依赖关系，在这种关系中，整体团队实际上由一组子团队构成，各子团队彼此独立操作，但又需要经常整合信息或资源，这对领导者提出了更高的挑战：既要关注整个团队与外部环境的关系、不同子团队之间的关系，还要关注各子团队成员之间的关系，挑战最大的往往是各个子团队之间的关系，这往往直接决定了团队的整体表现。

以上种种无疑对领导者提出了更多更高的挑战，比如团队领导方式的灵活性、领导者的情商、领导者的独特技巧等，这是未来相当长时间内一个值得注意的研究方向。

案例四

海底捞董事长：把员工当人看

“如果想知道什么叫名不副实，你去海底捞看看就知道了。”延续了一贯的“自黑”和“接地气”，张勇上台一开口就语惊四座，引来全场的掌声和笑声。

这当然是谦虚和幽默。张勇是在回应主持人对海底捞的“赞美”，他的意思是，无论企业名气大小，“惶恐的是，内部都有问题”。比如，在KPI上，海底捞就走过很多弯路，张勇还用4个段子来举例说明，引人发笑又发人深省。

海底捞在KPI上走过的弯路

当有了KPI之后，人的行为会失常。在KPI这件事上，我们是走过弯路的。比如我们曾经尝试把KPI细化。

有人说你们火锅店服务真好，我有个眼镜，他就给我个眼镜布；我杯子里的水还没喝完，他就又给我加满了。所以我们就写了一条：杯子里的水不能低于多少，客人戴眼镜一定要给眼镜布，否则扣0.05分。

这下麻烦了，来一个人就送眼镜布。客户说豆浆我不喝了，不用加了，不行，必须给你加上。最好笑的是手机套。有的客人说不用，服务员说我给你套上吧，客人说真不用，结果他趁你不注意的时候，把手机抓过去给你套上。这是为什么呢？因为不这么干要扣分啊！

后来我就发现，老师早就讲过了，每一个 KPI 指标背后，都有一个复仇的女神在某个地方等着你。

后来我想当然地认为，那我就不考核这些具体的事情了，我考核一些间接指标。我不考核你赚多少钱，我就考核你的翻台率是多少，因为翻台率高就证明你的服务满意度高啊，翻台率高不就意味着赚钱多了嘛。

有一天，我在北京一家店的电梯间里，听到一个四川人跟另外几个四川人讲："我要让你们见识一下在北京的四川火锅有多牛，你不订是绝对没位置的！你订了但晚去几分钟，也是没位置的！"我就纳闷了，怎么晚几分钟就没位置了？这不是侵犯客户利益了吗？客户已经不满意了，这还怎么做生意啊？后来内部一问才知道，原来问题出在考核指标上。因为预定客人不一定准点来，但现场还有客人在排队，空台等你的话，翻台率就少了一轮。

这下我就崩溃了，我找不到考核的指标了。

只考核一个柔性指标

但是总得考核啊。后来我发现，一家餐厅好不好，我们其实非常清楚。

我们都吃过饭，都传递过这样的信息：这家餐厅不错啊。很多人根据这个"不错"去吃了，然后说"确实不错"啊，这个"不错"就形成了。没有什么指标，但是传递得非常准。

我发现在餐饮行业里，柔性的指标起决定性的作用。顾客满意度可能没办法用指标去描述，但是我们可以感知。包括人的努力程度也是，没有办法用指标去证明，但是我们的顾客、同事，包括去检查的人，都可以感知到。

所以我就决定，把所谓的 KPI 全部去掉，就只考核这一个指标。

怎么考核呢？一个副总组织一些神秘人去考核，后来发现非常准。这样店长也没话说了，你不能把差的说成好的。

我把我所有的店分成 A、B、C 三级，A 级是要表彰的，B 级你就在这儿待着，C 级需要辅导。但是我不会扣你钱，会给你一定的辅导期，超过这个辅导期依然干不好，这个店长就要被淘汰了。

计件工资

在美国，服务员是很努力的，一个小伙子可以看八张桌子，动作迅速敏捷，还会跟你聊天，关心你，因为他们有小费制。

小费制整体还是不错的，我给你服务，你给我付钱。而我们的管理是，我给你服务，到店长那里去拿钱。

当管理幅度很小的时候，他可以做到公平公正，但是当人多起来的时候，他就做不到公平公正了。这时候大家的动力、企业的文化就会被破坏掉。

所以我就决定，我来拿这个“小费”，给你按工作量算。在餐饮行业，我们引进了计件工资，我号召餐饮企业的老板采用计件工资的办法。

计件工资就是干得多挣得多，表现好的你就让他多干。这就避免了管理上的很多难点和疑点。一个组织背后是有非正式的组织力量在推动的。有时候当你觉得一个员工表现好，把他树成先进的时候，对他其实是很大的“打击”。

我就见过这样的现象。一个员工在那使劲擦玻璃，其他员工在旁边聊天。擦玻璃的员工说，大家加把劲儿吧。你猜其他人怎么说？他们说“你先进嘛”。那哥们一下就不吭声了。他可能拿了一点奖金或者奖状，但是他要承受这种非正式组织带来的无形压力。

你看，我想了那么多激励措施，做了那么多亲情化举动，还跟他们讲情怀和梦想，他们也都听得懂啊，但事实的真相不是这样的。

所以我觉得有时候正式的东西和非正式的东西都要充分考虑到。计件工资就避免了一些“非正式组织”带来的负面影响。每个人干多少就挣多少，一下就简单了。

授权与待遇

海底捞的授权到了什么程度？

海底捞的服务员有权给任何一桌客人免单，对，是服务员不是经理，是免单不是免一两个菜品。送菜、送东西之类的就更别提了。请查一下网上“人类已经不能阻止海底捞了”这句话吧，段子太多了。

杨小丽是跟着张勇打天下的第一人，也是海底捞的第一副总。当年海底捞走出简阳的第一站是西安，店长就是杨小丽。有一天，杨小丽打来电话，兴奋地说：“张哥，我们有车了。”张勇问：“什么车？”杨小丽说：“一辆小面包车，刚买的。”张勇傻眼了，一家刚刚异地开分店的小火锅店，店长买了一辆车，竟然没跟老板请示。张勇也没怪罪她，后来这也就成了海底捞的文化。这种授权，怎会不让员工有主人感？

再说待遇，待遇不仅仅是钱的问题。餐饮行业大多包吃包住，但很多餐饮企业服务员住的是地下室，吃的是店里的伙饭。海底捞的宿舍一定是有物管的小区，虽然挤一点，但是档次是高的。房间还有电脑，有 Wi-Fi。海底捞的服务员不用自己洗衣服，有阿姨洗；吃饭也不在店里，有阿姨做菜。有人说海底捞培训好啊，先培训再上岗。可你们知道吗，海底捞的新员工培训包括如何使用 ATM、如何乘坐地铁等。这家企业在帮助自己的员工去融入一个城市。这种待遇，如何不让员工心存感激？

真诚与尊重

海底捞考核什么？考核客户满意度、员工积极性、干部培养。

这三个指标不容易考核，但今天你看到的海底捞员工真诚的微笑，就说明考核是成功的。

海底捞不考核翻台率，但是海底捞的员工比谁都重视翻台率。所有的利润和翻台率都是附加的、随之而来的、不重要的。这种真诚，如何不让员工有积极性？

尊重不仅仅来自待遇，比如让他们住得好、吃得好，更是尊重每一个想法。现在被诸多火锅店抄袭的眼镜布、头绳、塑料手机套，这一个个点子，就如此复制到了很多店面。

廖一梅说爱情：我们这一生，遇到爱、遇到性都不稀奇，稀奇的是遇到了解。我曾经把这句话翻译到职场来：对于一个职业人，这一辈子遇到高薪，遇到高职位，都不稀奇，稀奇的是遇到老板的尊重和了解。这种尊重，如何不让员工有成就感？又如何不让员工有创造力？

在海底捞有个说法，叫“嫁妆”。一个店长离职，只要任职超过一年，给8万块的嫁妆，就算是这个人被小肥羊挖走了，也给。因为在海底捞工作太累，能干到店长以上，都对海底捞有贡献。

如果是小区经理（大概管5家分店）离职，给20万；大区经理走，送一家火锅店，大概800万。海底捞至今有二十多年的历史，店长以上的干部上百，从海底捞拿走“嫁妆”的只有三个人。这种承诺，如何不让员工有忠诚度？

结语

在张勇看来，餐饮这个行业竞争了这么长时间以来，一直建立不起一套现代化的管理机制，就是因为它的劳动密集特质、低附加值特质、“碎片化”特质。

怎么解决这个问题？组织和激励是途径之一，而其中考核至关重要。中国管理学家说，知贤之近途，莫急于考功。西方管理学家说，没有考核，就没有管理。这两句话说的其实是一个意思。

张勇说，海底捞丢掉了所有的硬性KPI，既要正式化管理也要非正式化管理，其实是在强调——管理有模式、无定式，讲严谨性，也讲艺术性。

海底捞故事集锦

（1）一位网友说，一次在海底捞吃完饭，要赶火车却打不到的士。门口的小弟看到他带着行李箱，问了情况转身就走，紧接着海底捞的店长把自己的SUV开出来，说：“赶紧上车吧，时间不多了！”

（2）海底捞的服务无敌了！今天因救小猫被蚊子咬了好多包！结果海底捞服务员居然跑到马路对面买了风油精和止痒药送给我，因为药店的人说止痒药效果比风油精好。

（3）周六去吃火锅，朋友不小心把丝袜给挂了，她饭后还有一场约会，正郁闷时，服务员居然递上了全新的丝袜，还是3双！我一下就怔住了……服务员小妹妹微笑着对我们说，所有海底捞都常年订有丝袜和棉袜，随时给袜子挂坏或者弄脏了的客人更换。

（4）海底捞居然搬了张婴儿床给儿子睡觉。大家注意了，是床！海底捞真的是为顾客解决每一个问题，其结果就是不断创新。

（5）跟孕妇朋友去海底捞吃饭，刚坐下来，服务员就搬来舒服的沙发椅，是专门提供给她哦。然后又贴心地送我们一盘酸辣口味的泡菜。要不要这么甜呀！

（6）刚接到朋友的电话，说他们单位楼下的海底捞跑到他们公司去，一人发了一杯酸梅汤，说天热大家辛苦了！看来以后找工作得选公司楼下有海底捞的地点，说不定加班还送夜宵外加送你回家。

（7）海底捞倒错了汤，居然送了个玉米饼。

（8）来海底捞吃饭，朋友手机掉了，服务员做了一个水果拼盘给我们，太谢谢了。

（9）实在难以淡定！前面的车是海底捞在送火锅！野炊火锅啊！

（10）点名表扬海底捞送餐员，顶着寒风为十人送来丰盛晚餐，餐布、插线板、垃圾桶、电磁炉一应俱全。来后发现餐点的不够，主动要去超市买菜，回来后洗菜、切菜。

（11）在海底捞发现服务员帮顾客代练游戏……

（12）海底捞的外卖终于登陆上海，被震撼了。送来的东西包括：垃圾桶、可降解垃圾袋2包、锅、底料、汤、围裙、木头筷子、碗、口香糖、爆米花、真空包装的调料（包括香菜和葱花）、餐巾纸、各种菜品、勺子、眼镜布、两个皮筋、电磁炉！！！

（13）一小时前我发了微博说自己肚子很痛，不确定和昨晚的海底捞火锅有没有关系。没过几分钟就收到海底捞在微博上的邀请，询问我的情况，说如果很难受就先去看病，他们给报销医药费，还问我在什么地方，他们可以过来看我。

（14）海底捞服务员听到我嘶哑的嗓音，默默地端来姜汁可乐，对我说："小姐姐，这个对治感冒效果好，我特意为你准备的。"

（资料来源：依据张勇的部分讲话和《餐饮老板内参》整理）

第五章

《坛经》的空与色：影响能力修炼

若起正真般若观照，一刹那间，妄念俱灭。若识自性，一悟即至佛地。

——惠能《坛经》

第一节 影响能力的根源

曾国藩被誉为晚清中兴四大名臣之首，他出生于1811年，37岁官至二品，历经宦海安然无恙，以一人之力创办湘军，以儒家精神影响军队。他作的《爱民歌》是《三大纪律八项注意》的蓝本，在他的指导下，清政府创建了中国第一所兵工学堂，安排了第一批留美学生。他又是招致、培养、使用人才的帅才，当时曾国藩的帐下是中国历史上效能和规模最大的参谋总部，他一生推荐的下属有千人之多，官至总督巡抚者就有40多人。《曾国藩家书》是其书信集，讲求人生理想、精神境界和道德修养，有着教化社会的价值。曾国藩故去后，《曾国藩家书》被后辈子孙代代相承，至今不衰。

惟楚有才，于斯为盛。湘军鼎盛时期，湖南人占据了全国总督的7个位置，此后百年间，湖南及湖南人完成了自身形象的重塑。维新运动兴起后，湖南成为全国最有朝气的省，开学堂、建工厂，为一时之盛。

在《曾文正公嘉言钞》一书中，梁启超这样高度评价了曾国藩："曾文正者，岂惟近代，盖有史以来不一二睹之大人也已；岂惟我国，抑全世界不一二睹之大人也已。"

一、阅读禅宗经典，智慧本自具足

佛教自两汉之际传入中国，经历千年的演化和融入，到了唐代已和中国文化融为一体，禅宗的出现就是最好的证明。学术界对于禅宗的理解有各种观点，对任何思想和事情的正确评价，应基于正确全面的理解之上，我们力求找到解释禅宗的密钥，以窥禅宗的智慧与风采。

根据梁漱溟、任继愈、方立天等学者的看法，佛教思想极为深刻，在整个人类历史上都堪称高峰。比如《楞严经》是佛陀给他的堂弟也是弟子的阿难阐述心法的重要经典，我在阅读时深刻感受到了缜密的逻辑和思想的深度。“自从一读楞严后，不看人间糟粕书。”

史载白居易在杭州做太守时，听说鸟巢禅师佛法高深，遂专程去拜访，看到禅师住在树上的草棚里，就说太危险了。禅师回答，太守生处乱世，不知道修行自我，净化超越，才是身处险地。白居易立刻受教，请教禅师何谓佛法智慧？禅师答道：众善奉行，诸恶莫做。听到这八个字，白居易觉得太简单了，鸟巢禅师一句棒喝：“三岁小孩虽知道，八十老翁行不得。”白居易作礼而退。鸟巢禅师为什么觉得白居易身处险地呢？身为一方太守，面对各种考验，缺乏警觉自觉，如同身处火宅而不自知，当然危险！

《坛经》的作者惠能法师因家庭贫困，没有条件读书，以砍柴放牛为生。五祖弘忍大师讲授《金刚经》，讲到“应无所住，而生其心”时，惠能大师忽然开悟，说出了自己的感受和体会，这也是我们理解禅宗智慧的重要窗口：“何期自性，本自清净。何期自性，本不生灭。何期自性，本自具足。何期自性，本无动摇。何其自性，能生万法。”在惠能大师看来，人生的大智慧就在我们的内心，所以称之为“自悟”——人人本有，不假外求，就看自己能不能找到和领悟。而人心本有的智慧是什么状态呢？那就是本自清净，本不生灭，本自具足，本无动摇，能生万法。

那我们继续追问，是什么东西蒙蔽了“本自具足”的智慧呢？其实就是人性的弱点。我们的很多欲望表现为虚荣、贪婪、攀比、自负、狭隘，被一团欲望牵引，哪有智慧可言？学佛的过程与儒家、道家根本上是一致的，要净化心灵、开启道心、警惕欲望、找到良知。唐朝有位无尽藏比丘尼，写了一首诗：尽日寻春不见春，芒鞋踏遍陇头云。归来笑拈梅花嗅，春在枝头已十分。

可以说，《坛经》是一部直指人心、直截了当的经典，它明确告诉我们，所谓的智慧我们本来都具有，但由于被各种欲望和诱惑蒙蔽了，日渐淡化直至泯灭。明白这一点，我们就真正理解了“看破”与“放下”。看破，是不被外界所迷惑；放下，是消除人性的弱点、贪欲和执着。“险夷原不滞胸中，何异浮云过太空。”这不就是晴空万里、去留无意的大自在吗？

二、做生命的觉者

从中国文化的视角来看，人人都有大智慧，儒家称之为良知，道家称之为道，佛家称之为觉悟，名相不同，实则一致。中国文化的所有努力无不是为了开启人心中的智慧，摆脱各种恶习的蒙蔽，走向真正的觉悟，与天地精神相往来。

可以说，中国文化是人类文明史上最具有启蒙精神和自我觉悟的文化，人类的未来之路就是一条开启自身智慧、摆脱外界蒙蔽、走向自我觉悟和心灵自由的大道。在惠能看来，“愚人忽然悟解心开，即与智人无别”。尽管人的素质有差别，只要开启了内在的大智慧，那就一律平等；在佛法看来，众生和佛的区别就在于是否找到了本自具足的大智慧，“不悟即佛是众生，一念悟时众生是佛”。没有开悟，佛也是常人，一般人只要开悟了，就是佛。“故知万法尽在自心，何不从自心中，顿见真如本性？”最根本的办法，一定是反观内心，超脱人性的弱点，用道心观照自己与世界万物。

对于佛法强调的破除妄念，即“无念”，很多人存在误解，“无念”并非如草木竹石没有念头，而是清净的念头升起，眼、耳、鼻、舌、身、意和外界交流的时候，既能清清楚楚观照世界，又不为外界羁绊拘束，了无牵挂，自由洒脱。需要提醒的是，人们在长期读书或工作中，容易形成固化的思维方式，即所谓“知识的偏见”，这是我们深入思考和正确决策的绊脚石，必须加以反省和克服。《金刚经》中讲“法无定法”，面对千变万化，我们要保持思想的活泼。

在如何拥有智慧的问题上，禅宗提出戒、定、慧三学。《坛经》里讲“善知识，我此法门，以定慧为本”，惠能法师专门强调，定慧一体，定是慧体，慧是定用，越是安静，往往越有智慧，看问题全面、深刻，做事情周到、长远。一旦心情浮躁不定，往往容易说错话、办错事。可以说，所有让我们后悔的事，都是在内心动荡时做出的。

所以，定和慧是一体的。有定力的人自然会生出智慧，有智慧的人必然会有定力，大家看各行各业特别有成就的人，都是深具定力的人，轻浮之人难有大成。

如何才有定力呢？以戒为师。人生在世，本来就有很多诱惑，于今日为甚，各种视频、娱乐扰乱心神，各种美食刺激口味，在欲望的刺激下，心灵被污染蒙蔽，社会浮躁，人心易怒，这也是今天社会戾气严重的根本原因。有了种种诱惑，我们更知“戒”之重要。佛家为什么把戒、定、慧放在一起？很显然，没了禁忌，大家随心所欲，那么后果不堪设想。

南宋时期的道济和尚修为极高，有两句话流传很广：酒肉穿肠过，佛祖心中留。但很多人东施效颦，尽去喝酒吃肉了，还洋洋自得，却不知得道之人的活泼洒脱是很多人学不来的，这两句话后还有两句呢：世人若学我，如同进魔道。持守心戒，万法无滞，这是一种极高明的境界。有所为有所不为，这就是戒，所谓戒，不是彻底不做，而是有节制、有分寸、有约束。

三、用正念正知影响人

一切福田，不离方寸。我们通过对《坛经》的解读，发现人生的秘密、人类文化的秘密都在人心。人类社会所有的罪恶、阴影、杀戮、丑陋都与人性的弱点有关，而所有的正义、光明、善良与美好都和人性的光辉有关。

五祖弘忍传法之时，要求大家各写一首诗抒发心得体会，以首席弟子神秀和得到衣钵传承的惠能写得最为出名。

这个故事相信大家都知道，神秀和尚当时写的是：“身是菩提树，心如明镜台。时时勤拂拭，勿使惹尘埃。”这首诗表达的是道心外起，一旦有了不好的念头就及时整理，马上克服。曾子曾说“吾日三省吾身”，点亮一盏心灯，实时保持光明，勤加反省，多多修正，才能保持自己的心底清净。

在知道五祖弘忍的传法安排后，惠能也写了一首，由于不会写字，让人写了下来：菩提本无树，明镜亦非台。本来无一物，何处惹尘埃。两相比较，后者明显对禅的理解更为深刻、更加超脱，说明惠能的修为达到了更为高深的境界。但如果从普罗大众的实际情况看，我们一般不是上等根器之人，从修行和实用的角度来看，神秀的办法更合适点，只有多多警惕，时时反思，才能及时修正，从“勤拂拭”走向“无一物”。这也是佛法中一个顿悟和渐修的过程，修行是为了开悟，悟了之后还要修行，相辅相成，相得益彰。

最重要的是，如何才能修成正果呢？惠能法师也给出了很好的答案：佛法在世间，不离世间觉。离世觅菩提，恰如求兔角。如果离开世间，离开大众，离开为大众服务，任何一个人都无大成就。近代佛学大师虚云长老提倡的“人间佛教”与此有异曲同工之妙。

孔子说的“知我罪我，其惟春秋”，表达了自己做的事任由天下人评说之意。这个世界上各行各业的大成就者，无不具备大勇的精神，布施、持戒、忍辱、精进、禅定、般若，净化自己的心灵，完善自我的人格，服务大众的福祉。

第二节　影响能力的“二十字心法”

如何提升影响力呢？我们总结了“二十字心法”。

一、远见

作为领导者，眼光有多远决定了企业能走多远。马云创办阿里巴巴的时候，他的愿景是“让天下没有难做的生意”。要想成为有影响力的优秀领导者，首先要培养卓尔不群的眼光，具备了超常的眼光，你就能领先别人，发现机会，抢占先机，带领团队先人一步走向成功。

盛田昭夫是日本索尼公司的创始人，在日本素有“经营之圣”的美誉，与松下幸之助的“经营之神”互相辉映，为企业界一时瑜亮。在索尼任职期间，他的决策一向是英明而正确的，但他在晚年却启动了一次很有争议的并购。1989年9月，索尼斥资48亿美元，以每股27美元的价格并购美国哥伦比亚电影公司及其关联公司，而当时哥伦比亚电影公司的股价每股12美元。许多经济学家惊掉了下巴，断言此次并购将把索尼推向万劫不复之地。

盛田昭夫用他独特的眼光打造了21世纪索尼赖以存在的根基，索尼公司围绕家庭视听娱乐而展开的完整产业链，从渠道、网络到终端的商业体系，已经成为全球电子娱乐的霸主，而这些得益于当年并购哥伦比亚电影公司奠定的基础。

二、胆识

聪明出众称之为英，胆识过人称之为雄。每个人都想成为英雄，但如果缺乏胆识，很难成为一个有影响力的领导者，有胆有识的将帅之才每临大事有静气、面临困境有斗志、力排众议有勇气、遇到阻碍有霸气，非大智大勇者不能为。

今天我们打车很方便，手机一点击就可以选择不同的车型上门接送，这要归功于滴滴打车。创办之初，滴滴打车根本不被看好，因为滴滴打车和非法运营没什么区别。但创始人程维极具魄力和胆识，经多方协调，政府专门出台了《网络预约出租汽车经营服务管理暂行办法》，网约车正式被政府认可。因此，经营企业只要存的是正念，是真正帮助客户、服务社会和人民的，最终都会得到政府和百姓的认可。可这也需要胆识，一不小心就可能有破产之痛。

那么如何训练一个人的胆识呢？有胆识的人敢想敢干、敢拼敢打，这种精神源于内心强大的意志力，同时还要有破釜沉舟的决心。胆识的培养，一靠坚定的信心，二靠强烈的愿望，三靠明确的目标，四靠清晰的计划，五靠立即行动。

三、谋断

一个优秀的领导往往多谋善断，是足智多谋和铁血手腕的完美结合体。下面谈谈诸葛亮的谋与断。

谋：华容道的“一石三鸟”。《三国演义》中曹操南征孙刘，被吴蜀联军火烧赤壁，诸葛亮调兵遣将，唯独没安排关羽。关羽不解，诸葛亮说出顾虑，关羽当年受曹操恩典，怕关羽义气为先，放走曹操，双方立军令状为证，此计谋可谓“一石三鸟”。

其一，曹操虽战败但不能杀，毕竟主力还在，杀了曹操，刘备团队必然遭到复仇；其二，既然只能放，谁来放？又不能通过正常渠道放水，弄不好适得其反；其三，诸葛亮出山后深受刘备重用，但关羽一直不服，诸葛亮知道关羽会放曹操，但不可能按军令杀关羽。

后来诸葛亮果然给曹操留了一点余地，又给了关羽一个人情，便于以后管理。

断：温柔地做残酷的事。诸葛亮也有壮士断腕的一面，那就是挥泪斩马谡。马谡是他最要好同学马良的亲弟，“马家五常，白眉最良”，马良是老大，马谡是老五。马谡和诸葛亮名为上下级，实情同父子，是诸葛亮刻意培养的接班人才。街亭守住即可，孔明有信心、有把握，想把这一大功劳由他最得意的弟子拿下，走的时候特意嘱咐：依山傍水，山下扎营。结果，马谡立功心切，听不进良言相劝，失了街亭，也丧失了北伐的大好局面。

街亭之役，诸葛亮自降三级，对他最为器重的弟子，他并没有心软，挥泪体现出温情、自责的一面，斩则体现了一个优秀领导者的霹雳手段，令全军胆寒、全军感动。

四、担当

遇事退缩，出了问题推卸责任是领导者的大忌。真正的领导者都是敢于担当之人，我们必须诚实面对自己的责任，才能让下属真正信任和拥戴，将团队打造成一支战无不胜的无敌之师。

20世纪90年代末期，韩国三星集团被大企业、大制造的思想误导，集团总裁李建熙在汽车产能过剩的情况下扩大生产，很快债台高筑。2000年，三星汽车贱卖，集团严重受损。

在巨大压力前，李建熙不辩不争，承担了全部责任，一次性捐出个人财产20亿韩元，带领公司渡过难关。等待裁员的员工感激涕零，《财富》杂志称赞李建熙是“为错误的投资决策承担责任的CEO”。三星在困难面前没有倒下，不仅赢得了投资者及下属的信任，更是激发了其斗志，焕发了惊人的战斗力和发展势头，绝处逢生。

五、沉稳

北宋文学家苏洵写道："为将之道，当先治心。泰山崩于前而色不变，麋鹿兴于左而目不瞬，然后可以制利害，可以待敌。"不动声色，不起情绪，状态稳定，冷静理智。这告诉我们，不管遇到什么问题，领导者都应处变不惊，冷静思考，用沉稳赢得胜利。

人生不如意事十有八九，如果我们一遇到事就心浮气躁，火冒三丈，甚至大打出手，那不过是莽夫傻汉。谋定而后动才能正道。那么，如何训练我们的沉稳气质呢？一要明辨是非。始终明白对与错，轻与重，缓与急，听到信息先分析再判断。二要把意志力磨砺到位。有了坚强的意志力，自然能控制自己，稳定从容。三要经常自我反省。唯有多向内求，多找自己的问题，才能最终解决问题。

2011 年，阿里巴巴出现中国供应商涉嫌欺诈客户的事件，原因是个别销售人员为了提升个人业绩，在引入供应商时不负责任，把关不严，引入了一些不合格的供应商，为此，阿里巴巴公司 CEO 卫哲和首席运营官李旭辉引咎辞职。一波未平一波又起，下半年淘宝业务又发生了十月围城事件，因信用保证金从 1 万提到 5 万、10 万、15 万三个档次，1 万多名示威者退掉订单，扰乱秩序。

在阿里总部，马云召开了新闻发布会，表示"来之前，我在手心写了五个'忍'字，毕竟今天闹事的有其道理，我们对自己工作的不足，一定会及时调整"。这样的沉稳和冷静，使大事化小、水波不兴，值得我们学习和思考。

六、果决

很多时候，时机一闪而过，转瞬即逝，果决是一个领导者、一个团队成功的必备因素，真正优秀的领导型人才，往往能够在机遇来临时快速出手，果断把握，获得成功。

东汉年间，班超帮哥哥班固写《汉书》，投笔从戎，他果断坚毅，屡立奇功，东汉王朝为了联合西域各国抵抗匈奴，就派遣智勇双全的班超出使西域。

班超带着团队手持节杖到了西域，拜见了鄯善国王，表达了联合作战的意图，受到了热情的欢迎。可几天后，国王对他们越来越冷淡，避而不见，好不容易见到，也绝口不提联合抗击匈奴之事。班超派人了解情况，得知匈奴使者也已抵达，且双方相谈甚欢。于是班超在一个夜晚带队，以少胜多，全歼匈奴使团，第二天提着匈奴使节的脑袋质问鄯善国王，国王无言以对。这个举动震惊了西域，各国纷纷表示友好，班超顺利完成使命。

在危急的情况下，应该像班超一样果断，在快速权衡利弊得失后，敢于冒必要的风险，才能够获取成功，如果这时候畏缩不前，后果就不堪设想。

要做一个好的领导者，必须有关键时刻审时度势、果断取舍的能力。训练果决的能力可以从日常工作或生活中开始，一方面学习从变化中抓住机会，每一次变化、变革或突发情况的发生，都有值得把握的机会；另一方面要为成功做好准备，机会永远青睐有准备的人，做事果决的前提是必须做好充分的准备，而不是仓促之间武断鲁莽，如此才能在关键时刻正确拍板，做出理性有益的选择。

七、度量

俗话说“宰相肚里能撑船”，历史上还真有这样的宰相。清代康熙年间，安徽桐城的张英在朝廷担任文华殿大学士兼礼部尚书，他老家的宅子与吴家的相邻，两家之间有一个巷子方便邻里出入。后来吴家要建新房，想占了这个巷子，张家人不同意，双方争执不下，于是将官司打到了县衙。县官考虑到两家都是名门望族，决断不下。张英家人便写信送给在京城的张英，请他定夺。张英认为应该谦让邻里，就在回信里写了四句话：千里来书只为墙，让他三分又何妨？万里长城今犹在，不见当年秦始皇。家人阅罢，明白其中含义，主动让出三尺空地，吴家见状深受感动，也主动让出三尺，“六尺巷”由此得名。后张家父子张英、张廷玉两代为相，为一时佳话。由此可见，博大的胸襟既能让人，也能让人忍让，实在是不可多得的优秀品质。

能容多少人，就能带多大的队伍；能容多少事，就能做多大的事业。领导者如果能做好以下三点，则必然度量宽宏到人人向往。

一是能容忍有缺点的人。金无足赤，人无完人。人才与废柴，有时候只是我们的一念之差，一心盯着人的缺点，天下没有能用的人；整天留心人的优点，到处都是能用的人才。领导者只要知道下属的优势，把他放在合适的位置，激发优势，发挥才干，则效果奇佳。

二是能包容背叛过自己的人。特别是这个背叛的人和你一个公司，或一个行业，怎么办？为集体利益放下个人恩怨，这是度量也是格局。

三是能用好能力比自己强的人。即便你再优秀、再用心，也总会有比你能力更强的人，总会有比你更认真细心的人，年龄资历差不多，但是他更有才华、更有水平，而且还威胁到你的地位。嫉妒心是人性的弱点之一，很多人在这种情况下只会打压排挤，殊不知你的培养和成就正是让他奋发的理由，这样的人用好了就会互相成全、互相成就。

八、守信

古语说，君子一言，驷马难追。这是在告诫我们，做人要诚信守诺，这是做人的学问，也是做领导的学问，一个成功的领导者必是守信之人，这样才能让下属信赖自己，接近自己，与自己交心，同舟共济。

我们要得到别人的尊重和认可，必须对自己的言行负责，为了更好地提高信誉，可以从以下三点进行落实。

首先是设定科学的目标。任何事物的发展都是一个循序渐进的过程，拔苗助长只能使苗干叶枯。设定合理目标，其实就是让员工看到企业的守信，让企业与领导的威信在目标的实现过程中逐渐彰显。

其次是许诺前三思。大多数领导犯的毛病就是，一兴奋就轻易诺许，轻诺带来的必然是寡信，给别人一些达不到或事后反悔的许诺，极易造成威信的缺失。

再次是利益分配一定要因人而异。公司里如果大家得到的是一样的承诺或奖励，往往起不到激励的作用，可能还会适得其反，所以一定要根据不同情况、不同对象采取不同的承诺或利益分配措施。

九、人脉

戴尔·卡耐基说过，一个事业上成功的人，15%靠的是专业技术，另外的85%靠的是人际关系处理能力。可见专业技术是硬实力，人脉管理是软实力。

我们都熟悉的世界首富比尔·盖茨，在创立微软之前也只是一位非常普通的学生，当时他和同学艾伦对计算机软件非常热爱，于是开始创业。比尔·盖茨的母亲是IBM的董事，靠着这层关系，比尔·盖茨认识了IBM的董事长，拿到了微软的第一个大单，如果没有这层人脉关系，也许微软不可能发展到现在。

好的人脉绝对不是处心积虑地讨好别人或别有用心地结交权贵，而是待人真诚，有一颗真诚帮助他人的心，助人者人恒助之，如此而已。

十、口才

人才未必有口才，有口才一定是人才。这句话有点偏颇，但也说明了口才的重要性。良言一句三冬暖，有口才的人更受欢迎，而没有口才的人则往往不经意间得罪了别人，丧失了机会。

现代社会竞争越来越激烈，让消费者了解你的产品、知道你的公司，这是领导者的任务之一，一个有口才的人能把产品故事、公司故事讲得引人入胜，如乔布斯的演讲、马云的演讲，包括小米、京东等公司都是靠创始人的演讲做市场营销的。

所有的员工都愿意追随一个有激情、有梦想、有结果的领导，所有的投资方都愿意为一个能上进、能创新、能赢得市场的公司买单。在公司初创时期，这些都需要公司创始人一遍又一遍地宣讲，靠的是什么？当然是优异的表达能力。

好口才的标准有三。一是清晰简单的表达，把事情用最简短的话表达清楚，这是最基础最重要的事情。二是合适的表达方式，无论演讲、展示或互动，能把听众的注意力全程集中到事物本身，是好口才的一个重要标志。三是良好的心态，积极向上的态度、乐于助人的心理和与人为善的友好必不可少，最重要的是轻松愉快的表达氛围，让听者易于接受。

我们最不需要刻意为之的口才，有夸张的手势、虚假的表情；我们更不需要所谓的刀子嘴豆腐心，打着“对你好”的名义道德绑架。言为心声，好的口才必然源于善良的心地、正能量的状态和真心利他的愿望。

第三节 让下属自愿追随

领导要有威望，“威”是一个人在才华、能力、气质、业绩等方面表现出来的霸气，“望”则指一个人的品德、修养、资历、人脉等魅力所聚集起来的人气。

一、提升威望

有两位皇帝分别是“威”和“望”的典型。一位是汉武帝刘彻，他睿智、果敢、英勇、霸气；他灭匈奴，开西域，讨西南，伐南越，交乌孙，收东瓯，诛大宛，开疆拓土；他罢黜百家，独尊儒术，奠定了以儒家为正统的华夏传统文化之正脉，对当代文治武功、对后世影响深远，可谓威震四方。另一位是东汉光武帝刘秀，温和谦虚，智慧过人，极具个人魅力，在反对王莽恢复汉室的斗争中，刘秀更是发挥自己宽厚仁爱的优点，放奴婢刑徒，减免税赋，成功瓦解了敌军，深孚众望。公元 25 年，刘秀在部将拥戴下成为东汉的开国皇帝。

二、提升魅力

从领导的效能看，魅力远胜于权力，优秀的领导才能，特别是个人魅力或影响力，能促进下属发挥最大潜力，让下属自愿追随。

首先，让下属感觉到其对领导的重要性。每个人都希望受到重视，要尽可能满足他们这种心理需求。

其次，领导者要推广自己的愿景、目标、价值观。反复强调，经常重复，让下属觉得追随着你前途可期，有干劲、有奔头。

再次，领导者必须记住己所不欲，勿施于人。想让别人追随你，就要发自内心关心他们，公平对待他们，将他们的待遇、需求放在心上。

最重要的是，领导者无论何时应敢于为自己的言行负责，也为下属的行为负责，唯能负责者更值得信赖与追随。

三、保持一致

领导者树立权威的原则之一是命令一旦下达就前后一致，绝不妥协和退让，更不可轻易取消，朝令夕改。须知道政令畅通要从上开始，你自己都没了主见，如何能做到贯彻落实？目标一旦确定，奋力向前就是。

首先，明确员工在执行命令中的权力和责任，并提供必要的资源支持和及时指导。

其次，在执行过程中做好监控，具体工作可以分派任务，主要问题和任务一定要亲自把关过问，出现情况及时纠偏。

最后，在工作监督中要有考核，考核必然有奖罚，鼓励先进，鞭策落后，保持队伍的战斗积极性。

四、保持距离

再伟大的人都是肉体凡胎，都有平庸琐碎的一面，要让人对你保持敬畏，必须学会保持距离，只让人看到他们应该看到的，这是最稳妥的办法。

“近则庸，疏则威。”不可与下属打得火热，没了威严；更不可太过疏远，没了信任和感情。

关键在于保持适当距离，让大家感到领导对待每个人是一样的，这种尺度不是由领导者一个人决定的，它取决于员工们的反应及认可程度。如果领导与员工过于亲密，员工很容易有恃无恐，不把上级放在眼里；如果过于疏远，则会缺乏沟通，和团队离心离德，各自为政。因此，细致地观察自己与员工之间关系的细微变化，与员工保持适当的距离，亲而不近，疏而不生，让自己的影响力恰到好处。

案例五

袁国顺：天下全是“免费”的午餐

1998年，河南郑州刚刚入夏，150台拖拉机拉着1500辆自行车，浩浩荡荡地行驶在乡村大道上。多年后，每次讲到这件事，袁国顺仍然兴奋不已，“粮食换自行车，你知道吗？”他说，“一口气走了好多村镇，全给换完了。”

20多年过去了，对于这场“交换”的细节，袁国顺还记得清清楚楚。当年生意不好做，袁国顺手里的自行车在七八月的旺季滞销了。他突发奇想，跑到刚获得丰收的农民那里，用粮食作为“货币”来进行自行车“贸易”，他再转手把收来的粮食卖到粮站。收粮食时放低验收标准，再以低于市场的价格将粮食卖给粮站。一来二往，自行车完成交易，钱也挣到手了。农民不用掏钱，相当于“白得”了一辆自行车，袁国顺也得以顺利出货，快速赚到了钱。

在袁国顺的认知里，没有卖不出去的产品。“实在卖不动就‘免费送’。”面对从四面八方赶来咨询学习的人，袁国顺一次次将思绪抛回从前。

袁国顺发现，要达成一个目标的先决条件是“满足别人”，这为他后来成为“免费”模式创始人奠定了举足轻重的商业认知基础。经过不断推演，他最终梳理出“免费”和企业终极战略成就之间那层最隐秘的关系。

讲商业模式的“相声演员”

抵达郑州前，《商界》记者曾反复研究过袁国顺讲课的视频。在讲到“麦当劳如何做到全世界餐饮龙头”的短视频中，有不少网友都留言表示，听袁老师的商业干货像听“单口相声”，太欢乐了。

没有多少人能将一个冰冷的商业案例讲解，以幽默、生动的小故事轻松开场。这期袁老师讲的是麦当劳“免费空间”盈利的事，绘声绘色、抑扬顿挫，最后轻轻松松将“核心干货”抛出来。

“抖音上有一个讲免费商业模式非常特别的人，叫袁国顺。”在网民们的点赞好评和抖音流量的推送下，袁国顺的免费模式很快在社交平台掀起波澜。

如今，各种各样的企业培训名目繁多，讲模式创新者层出不穷。然而，最有效的创新其实是把正确的理论与模式复制粘贴到完全不同的业务中去。商业是个拼辛苦而又拼认知的事儿，聪明与勤劳少一样都不行。

袁国顺作为“免费模式”创始人，有着丰富多彩的创业过程，这个过程正好为他提供了一个不断验证和提升免费商业模式的重要平台。

帅旗忽折，将星流坠。二三十年前，有勇无谋的袁国顺在郑州起势开局，“前后从事过一二十个行业。”他坐在记者对面，脸上是轻松悠长的神情，“虽然最后做成了很多事，但因缺战略、缺方法吃败仗的例子就太多了。”

1500 辆自行车换粮食的成名之战，让他日进斗金；经营保暖内衣时，“以旧换新”也是他的独门方法，这让他赚到了不菲的财富；开鸡精厂时，去杭州卖货的回程路上，经过海宁皮草城时，他灵机一动，采用以物换物的办法，打响了他人生另一场经典之战。

当时，很多生意上的同行表示“看不懂”。在这些案例中，消费者似乎没有花钱就买到了心仪的商品，为什么袁国顺却从中赚到了大钱？

事实上，当大家还在愁着怎么能把商品卖出去的时候，彼时的袁国顺已经跳出了传统的打广告、做产品、找渠道、卖商品的生意模式，探索出一条轻松合作、多方共赢的新商业文明实践之路。

粮食兑换自行车背后，是初始消费升级的农村劳动力未被满足的刚需；保暖内衣以旧换新，是资源合理利用，是满足买卖双方利益的同时还能惠及第三方的创新之举。而最终让这些经历变成免费商业模式课程的，是袁国顺持续多年未放弃的追问和沉思。

1970 年，袁国顺出生在河南郑州，他从小喜欢观察父亲的言行和举止，很早就对做生意产生了兴趣。

在河南当地，袁国顺的父亲很早就开始经营作坊做生意，前后涉及铸造业、机械加工等领域。那是中国民营经济开始兴起的年代。在袁国顺眼中，父亲是非常优秀的实干家。袁国顺每天最重要的两件事，一是听评书，二是观察父亲做生意。这两件事不知不觉发生“化学反应”，慢慢滋生出一些早期的想法和意识。

每天放学回家，他会迫不及待打开收音机。在听了无数遍的《三国演义》里，他感受到一股借助“天命”来颂扬某种英雄史观的价值理念。无论刘备、曹操还是诸葛亮，他们降生到世上，被塑造成典型人物，原来都是为了创造一段特殊的历史。

每个人身上都是有“天命”的——少年袁国顺慢慢形成了这个想法。揣着听来的一肚子好故事和若干交锋细节，在 20 岁那年，“不愿活在父亲阴影下”的袁国顺离开家开始创业。

20 世纪 90 年代的中国，个人命运和时代结合得非常紧密。袁国顺并没有离家太远，而是扎根郑州，开始做生意。实际上，性格乐观的袁国顺很少对旁人说起这段自此开始改变他人生的难忘经历。

袁国顺多年的搭档沈勤德比袁国顺小十几岁，是为数不多了解袁国顺创业过程和真相的人。“他把很多事情都做到了本区域行业的第一。”采访袁国顺的间隙，沈勤德偶尔补充一两句。但是在袁国顺眼里，过去的人生经历早已风干、提炼、消化、吸收，成长为身体和思想的新动力，“实际上提不提它们，都无所谓了”。

岁月飞逝，雄心不变。这位免费商业模式的创立者，讲起课来幽默风趣能轻松圈粉的人，身后不仅有改革开放后的时代浪潮，也有无数个感人的细节和时刻，更有艰难励志的奋斗史、创业史。

天上真的掉下来一台奥迪车

袁国顺一直没离开过河南郑州。在这片充满机遇与挑战的中原大地上，以前住着他的冲动和狂妄，现在埋着一些勋章和教训。

一些事情看似偶然，实则有其必然性。有一年，郑州出现一则振奋人心的消息：买鸡精，得全新奥迪。鸡精与奥迪，一般人怎么也不会把这两个风马牛不相及的东西联系起来，更不理解会有哪个“冤大头”愿意做这个一看就亏本的营销方案。

在当时的时间维度上，看到广告的人首先在猜：敢这样送，这里面的坑得有多深啊。直到黑龙江哈尔滨的一位消费者亲自坐进一辆崭新的奥迪 A6 并将它顺利开走，大家才相信——这不是坑，是天上真的掉了一个大大的馅饼。

当时，作为一家调味品厂的负责人，袁国顺既抓质量又抓销售，想出来“买鸡精送奥迪”的办法。这个铤而走险的营销方案最后得以高效落地。不吆喝产品卖点，也不去卡位经销渠道，该调味品厂的鸡精无心抢占同类竞品的市场份额。“咔！”用袁国顺在讲课和受访时最喜欢的语气助词来形容，运用好了“明明消费了又似乎没有买单”的心理，简单粗暴直接拉动销量。

然而，刻骨铭心的经历通常都带着眼泪和教训。“为了把奥迪 A6 成功送出去，公司上下开了大小 60 多次会。”看起来的平地惊雷，背后是运筹帷幄、精细打磨。坐在记者面前，表情有些怅然的袁国顺突然放慢了语速。在他拍板决定送奥迪的那一刻，他一定不知道，这将是他无数次演练、推导的商业布局中，走得最臭的一步。

“天下掉下来”的奥迪 A6 砸到了公司身上，公司花了整整 3 年才把月供还完。而且在不久后，一位杭州客户通过同样的方式，顺利地开走了买鸡精赠送的一台凯迪拉克。

当时跟奔驰、宝马同档次的凯迪拉克，一下子把该品牌鸡精的知名度提升了，知道该品牌的人呈几何倍数上升。但袁国顺在背后却乐不起来，他发现免费送的商业利润闭环实际上很难完成。

“60 多次头脑风暴会上反复推演过的落地细节，在实际运作中当然远远没有送车那么容易落地。”被困在潜在盈利点的挖掘上，袁国顺不得不感慨，当年根本看不到这一顿“猛如虎”操作背后真正的价值。

对“超级赠品”模式日渐入迷的袁国顺，在创业最刺激、最紧张的几年里，每天都思考着同一个问题：“送出”和“得到”。随着他经手的生意和涉足行业的增加，可供试验和纠错的空间也越来越大。

欲想取之，必先予之。如何通过“送出去”的东西实现盈利，袁国顺海阔天空地想，脚踏实地地做，反复验证这套理论的可行性和应用边界。在这个过程中，他越来越深刻地体会到，有些路看似很近，走起来很远，缺乏耐心和坚韧根本到达不了。

“袁老师手里仿佛随时都揣着惊喜和礼物，看到就让人欣喜。”一位网友近期在袁国顺的短视频留言里这样评价。当前，从创新角度来看，袁国顺和他的免费模式充满了洞察人性的典型经验。

而形成这一印象的背后，实则是多年来奔忙于全国各地开讲的内容和企业主积极参与、互动形成的丰富样本，它们在不断地验证和打磨“袁创”免费模式，以此为核心的新经济生态系统也得以不断更迭完善。

在采访的后半段记者才得知，袁国顺的故事其实得换个开场白。从郑州老家出走创业后，那些对父亲的观察，从收音机里听来的生杀予夺、智勇双全的经典故事细节，并未给这位莽撞的中原少年武装一颗经商的超级大脑。

袁国顺的故事，其实应该从某个遥远午后看到的一条广告语开始讲起。

被命运的“苹果”砸中

改写命运的时刻谁都无法轻易感知到，就像袁国顺某一天走在路上，不经意间撞见的一则不起眼的广告。

一个夏天，袁国顺计划购买 10 台空调。走在大街上，一则“交话费送空调”的广告钻进袁国顺的眼帘。由于担心是厂家搞噱头，袁国顺并未在意。直到后来类似的促销多次出现。

“这次的促销信息更详细，我根本无法拒绝。”袁国顺现在还清楚地记得，广告上写着“充 2480 元话费，免费送格力 1.5P 的空调”。“算下来，空调还不是免费的？”不用说，这条促销具有十足的吸引力，对一个刚好有 10 台空调购买需求的人而言，吸引力更大。

他赶紧摸出手机，生怕耽误一秒钟。但稍微有理智的人都会怀疑空调的质量，“假的、翻新的都有可能，”他说，“反正最不可能的就是实打实全新的空调。”

结果他傻眼了。商家赠送的空调不仅是全新的，而且是新款，按当时的市场价，每台售价在 2500 元左右。买了空调的袁国顺走在街上，整条大街上都是类似的广告，像一块又一块小石头，朝本来平静的湖面不断投掷，湖面渐渐荡起涟漪。

商业逐利是永恒不变的主题，袁国顺心里想的不是10台“免费”空调的事，而是卖家如何才能玩转这个游戏。

要完成一个轻盈的起飞，背后往往需要丰满的羽毛作为支撑。“那天回家后，我想破脑袋都想不通。”从那以后，袁国顺开始对这个问题产生兴趣。

这次“充话费送空调”的插曲，很大地启发了他。连他自己都没想到，这成了他此后多年一直追问下去的核心问题——如何打造买卖双方的利益共同体。

这时他已经是一家调味品厂的负责人，即便暂时还看不懂“充话费送空调”这样的操作，但袁国顺慢慢开始转变经营思路。以前每天想的是提升业绩、开拓市场时还缺什么，现在想得更多的是凭手里的东西能最大程度变出什么。

从小耳濡目染，父亲在他身上打下的烙印开始起作用：对一件事情着迷后，会不惜一切代价弄明白。他首先肯定“买赠”对销售有绝对吸引力，“送东西”就从那个时候开始在他心里扎根。

“没有前辈总结这些方法论。”当时袁国顺手里正好同时操盘了好几个项目，他选择做一场代价不菲的“试验”。

为了调试赠品模式，袁国顺前后共搭进去不少钱。他却说，这是必须要上交的“市场摸索费”。也许今天看来，这些“损失”只是一个数字，但在那个遥远年代，肯花真金白银去做试验的人的确太少了。在很多人眼里，袁国顺做的事不能叫“奢侈”，是“纯粹的傻”。

现在站上讲台给学员讲课时，袁国顺经常回忆起自己小时候听评书的场景。“都是人物刻画和细节，凡是缺少细节的东西，基本都是假的。”同理，别人听他的经历，只是几句话的事情，无法理解那些笑与泪，也根本体会不到那些细节和真刀实枪的输赢，对身在其中的创业者、企业主到底意味着什么。

虽经过多次失败，袁国顺的问题却始终琢磨不透——既然别人可以大张旗鼓送这送那，为什么自己一送出去就不行呢？直到现在，袁国顺一提到就深深遗憾：“要是有老师当时点拨我一下、提醒我一下，我磕头都愿意。”

一个奇怪的大众心理是，当一个人碰上强盗，开始会紧张害怕恐惧，当刀真正架到脖子上的时候，反而瞬间不怕了。一次次玩不转、促销亏钱之后，袁国顺彻底腾空自己，紧紧接住了那个砸向他头上的“苹果”。

100个疑点绝不能构成一件证据。他心中萦绕的问号实在太多了，他必须先将这些疑问一个个解决掉才行。

月光下的“六便士”

陷入痛苦思索的袁国顺开始不停追问：买卖双方之间，有没有共同的、普适性的追求？

那几年,国内产业消费兴起,人们的日常生活迎来初代“消费升级”。手机、空调、电脑、汽车等，从工厂、渠道和琳琅满目的商店加快走向每家每户。

《商界》曾盘点过“影响中国营销进程的25位风云人物”，最有影响力的营销人才恰巧从20世纪90年代开始进入公众视野。涉足多个行业、生意做得多而杂的袁国顺自然也是其中一员。“营销”的概念逐渐深入中国民营企业的各大会议，成为讨论焦点。

“当时说谁生意做得大，就看他的销货能力和复购率。”跟袁国顺同时代的一位经销商坦言，物资贫乏、市场嗷嗷待哺，需求和竞争都存在，谁能想到出色的营销策略、精准把握用户心理，谁就能成功。在很多亲身经历过的人眼里，成功的表现方式之一就是“赚快钱”。

在这种时代背景下，市场竞争进入深水区，水下也没有石头可摸。袁国顺被时代裹挟着，装着那个没想通的问题。最终，他选择了搭上时代的巨轮一同前进，征途漫漫，路上自有惊喜。

满地都是“六便士”，没有人抬起头看月亮，用英国作家毛姆的代表作《月亮和六便士》来描述当年的民营经济发展，再合适不过。

不论生意做得如何，袁国顺脑海里始终不断出现“充话费送空调”的事。一天，他的手机收到运营商发来的“天气预报”，“那一刻，醍醐灌顶，咔！一下想通了。”

为了验证自己的想法，袁国顺紧接着做了一件事，在获赠空调充上的话费中，他一口气购买了彩铃、天气预报、来电提醒等边缘产品，“这些东西基本没有成本，毛利润高达90%”。

化身隐形收费的形式，充话费这一行为似乎超出了当时人们对产品和服务本身的理解。“我认为这是真正的商业闭环的雏形。”袁国顺说。多年后，他无数次回过头来审视“充话费送空调”，愈发肯定了自己的想法。

“学移动公司分摊话费的太多了。”袁国顺认为，这是免费逻辑的鼻祖。他特别列举了银行那些微小的收费项目的例子，“隐形收费主要分布在这些毛利率很高的小收费环节。”他认为这才是企业敢任性送东西的根本原因。

从一种类似“大促”的活动到商业逻辑的成型，自认为找到切入口，袁国顺愈发对免费消费场景上瘾。他结合当时的生意进行推演，卖自行车就“买1送5”，送毛巾、送酒水等；做保暖内衣生意时，他发明了一种“以旧换新”的方式，极大地调动了消费者积极性，不仅把新内衣卖了出去，还探寻到“用户基础”，也就是今天的“流量池”这块无人意识到的领地。

“穿越”到今天，先亏钱引流、再流量变现似乎就能一举回答袁国顺当时的困惑。但巨头之所以能跑起来，离不开蹒跚学步时确保不摔倒的反复练习。

袁国顺下一步所思考的不再是要不要钱、免费促销怎么玩转的问题，而是在免费的基础上，探索一条稳定、可持续、规模化且可复制的商业路径。

“不管竞争多激烈，你的对手永远不是同行，而是把你的用户牢牢握在手里的人。”换句话说，你的用户很可能在其他行业人士的手里。

真正的商业闭环一定首先得有“用户”，而不是顾客。此外，要维持系统的可持续发展与循环，需要有足够多的商家在生态中保持活跃。

没有放弃过一天思考，袁国顺彻底想通了一件事，开公司、做生意、卖东西，真正能打动用户的内核和吸引力是什么？由困惑而开悟，是一个必然的过程，这个过程艰难却很有意义。

2007年，37岁的袁国顺对事业和模式仍在进行深度追问，甚至一度陷入了自我怀疑：“我自己不懒不笨，没有什么不良嗜好啊，行业也没问题，为什么始终达不到预期目标呢？”一次次的摸索，一次次被现实鞭打，他对自己的怀疑和否定达到了巅峰。

也正是在这一年，他的世界豁然开朗。从前那套衡量指标全部失灵，企业成长速度、业绩增长、市场份额、毛利率等，袁国顺一次次叩问心门，也一次次将这些标准撤下来。

那些起势平稳、发展良好的企业，一定都在进行着你情我愿的价值交换。顺着这样的思路，袁国顺开始了一场运营思路和模式价值的重组与思考。

时间埋葬不掉往事，尤其是难忘的经历和思考，那里有更好地遇见自己的路。袁国顺坦言，他交了很多学费，用了一些自以为是的错误方法，走了不少弯路。加上“生性嚣张”，取得一点点成绩很容易得意忘形，他从来没有真正将足够的“教训样本”统一放在聚光灯下，导致他迟迟想不明白，“开不了悟”。

反复审视从前，袁国顺突然领悟到“利他”和“吃亏”的微妙共生关系，而这正是他苦寻“买卖双方利益共同体”这一问题的终极答案——明心见性，懂得人性的本质。“人喜欢的东西都是一致的，财富、健康、受尊重。”袁国顺说。

用“吃亏在前”的思维模式去延长利润链条，是袁国顺在不久的将来创建免费商业模式的思想基础。至此，在满地都是“六便士”的街上，他决定先感受当前的“月光”。

“别人看山是山，我看山是人。”袁国顺说，始终围绕人性去思考“价值共同体”，才应该是免费模式传递的终极商业理想。一种有效经验的落地和系统化生成，是一个漫长的过程。结合多年来的创业经历和深入的思考结果，袁国顺终于总结出了一套免费模式的方法论。

2014 年，袁国顺在河南郑州创办了河南壹玖实业有限公司，帮助中小微企业拨开迷雾、看清未来。

目前，“壹玖”以每年近百场线下课为基础，吸引了数万名企业会员，与此同时，线上积累了 500 万粉丝。

按照袁国顺的计划，当前正在录制的《国顺案例库》将以互联网为平台，打造永不打烊的免费商业大餐模式。“免费课堂将永远面向企业主敞开，可以轻松运用到实践中，这样的免费模型也会不断更新。”袁国顺说，“到一个新的城市，经常会遇到‘熟人’。同一节课，听过几十上百遍的人比比皆是。”

整个采访，袁国顺沿袭了他讲课的风格：轻松、幽默，能完整描述每个细节。聊起过去的创业经历，他甚至能清晰地回忆起一件事发生在哪年哪月哪日。

人生的关键经历是在正确的时间遇到正确的人，并在他们的帮助下做出正确的选择。“如果不做生意，就去当老师，做一个好老师，教育太重要了。”袁国顺说，“在输出干货的同时，还能逗学生开心。”

（资料来源：《商界》，作者：谭亚）

第六章

《论语》的贤与愚：人本能力的修炼

见贤思齐焉，见不贤而内自省也。

——《论语·里仁》

第一节　圣人的秘密

宋仁宗赵祯天性仁孝，宽厚和善，执政四十二年，是整个宋朝时期在位时间最长的皇帝。他在位期间，政治清明，国泰民安，经济、科技、文化空前繁荣，是中国历史上难得的官民幸福指数较高的时代。

宋仁宗的人本主义主要体现在对大臣的尊重和对自己的放下上。当时的包拯多次让他下不来台，有一次犯颜直谏，口水溅到了宋仁宗脸上，宋仁宗没有责怪，一边用衣袖擦脸，一边倾听并接受了包拯的建议，之后也没有丝毫怪罪这个铁面无私的臣下。张尧佐是宋仁宗宠妃的伯父，担任三司使，但能力有限，不堪重任，包拯再次弹劾。宋仁宗为难，就计划让张尧佐做节度使，并说："节度使是粗官，总可以吧？"包拯带着七名言官据理力争，官职最小的唐介直言："节度使，太祖太宗皆曾为之，恐非粗官。"

由于宋仁宗宽容雅量，在他的治下名臣辈出，如范仲淹、包拯、韩琦、富弼、文彦博、狄青、欧阳修、苏洵、苏轼、苏辙、王安石、曾巩等。可以看出，这位帝王有相当大的度量和推己及人之心，因为皇帝清明，大臣才勇于任事。

宋仁宗驾崩的消息传开后，"京师罢市巷哭，数日不绝，虽乞丐与小儿，皆焚烧纸钱哭于大内之前"。讣告送到辽国，辽道宗耶律洪基号啕大哭，说："我们四十多年和平相处，没有受战争之苦，我得给他老人家建一个衣冠冢，以此来寄托哀思。"从此以后，辽国的历代皇帝"奉其御容如祖宗"。化敌为友，能得到敌人的如此膜拜，这大概就是不战而胜吧。

一、见解独到的孔子

大家阅读《史记》中的《孔子世家》，可以发现孔子在童年、少年时期极不容易，面对家庭的败落和生活的艰辛，孔子毫不抱怨和指责，他曾说：“不怨天，不尤人，下学而上达，知我者其天乎！”有人问孔子的学生，孔子是个什么样的人，他告诉学生要这么回答：“发愤忘食，乐以忘忧，不知老之将至云尔。”

孔子自始至终保持着谦恭学习的心，他一生几次拜会老子，向老子讨教学习，见完之后真心拜服，说老子高深莫测。这样的赞叹是发自内心的，这也让我们明白，所谓的儒家与道家，不过是修行人不同的称呼，哪有什么根本的门户之别呢？

孔子总能深入思考，有异于常人的独特见解。比如如何看待比自己优秀的人？他说“见贤思齐”，这是多高的境界；如何面对过错，他说“过则勿惮改”，有了过错就要勇敢面对，不怕去改正完善；如何理解人生的追求，他说“朝闻道，夕死可矣！”在弘扬道义面前，生死都不足惜。所以才有他的学生曾子说“士不可不弘毅，任重而道远。仁以为己任，不亦重乎？死而后已，不亦远乎？”正是这样有追求与抱负的贤者自强不息，利益大众，勇于任事，奠定了华夏文明的底色。

二、圣人的境界

孔子一生达到了什么境界？这是大家都关心的问题。对此，他本人有很好的总结：“吾十有五而志于学，三十而立，四十而不惑，五十而知天命，六十而耳顺，七十而从心所欲，不逾矩。”

十五有志于学，十五岁的孔子已经清晰知道自己的人生目标和使命，这给我们的启发就是人生需要早立志，找到自己为之终生奋斗的目标，路阻且坚，行则不远。

三十而立，立的不是世俗的家庭、工作，而是看问题、观察世界的正知正见，有自己独立的人格和思考能力，具备判断人和事物的能力。

四十而不惑，是指人情通达，心思通透。不惑的背后是对事物规律的把握，对人心人性的洞察，对利益关系的了解，对前因后果的理解，物有本末，事有始终，掌握规律，又有何惑？

五十而知天命，这个境界很高，不仅了解了外部规律，更深入了解了人在社会中如何生存，对生命的认知都已非常清楚，知道自己的使命，便能心无旁骛，达到目标。

六十而耳顺，就是无论什么都乐意听进去，并且闻过则喜，如孔子所说“有鄙夫问于我，空空如也”，才能兼听则明，客观全面地看待问题。

七十而从心所欲，说明孔子做到了人心即道心，做到了对人性弱点的超越，能够将道德外化为行动，以良知做事，超越人欲，符合了大道。

三、一心应万物

我们看《论语》时会发现，“仁”是孔子思想中最核心的词汇，可在什么是“仁”的问题上，孔子并没有一个固定的说法。这是为什么呢？

颜回在问什么是“仁”的时候，孔子说“克己复礼为仁”。可当子贡问到同样问题的时候，孔子说“夫仁者，己欲立而立人，己欲达而达人”。同一个问题，答案却不同，这是什么情况？大家知道，他们两位是孔子比较有代表性的学生，颜回修为很好，家境贫寒，而子贡是成功的企业家。因此，孔子告诉颜回，你有能力做好“内圣”的功夫，就要“克己复礼”；而对子贡而言，作为大家眼里较成功的人，决不能只关注自己的小收入和小幸福，推己至人、造福大众才是“仁”。因材施教，夫子诚不欺我！

由于“仁”不是一个僵化的概念，这种高度的智慧如同一面镜子，没有立场，没有预设，在不同场合、不同对象显不同的相，在具体执行时，自然要因材施教，对症下药，方能妙用无穷。

四、无可无不可

在一些人眼里，孔子似乎是个刻板的人，其实孔子是一位智者，可谓圆通无碍。

1. 应境智与究竟智

所谓应境智，是在特定时空和环境中有效的理念与想法，一旦离开了特定环境，如鱼离水、花无根；而究竟智则是具有普通意义的智慧，体现的是人类、社会、宇宙的普遍规律。

2. 文化自信正当时

经过几千年的发展，中华文化已自成体系，在建设企业文化的过程中，要做到“扬弃”，在吸收先进文化的同时，也去除落后文化，避免全盘照抄和机械否定。在建设先进企业文化时，应重视学习中外文化，大胆创新文化内涵，做到洋为中用、古为今用。

3. 圆通无碍是妙境

了解这两个概念之后，我们会追问：如何开启一个人的“究竟智”呢？这需要我们在学习各种环境下的“应境智”时，一定要注意心灵的开发，否则学得越多，越容易走入死胡同。“应境智”是为学日增，体现的是加法，越学越有知识；“究竟智”是为道日减，体现的是减法，不断减少干扰，保持清净，如果随时随地可以静下来，其中妙用自可体会。安静与专注，不仅是最好的休息，也是养神、养生和开启究竟智慧的不二法门。

五、向圣人学习

从根本上说，我们学习孔子的人生精神，就是要做一个有觉悟的人，将一生的实践当作修行，在修行的实践中去领悟人生，让自己不虚此行。

其一，如孔子一样“有志于学”。非志无以成学，非学无以广才，志向高远，才能不畏浮云遮望眼，一心只向最高层；才能心中有大义，去蝇头小利，计利当计千秋利，求名当求万古名，如此才会有大气魄、大胸怀。

其二，“朝闻道，夕死可矣”。一个人的最高追求是什么？这决定了一个人的层次，在践行道义的问题上，富贵贫贱看开，权力金钱看开，才能真正达到北宋张载先生所说的“四为”使命：为天地立心，为生民立命，为往圣继绝学，为万世开太平。

其三，仁者爱人，做一个充满大爱的人。对社会、对公众、对弱势群体多一份同情与责任，推己至人，在注重生命个体价值的同时，孝顺父母，友爱兄弟，亲近朋友，更要有家国情怀。一个充满亲情的社会，才是一个真正文明富足的祥和盛世。

其四，见贤思齐。做一个不断反省和提高的人，遇到问题从自己身上找原因，不抱怨、不指责、不发牢骚，不迁怒，反求诸己，不怪环境和他人，从自我修正做起，力所能及地影响社会。

其五，和而不同。在多元化的信息时代，我们面对的是不同国家、不同民族、不同文化习俗和生活习惯的人，既要放空自己、学习别人，又要立足根本、敞开怀抱，才能博采众长，为我所用，展示更多的精彩。

第二节　曾国藩的用人之道

以人为本，体现在识人、育人、管人的全过程。这里我们仍以曾国藩为例详细阐述。曾国藩是近代名人，有人说他善于观相识人，关于他识人用人的传说很多。后来有学者将他的用人之道概括为八个字：广收、慎用、勤教、严绳。

一、用人必先识人

曾国藩认为，事情能不能办好，能不能用到合适的人是关键，识别人才是核心。也就是说，用人是否得当，鉴别人的眼力非常关键，用人慎重，必须以看到人的本质为前提。

据说一次李鸿章向老师曾国藩推荐三个人，曾国藩碰巧出去散步了，这三人就在门口恭候。曾国藩散步回来看到门口的三个人，他朝左边、右边、中间各看一眼，然后什么话也没说，径直走了进去。李鸿章请教老师对这三个人的评价，曾国藩说：左边的那个人可用，只可以小用，右边的人万不可用，中间的人可以用而且能够大用。

李鸿章一直对老师识人的本领非常敬佩，就问原因。曾国藩说：左边这个人，我看了他一眼，他也看我一眼，我再看他，他就不敢和我对视了，说明心地善良但气魄不够。右侧这个人，我看他的时候，他不敢看我，我不看他时，他却偷偷看我，很明显此人心术不端。然而中间这个人，我看了他一眼，他也看我一眼，我打量了他一遍，他也坦荡地打量了我一番，这个人一定心胸坦荡，气魄很大，可堪重用。

后来的事实证明，曾国藩确实看得很准，中间那个人就是首任台湾巡抚刘铭传，后来在台湾保卫战中立下大功，闻名于世。

二、用人以德为先

用错一个人，横则影响一片，纵则贻误长远，甚至不可收拾。曾国藩虽然“求才不遗余力”，但在具体任用的时候，往往广中求精，慎之又慎，还明确了统一要求，特别注重人的品德。他提出的观人之法，以有操守无官气、多条理少大言为主；才德不能兼得以德重，好利之人不可重用；有大才而性格偏激的要慎用，才德平平升迁太快者、个人不愿意出仕者，不可推荐。

凡经过曾国藩鉴定为品德有问题的人，即便有才华他也坚决不予重用，比如吃饭将米饭丢在地上这样的“小事”，他就会认为这是品德问题。

联想集团的柳传志缔造了联想传奇，他在选人、用人上学到了曾国藩用人之道的精髓。联想的选人之道是“德才兼备，德为先”，柳传志选拔人才的方式被称作“看后脑勺法”，就是看平时看不到的一面，多角度观察，了解他内心真实的东西，如果确实是德才兼备的人，企业就可以给不同的机会，提升重用。

为何德才兼备德为先？柳传志进一步说：“因为当你真正进入领导班子里，或者大权在握的时候，管理人员在品德方面的问题，会严重影响公司的士气、效益和团结，会给公司和上级带来很多麻烦。”

三、勤教与严绳

曾国藩善于通过书信、面谈及饭前闲谈来进行培训教育，这是他的高明之处。同时，他强调溺爱不可治家、纵容不可治军，宽严相济，名利可宽，礼义要严，这些因素平衡好了，即使骄兵悍将也可统驭。

关于“勤”，曾国藩有一个独特的“五到”理论：

其一是身到，即遇到事情一定要亲临现场，亲自操劳。湘军之中，从大帅到营官，都以亲自察看地势为作战第一原则。曾国藩进攻武昌时，亲乘小船赴港口察看地形，勘察之后才确定进攻方略。

其二是心到。曾国藩曾经说过，白天做事，晚上还得不停琢磨。下苦功夫剖析清楚，理清头绪，再统一整合形成整体思路，反复思考才有把握。拿破仑曾经说过，要打仗了，他往往提前三四个月就搜集信息、分析总结、形成计划，应对各种可能，一开战立即就见到效果。

其三是眼到。无论是军队还是企业，乃至一个国家或民族，领导者位置越高，距离真实的世界就会越远，下属在给领导汇报时，会把很多信息过滤掉，在这样残缺的信息里做决策，是很危险的。领导者做决策时应看到全面的信息，综合决断。

其四是手到。曾国藩非常喜欢写日记，他随手把所见、所闻、所做、所读、所思记录下来，总结、反思、反复揣摩，这就使他做起事来条理清晰、主次分明。

其五是口到。交代工作一定要到位，甚至得苦口婆心反复强调，“使人之事，既有公文，又苦口叮嘱也”。实际上领导者反复叮嘱的过程，也是一个不断深入思考的过程，问题越讲越明白，条理越说越清楚，下属自然会越听越明白，越听越想着如何执行得更到位。

四、聚人以信仰凝之

我们今天看来，曾国藩并非完全没有权谋的因素，但观其大体，确实是以信仰为激励之本，以纯朴为用人之本，以耐烦为治心之本，以包容为处世之本，以大局为决策之本。

曾国藩的领导力，从核心上讲，是运用了道德、气节、民族大义、儒家文化这些理念，激励着有价值观、有追求、有家国情怀的知识分子，带动着想谋生、想上进、想实现阶层跨越的广大底层农民，用著名军事教育家蒋百里的话说，曾国藩把湘军建成了中国历史上“第一支有主义的军队”，成为当时“扎硬寨、打死仗”“尚朴实、耐劳苦”的模范军队。

五、建立坦诚的团队文化

曾国藩写过一副非常出名的对联："战战兢兢，即生时不忘地狱；坦坦荡荡，虽逆境亦畅天怀。"这副对联告诉我们，越是境遇顺利的时候，越是要小心谨慎；越是身处逆境，越是要提醒自己坦坦荡荡，保持自己的赤子情怀。

当年李鸿章入曾国藩幕府，晚上贪杯，早上贪睡，多次编谎话请假。为此，曾国藩非常严肃地对他说："少荃，既入我幕，我有言相告，此处所尚，唯一'诚'字而已。"说完扬长而去，李鸿章当场吓得说不出话来，从此再也不贪睡了。

在曾国藩的率先垂范、有效激励下，湘军形成了相互信任、坦诚相待、相互支持的团队文化，呼吸相顾，赴汤同行，蹈火同往，胜则举杯酒以让功，败则出死力以相救。毫无疑问，这样的团队一定会形成强大的吸引力和凝聚力，并最终转化为惊人的战斗力。任正非先生在创办华为企业之初就提出了"胜则举杯同庆，败则拼死相救"的团队精神，我想这很可能是受到了曾国藩先生的启发。

对于领导者来说，最大的挑战就在于建立这样一种坦诚相待的文化。通用电气公司的前 CEO 杰克·韦尔奇就直截了当地说："缺乏坦诚是商业生活最卑劣的秘密。"在担任通用电气公司的 CEO 期间，杰克·韦尔奇大力推广坦诚文化，在他看来，坦诚能够引导企业正气并且能够推动企业走向成功，这个话题他本人给通用电气公司的伙伴们足足讲了 20 年。

六、成就他人是最大的成就

我们都知道，晚清到了曾国藩所在的时期，社会风气不好，腐化堕落、贪腐遍地、世风日下，但曾国藩却通过自己的言语和行动，从影响身边的人开始，为扭转这种社会风气贡献一己之力。

在谈到领导者如何让下属心服口服时，他说：有了功劳千万不要一个人独占，有了责任一定不要推诿给别人，只要是有利益的事情，一定要做好分配，凡是有荣誉的事情，一定要合理分享。这种与人为善、成人之美的宽容与公正，全面体现在曾国藩的为人处世之中。在给弟弟曾国荃的信中，他写道："功不必自己出，名不必自己成。”成就他人其实就是成就自己。这样的胸怀、这样的格局，正是儒家“恕道”的真义，也正是曾国藩作为领导者的魅力所在。

江苏巡抚何景做过曾国藩的幕僚，曾国藩去世后，他在给皇帝的奏折中表示，自己过去在曾国藩大营时，只要有人提到安庆会战，曾国藩就说安庆会战是胡林翼谋划的，多隆阿负责作战。提到僧格林沁的吃苦耐劳，曾国藩总说自己一两成都比不上；谈到左宗棠、李鸿章，曾国藩很是赞扬，而且说自愧不如。在给朝廷的奏章里他是这样写的，在给朋友的信里他也这样写。

北京大学国家发展研究院杨壮教授认为，领导力的根本不在于权力，而在于影响力，而影响力的根本在于改变被领导者的价值体系、态度、行为和习惯。优秀的领导者可以通过自己的魅力去感召下属，真正让下属认同且追随。曾国藩的“功不独居，过不推诿”“功不必自己出，名不必自己成”，体现的正是儒家推己及人的“恕”字功夫，释放出来的正是足以打动人心的影响力。

第三节　慧眼与铁腕

企业家如何修炼慧眼识人之秘诀，如何铁腕用人？我们总结了识人“九观法”，看人“五视法”及用人“五项基本原则”。

一、识人“九观法”

远使之而观其忠。无论一个人看起来有多优秀，不要轻易信任，更不可过于表扬和赞美，保持适当的距离既可以让人谦逊知礼，懂得珍惜，也可以远距离观察其忠诚度。

近使之而观其敬。有意的亲近可以看出一个人的教养，摆不正自己位置的人往往会由于领导的低姿态开始变得油滑，甚至糊弄工作，这样的人自然需要提防。

烦使之而观其能。清代名臣沈葆桢曾在林则徐门下做幕僚，为考验沈葆桢的耐心，林则徐让沈葆桢连夜抄写一篇加急公文，然后把沈葆桢誊写了三四个小时的公文扔在一边，找借口让他重新抄写。尽管时间紧，但沈葆桢不慌不乱，平心静气掌灯重写，写好后，林则徐一看大悦，内容一丝不苟，墨迹丝毫不乱，字体清秀比第一次犹有过之。

猝然问之观其知。想知道一个人的反应和谋略如何，猝不及防地提问往往很有效果，没有任何准备的淡定自如，足以显出一个人平时的积累和修养。

急于期之观其信。考验一个人是否守信，可以匆忙邀请。如果他口头应允却迟到或缺席，大概率不是守信之人。

以钱财观其仁。钱财足以让一个人原形毕露，不善之人没钱会收敛，有钱则必然肆无忌惮；而良善之心有钱后会心存仁义，更懂得宽厚待人。

以危难观其节。委以重任前，只要心有疑问，就得想办法进行验证。比如面对朋友向其诉说难处时，不可靠的人往往找借口逃避或漠不关心，更不可能帮忙分忧解难，这样的人千万不能委以重任。

醉之以酒观其礼。有着良好教养的人，哪怕醉酒也是本性纯良之人，不会酒后失礼失德。酒本可以升腾阳气、振奋精神，壮英雄气概、抒诗人情怀，一壶浊酒喜相逢，古今多少事，都付笑谈中，不失为一个很好的检验标尺。

杂之以处观其色。做一个冷静的旁观者，观察一个人跟不同职业、不同性别、不同身份、不同年龄的人的接触，基本可以看出一个人的处世之道和人品修养。尤其是对比这个人对身份较低之人的态度和身份尊贵之人的态度，看其对自己部下的态度和对领导者的态度，看他突然间遇到好事或不如意的处事方式，这些都是古圣先贤行之有效的识人之术。

二、看人“五视法”

居视其所亲。识人最直接有效的方法，就是看他平常和谁在一起，如果交往的都是正直良善之人，则可相交；如果是与小人为伍，不务正业，则躲得越远越好，朋友圈是最有效的判断标准。

富视其所与。有钱时如何支配财富是关键，如投资学习、投资项目，或扩大事业发展，或有意资助有为之人，或接济穷困热心慈善，都可相交。如果用金钱一味满足自己的欲望，或贪图享乐花天酒地，甚至赌博耍钱、投机冒险，对这样的人躲得越远越好。

远视其所举。一个人有了权力地位之后，就要看他如何选拔、推荐用人，如果他懂得任人唯贤、提携后辈，则他肯定有更大的发展空间，一定不能失之交臂。相反，如果推荐时任人唯亲，不顾能力与德行，绝不可交。

窘视其不为。当一个人穷困潦倒时，就要看他操守如何，面对窘境，积极上进，不做苟且之事，则必是大德贤人，厚积薄发终会有所成就。遇到困难到处钻营，或颓废、牢骚满腹，要高度戒备。

贫视其不取。人在贫穷时也不埋良知、不贪不义之财，则气节高尚，可交。当年南怀瑾先生中年投资失败，一家人居于陋室，先生一手伏案书写，一手抱孩逗乐，在最穷困的生活条件下，完成了惊世名作《禅海蠡测》。

别人是自己的一面镜子，我们一生都在观人、识人、用人，其实都是为了做人，领导者某种程度上也是通过经营企业、经营人脉，进而更好地经营自己。

三、领导者用人的原则

“何代无贤，但患遗而不知耳。”这是唐太宗继位后对人才的感叹，每一个时代都有贤才，关键在于领导者能否知贤任贤。

1. 量人而用，人尽其能

人才有不同的类型和层次，用人时必须量才使用，尽人之才。骏马能历险，犁田不如牛；坚车能载重，渡河不如舟。尺有所短寸有所长，要把合适的人用到合适的地方，放到匹配的岗位，这里强调的就是用人时适人适职、适才适能，避免因人设岗、因人废事。

2. 克服短处，用人所长

领导者的用人之道是扬长避短，才华横溢、智能超群的人也可能缺点突出、争议较大，领导者一定要有胆识和气魄，态度鲜明、大胆使用，可能会有意想不到的效果。如西汉初年的陈平，跟随过韩王和项羽，最后在鸿门宴后投奔刘邦，陈平名声很差，但刘邦力排众议予以重用。后来陈平六出奇计，三救刘邦，四扶大汉于将倾，封侯拜相，功高天下。如曹操的首席谋士郭嘉，优点是善出智谋、胆略过人，但缺点也突出。世人有言，奉孝不死，卧龙不出。郭嘉在世的时候协助曹操鲜有败绩，赤壁大败，曹操第一时间怀念的也是死去不久的郭嘉。

3. 用人不疑，疑人不用

充分信任、适当监督是用人的关键。用人信而不疑，使人产生心理上的安全感，产生对组织的高度认同和归属感；上级信任下级，下级也会更信赖上级，上下同心，其利断金。领导者要用人不疑，须把握好以下三点：一是不信谗言，准确分辨告状者、告密者的意图；二是鼓励下属，培养风清气正的企业风气；三是澄清事实，凡有谣言必有根源，事实胜于雄辩，对造谣诽谤者批评疏远，严重者绳之以法。

4. 任人唯贤，不分亲疏

任人唯贤还是任人唯亲？答案当然是以贤德之人为佳。一位优秀的领导者会亲贤人远小人，让贤人也成为亲近的人。所以最理想的状态是，用亲近而贤能的人。

5. 容才纳贤，高风亮节

大肚能容，容天下难容之事。何止是事？领导者更重要的是能够做到容人。

容人之长。见贤思齐、求贤若渴是大智慧，对于超出自己的才能之士，很多人容不下，武大郎开店找低个子才是常态。“宁学管鲍分金，不学孙庞斗法”，度量大如鲍叔牙者太少，小如庞涓者屡见不鲜，力戒！

容人之短。人才有所长，定有所短，如诸葛孔明先生那样能治国、能治兵、能外交还忠诚的是凤毛麟角，更多的是带刺的玫瑰，领导者一定要不拘一格使用人才。

容人之言。要鼓励人才讲话，广开言路，尤其要学会听不顺耳的，有建设性、有见地的意见，这不只是民主的体现，更是成功者的必备素质。

容人之冒犯。有的领导架子大、自尊心强，一摸就跳、一动就闹。对合理的冒犯，优秀的领导要自省自责，即使面对不合理的冒犯也应从大局出发，虚怀若谷，看到这些人光明磊落、秉性耿直的一面。

四、用人能力的培养

人的优点与缺点，实际上是对立的统一。领导者对人才不能不要求，也不能求全苛责，要知道，世界上哪里会有十全十美的人才？领导者的用人能力不只体现在眼光上，也体现在思想上和胸怀上。

1. 用人要容人

任何人都有长处和短处，在用人问题上，究竟要用什么样的人，是一个非常关键的问题，高明的领导者用人就是用人长处、容人短处。

2. 用人要信人

大凡有才之士，都有很强的自尊心、自信心、成就感和荣誉感，领导者要用好这些有才能的人，就要学会充分信任他们，使他们有权、有职、有位、有钱、有资源，有条件创造性地做好工作。

3. 用人要匹配

大材大用，小材小用，非材不用。领导者在用人时，必须做到职务与能力相称，量才使用，使职级与才能相一致，让高水平者获得高职级，人尽其才，才能各自奋发。

4. 搭配要合理

在选配人才时，领导者首先要考虑团队成员之间能否达到心理相容，人们的气质和性格差异很大，有外向的、内向的，急性子的、慢性子的，不同的人才合理搭配非常重要，如果搭配不当会人多事多、适得其反。一个团队既要有经验丰富的老同志，也要配备具有开拓创新精神的年轻人，有技术人才，也要有行政骨干，分工明确，紧密配合，各项任务自然能顺利完成。

案例六

OPPO：中国好制造，要去向何方？

每一次工业革命都是从工厂开始的。一个国家要想发展得更好，就必须生产得更好。企业也是如此。作为世界工厂，中国几乎什么都能造，但造得不够精，产销匹配度、产品一致性不够，产业基础不牢，这也是通病。用一句话概括，博大有余，精深不足。

当市场高歌猛进时，精深、精益、精准、精细、精良、精密，这些要求似乎无足轻重。但当市场逆水行舟时，不在精微上下功夫，就越来越难行。从博大到精深、从粗放到精准，一场制造业的转型升级已经拉开序幕。它并不轰轰烈烈，但正在普遍发生，具体路径包括标准化、信息化、数字化、智能化、柔性化、绿色化，以及永远无法逾越的精益强基。以下讲述的，就是中国制造在新时代的变革故事。

故事从2019年开始，主角是OPPO，名字叫精益智造。

挑战与变革

2019年前后，OPPO制造与品质系统总裁郭小聪明显感到，一个从量变到质变的拐点正不可逆地来临。

OPPO从2008年开始做手机，一路上量，从2008年一个月做20万台到2016年一个月做200万台，再到2019年一个月做2000万台，10年间实现100倍的增长。那时的任务就是在保证质量的前提下不断扩产能，满足交付。但到了2018、2019年，量的快速增长结束了，进入了稳定期，而结构性的变化越来越明显。

一是随着消费者的多元化、细分化，手机机型越来越多，如高端旗舰机、折叠机等。OPPO品牌决定向中高端转型，对制造提出了更好、更快、更灵活、更精准的全新要求；二是从手机到智能手表等物联网终端设备，产品品类越来越广；三是行业告别扩张期，进入平台期，内卷加剧，要向整个制造过程要效率、要效益，如减少物料浪费、缩短响应时间、优化生产流程；四是人口红利减少，“90后”“00后”进厂后，对传统机械化操作较为排斥，流动性升高；五是随着企业加快“走出去”的步伐，进行全球化部署和交付，如何保证交付质量和交付水平一致并实现本地化，成为巨大挑战。不同国家、不同运营商、不同版本，国外特别是欧洲的运营商市场对手机的定制化要求很高，对准确交付的要求也很高，既无法用一款机型打天下，也不能像过去那样凭预测、拍胸脯、拍脑袋生产，而必须按订单生产。

再加上跨文化沟通的挑战，以及各国员工素质参差不齐，产品要在全球范围内实现交付质量统一，难度大大增加了。这么多变化意味着什么？意味着一条生产线上，以前一个月切换一次产品，现在一天切换3次以上；不能把员工当成机器零件，而要用自动化、数字化赋能，让他们有质量地成长；要从传统工厂转向智慧工厂，充分利用数字技术与制造深度融合，形成人机共融的智能制造，通过软件系统对全球工厂进行集中控制，保证品质的一致性。

既然在全球做制造这么难，干吗不采取外包代工呢？郭小聪回答：“不是没有尝试过，但发现了一些问题。”一是外包企业在品质管理上和OPPO的标准有一定差异。比如他们做的产品进入市场，可能电池盖都没有装紧，但你跟他沟通时他会说：“我一个月给你交付10万、20万台机器，有10个、20个电池盖没装紧，不是很正常吗？”二是消费类电子产品对快速响应有很高要求，比如从产品定义到量产通常只有6～9个月的时间，从量产到产品下市只有5～6个月的时间，在生产中还可能随着市场变化快速调整，而外包企业在不少国家的工厂很难满足这种要求。三是外包企业，即便是国际一流的企业，其全球工厂网络和OPPO的重叠度并不高。比如埃及、土耳其、孟加拉、巴基斯坦就没有设厂，而在这些地方OPPO可能是市场主流，OPPO就要考虑自己进行生产布局。

因此，自有制造要坚持，但必须转型升级。2020年，OPPO内部开始实施“凤凰计划”，从传统的自有制造走向精益智能制造，自我变革。公司成立了数字化转型办公室，目标是通过标准化、自动化、数字化、智能化4个阶段，最终实现生产、制造、产销、售后的全链路品质数据的可视、分析与决策，助力公司向中高端转型、品牌国际化、制造效率最优等战略的达成。

先精益，后数字化、智能化

在自有制造的基础上向精益智造转型，有很多好处。比如可以与研发部门深度协同，在中低阶产品上，推动研发去做比较深入的易制造性、可制造性、易自动化的设计。

“以前做研发的同事更多考虑产品的极致外观和性能，而对制造环节中的工艺难度、复杂度和制程质量这些因素考虑得不够。他很少考虑要给装配动作留出间隙，很少考虑贴辅料、贴纸等动作能不能采用自动化，他就是在设计，觉得反正有工人去完成。这几年通过协同，我们把很多以前不能做自动化的设计方案全部改掉，大量实现了设备贴合，有的智能终端产品的生产，人力可以节省 1/3。”郭小聪说。

而在旗舰产品方面，制造端则尽可能提升自己的能力，满足设计的要求。

由于 OPPO 自有制造的规模大，也能支撑其在品质、工艺、标准化、数字化和智能化升级等方面的软硬件投入。最近 5 年这些方面的投入已接近 20 亿元（不包括扩产投入）。

依托自有制造，通过投入，可以对研发、制造、供应链等各个环节进行把控，实现高质量生产。当某个工艺出现问题或者发生变动时，自有制造也能保证各个环节快速落地响应，确保品质闭环。

这些精益智造能力形成后，也能外溢到上游工厂，赋能整个供应链提质降本。周边企业的能力提升后，又会反馈到 OPPO 自身的竞争优势上来。

“2021 年 5 月初和 2022 年 10 月底，我两次到东莞的 OPPO 工厂实地调研。和我在国内去过的一些‘灯塔工厂’不同，OPPO 人并不是先谈万物互联、全流程数字化可视化、智能决策等高大上的名词，而是说‘我们先做的，是补上精益化、标准化这一课’。”郭小聪说。

举例来说，在 2019 年、2020 年盘点的时候，OPPO 发现整个工厂的设备已经很多了，大大小小有接近 1.5 万台，复杂度很高，但工作流程、设备连通、产品设计方案等方面的标准化程度都不够。当时，同一个摄像头的测试设备就有 5 种，一种打螺钉的设备有五六种。

从接单到交付，制造内部的周转流程大概需要 20 天，因为是分段式来做的，前端做SMT（表面贴装技术）也分几段，先做PCB（印刷电路板）贴片，然后拉过去做测试，之后做点胶，再拉过去做辅料。

后端的组装也是，先做预加工，预加工又分好几个方面，后面再做组装，组装后又拿回去测试，测试完包装。如果把这样的流程都固化下来，就意味着把过去不合理的东西和浪费也固化下来了。比如制造的内部流程要20天，而现在客户下订单后要求我们必须有14天的精准承诺，按原来的办法是无论如何也完不成的。

从2020年起，OPPO暂停导入各种设备，先推精益。在生产精益方面，围绕5S（整理、整顿、清扫、清洁、素养）、TPM（全员生产维护）、DM（日常管理）、VSM（价值流）等全面展开，深度推行。只有这些基础夯实了，全球同步量产、快速起量、保持产品一致性等，才不是"平地起高楼"。

"OPPO精益智造的第一步，并不是设备替人，一下子全面导入数字化、智能化，而是花了差不多两年时间，在方方面面推精益。随着每一个板块、场景的精益能力不断提升，再用信息化、数字化技术把它固化下来，同时在技术场景里加一些智能传感、智能控制，实现部分场景的智能化。精益化、标准化水平上来后，我们在海外的建厂流程、厂房设计、产线布局、员工管理等也成熟起来了，可以快速建厂。"郭小聪说。

数字化、智能化是热词，但OPPO在心态上并不急躁，而是扎实本分地稳步推进。郭小聪这样的操盘者在公司成长了十几年，了解公司的文化，他不需要快速拿一个东西证明自己，而是长期布局，先花两年打基础，再花3~5年做提升。

以人为本，人是目的

以上主要介绍了OPPO精益制造的精益部分。其实，对于新工厂、新场景，OPPO一开始的数字化、智能化程度是很高的，这就是"全局文火慢煮，局部新建标杆"。从数字化、智能化来看，OPPO的精益制造包括工厂设计数字化、产品周期管理数字化、生产过程数字化、数据互联互通、制造执行系统数字化等。

在新建的OPPO重庆智能生态科技园，OPPO重庆工厂充分利用5G、工业高清视觉、边云协同、工业AR/VR、生产线动态智能调度、数字孪生、大数据辅助决策、AGV智能运输、立体仓库智能调度等9个方面的技术，未来将实现整个工厂的智能决策和动态优化，成为数字化、智能化的创新标杆工厂。

自2020年启动精益生产后，2021年OPPO又启动了办公室精益，全公司切换到全新的协同办公平台TeamTalk及应用协同办公平台MO平台上，将企业资源管理、产品生命周期管理、研发管理、财务管理、IT项目管理、产学研管理等系统要素集成，将办公与生产联动起来。

“我们的调研主题是高质量发展与精益智造，脑子里原本有不少‘机器换人’‘空无一人’的想象，但整个过程中，最触动我的却是以人为本。”郭小聪说，“以人为本不是对员工没有要求，而是要建立与员工相互尊重的组织氛围，通过设备与技术降低工作的复杂性和对人的要求，并给员工建立一个良好的发展通道，让他们在工作中感到充实，能进步，有成就感。”

郭小聪在印度工作过几年，2017年遇到过一场和印度员工的冲突。“本质上就是我们习惯于制定规则，让员工遵守规则，但他们认为不和他们先沟通，说明你没有把他们当成同事，而是当成执行规则的下属。从那以后，我们在制定任何规则时都留出一周左右，和员工沟通，让他们感到被尊重。”在国内，一个显见的事实是，年轻员工越来越不接受那种古老、机械、硬邦邦的制造模式。

传统观念认为，工人应该吃苦耐劳，现在我们觉得，必须通过技术不断降低员工的劳动强度，不能让他整天搬搬抬抬；也要想办法降低他的劳动复杂度，让他能比较容易就把工作做好。比如SMT等岗位，以前的要求很高，万一造成品质事故和损失，员工责任很大，他们会说：“我一个月就拿几千块钱工资，但承担的压力太大了。”

OPPO智能制造讲以人为本，就是说，公司的制造不是围绕精简人力去做的，而是为了让员工更加高效地做出高质量工作，将企业的要求跟员工个人的诉求进行有效结合。智能制造不是靠自上而下地压，而是上面推，底下撑，一起做，全员数字化，全员都要用。

为了贯彻以人为本，OPPO推出五星人才激励计划。员工入职满3个月、参与岗位培训合格后，就可以申请到赋能中心参与培训和考取关键岗位证书，考试合格后就会完成星级认证。从一星到五星，获得津贴逐级增加，五星班组每月可有2500元津贴。

此外，就是通过提升工程技术的水平，降低员工要求，员工从自己动手变成操作设备，让关键岗位员工的占比逐渐降低，让员工不因面临关键岗位而压力很大。例如，在生产线上，现在的手边化物料的比例已经达到90%，也就是在整个机械化的推行过程中，90%的工作都可以在手边完成，不需转身、弯腰和走动。又如，过去离散式的工艺很多，很多生产环节之间有断头，现在引入了不少新设备，让断头连通起来，就不用人一直盯着。上料、运输、刷锡膏等，尽量都用设备和技术解决。

上料虽然还无法完全自动化，但在上料机系统上做了优化，跟生产执行系统关联、互锁，通过自动识别建立了一套防呆系统。如果员工上错了料，系统会自动报警，让员工及时停止，不再上料，这样员工的压力就会小很多。当然，凡是工作都有高要求，压力不可能完全没有，但可以通过加强培训、事先做好准备和预测，提高员工对工作的娴熟度和驾驭能力。

以前，每万台设备的故障时间大致是300分钟，现在通过常态化保养，以及用数字化方式把相关保养参数内置到设备中，定期弹出预警，每万台故障时间已经下降到40分钟。以前设备维护基本上没人愿意干,现在大家都乐意去干。

在推行精益简易自动化培训以后，现场的技术人员开发出了一套简易的自动化设备，员工只需要做对位，在框框里做个预加工，放置一下即可完成工作，由设备完成剩余动作。设备导入后，劳动强度等级立即下降，岗位也稳定了。

随着数字化、智能化的深化，未来OPPO还希望让员工在智能制造中感受到数字化的快乐，比如让班组长、一线工程师通过一些低代码方式，提高工作效率。原来可能每天要花一个小时做报告，将来用简单的低代码方式，可以10分钟就做出完整报表。这不仅能提高效率，还能让他们真正感受到成长的快乐。人是目的，不是工具，让人的劳动更具人性化，这样的工具和技术才是美好的。

结语

OPPO 从传统的自有制造向精益智造的转型，还在路上。但经过 3 年努力，成果令人欣慰。

高质量发展是全面建设社会主义现代化国家的首要任务。OPPO 的自有、精益、智造之路给我们的启发在于，高质量发展既要看到未来，又要立足当下，夯实基础。标准化、精益化就是基础；高质量发展不能一蹴而就，其更像是一棵树，是慢慢生长的过程。有诚意正心的好种子，每日浇灌，则开花结果就是水到渠成。高质量发展既要坚持自信自立，又要不断变革创新，还要胸怀世界，放眼未来。知人者智，以人为本，方为大智。那些从不夸耀自己的大智若愚者，步步扎实，看起来并不快，但坚持到最后的赢家，往往正是他们。

（资料来源："正和岛"公众号，作者：秦朔）

第七章

《中庸》的中与和：掌控能力修炼

喜怒哀乐之未发，谓之中；发而皆中节，谓之和。中也者，天下之大本也；和也者，天下之达道也。致中和，天地位焉，万物育焉。

——《中庸》

第一节　千年误传是《中庸》

康熙皇帝曾经这样评价郭子仪:“自汉唐以来的勋臣，功名最盛而福祚克全者以郭子仪为首称。”郭子仪八十五岁而终，所提拔的部下中，有六十多人后来成为将相，史誉之“名压吕望（姜子牙）、周公之声望，勋胜齐桓、晋文之霸业”。

天宝十四年（公元755年），安禄山反，年及花甲的郭子仪临危受命，成为朔方节度使，随即孤军起事，连胜悍敌，力挽狂澜，手提两京还天子，再造唐室江山。随后，郭子仪又辅三圣，四作元帅，诏政、驭军、平乱、御边数十载。代宗不名，敬呼亲翁，德宗敬之，尊为尚父；回讫诚服，称吾父；吐蕃敬畏，甘为甥臣；授爵汾阳王，谥号忠武。国学泰斗南怀瑾先生评价他是富贵忠孝俱全的千古名臣。

在《资治通鉴》中，司马光这样评价郭子仪:“天下以其身为安危者殆三十年，功盖天下而主不疑，位极人臣而众不嫉，穷奢极欲而人不非之。”

不贪高位、不恋兵权、不结死党、不留宿怨，以身许国、以命报君，平和圆融、和光同尘，这就是千古名臣郭子仪的中庸之道。

一、中庸之道，贵在中和

《中庸》是中华民族的一张名片，但长期以来被误读曲解，在相当多的人看来，息事宁人、明哲保身、没原则、无标准的“老好人主义”是中庸之道，很多人在没有认真阅读和体悟中庸思想的前提下，轻率评价或武断否定，让人遗憾。

《中庸》原是《礼记》中的一篇，一般认为它出自孔子的孙子子思之手，虽然只有3500多字，但长期以来被公认为是儒家最深奥、最重要、最具代表性的经典。

《中庸》讨论的问题，是人类最需要明白、无法回避的问题，简言之有三：人性是如何来的？这就是所谓的天命问题；如何看待人与自然的关系？这是生命本源的问题；人应该如何度过自己的一生？这是人生使命的问题。

第一个问题是认识自我的问题；第二个问题是认识外物、认识世界的问题；第三个问题是认识与把握未来，是修行与使命的问题。这三个问题是每个人都在思考的问题，也是世界上任何一个体系完备的哲学或宗教流派都必须要回答的核心问题。

《中庸》回答这三个问题用了一句话——天命之谓性，率性之谓道，修道之谓教。朗朗上口又内涵深刻，所谓天命之谓性，即人之本性是上天赋予的；率性之谓道，遵循事物运动变化的规律，便是人生大道；修道之谓教，把道加以修明并推广于众，可以随时随地而修。这句话是《中庸》的核心内容，奠定了中华民族的基本秉性。

二、把握平衡的方法

“君子中庸，小人反中庸。”君子处世，秉持中庸之道。然而，在社会实践中，中庸之道很难把握，《中庸》提供了五个标准作为实践之参照，即聪明睿智、宽裕温柔、发强刚毅、齐庄中正、文理密察。

不偏不倚，是《中庸》最高的道德标准，就是要在领导过程中把握不同力量的动态平衡，领导者就是维持这种动态平衡的掌握者，哪个地方是弱点，就要补一补，对一切事物不偏不倚，包容并加以合理利用。

在企业运营中，利益刺激与精神文明、产品研发与市场销售、自我努力与外部支持等，都需要掌握中庸的智慧。

领导者要掌握人心，控制局势，必须深刻认识到中庸绝不是人们口中的折中主义，更不是不同情况的平均值，而是一种深刻的思维修养和严格的要求，需要在生产实践和社会生活中不断实践与思考。中庸寻求的是人与事的“中和”境界，唯其尚中，所以能和，唯其乐和，所以要中，一切唯中是求，唯中是律。

三、从实际出发的作风

《中庸》认为，想问题办事情，必须从现实情况出发，不能有不切实际的想法。从实际出发，必须从低处着眼、小处入手。《中庸》有言："君子之道，辟如行远，必自迩；辟如登高，必自卑。"意为无论你走多远，都必须要从第一步开始；无论你爬多高，都必须要从最低处开始。做事要踏踏实实，循序渐进，最辉煌的成就离不开身边人的支持，最细小的失误也必然能从日常生活中找到端倪。

从实际出发，意味着既要把握合适的空间，也要把握合适的时间。"君子之中庸也，君子而时中。"时中之意，一是随时而中，不管什么时间都做到恰到好处；二是因时而中，与时俱进，随着事物的发展而及时变化。

子曰："愚而好自用，贱而好自专；生乎今之士，反古之道。如此者，灾及其身者也。"孔子说，一般情况下，愚昧的人往往喜欢凭着自己的主观意图行事、自以为是；卑贱的人却常常喜欢独断专行，一意孤行；生在现在的时代，却一心想回复到古时去。这样做，灾祸一定会降临到他身上。现代人如果不遵守当今的法律，往往危害更大，要克服自身局限性也更困难，需时时警惕。领导者需要时刻注意这种趋势，唯有如此，才能有更好的掌控能力。

四、行而不倦的精神

中庸之道的实践，无论对己、对人、对家庭、对社会，其实都是一致的。天下人的伦理关系有五项——君臣、父子、夫妇、兄弟、朋友，处理这五种关系需遵循儒家提倡的智、仁、勇三种德行。

要处理好人伦之道，就要有智慧、仁慈之心、爱人之心，还要有勇气、有决断。然而如何判断是否为智、仁、勇？必须以中庸之道判断，否则智可以为愚，仁可以害人，勇流为莽撞，这样的情况在现实生活中比比皆是。

一般而言，在实践过程中，身处上位的人往往容易做得过头，而身处下位的人往往做得不到位，位置的不同是相对的，领导者一般都有自己的上级和下属，而组织体系越长的地方越不能体会对方的处境，越容易过头。因此，《中庸》特别强调谦卑内敛，稳步推进，严防过头。

五、贵在有所为有所不为

所谓中庸，即有所为有所不为。合乎情理者为之无妨，不可太过；逆于社会运行规则者，则坚决不为。

人性复杂，所以不可不防；人有善念，也不可太防。不防，容易被人利用、为人摆布，在现实生活工作中陷入被动，在别人引诱或暗示下做出违心之举。但也不能太过敏感，太过防备实际上也是心智迷失的表现，不利于我们舒畅自如地接物待人。

事，不可不察，也不可太察。不察，容易在不经意间误入歧途，遇事不察，是为人不够谨慎、处事不够明智；但也不可太细心，每遇一事都如临大敌、思虑再三，也是格局不大的表现，不利于我们全身心拥抱美好的生活。

己，不可不圆，也不可太圆。不圆，为人太方，未免棱角分明，容易伤人；不圆之人难以融入社会，也难以找到与人交往的乐趣。太圆，处处算计他人，这不是成熟，是过分世故的表现。外圆内方是一种高级的处世学问。

饭，不可不饱，也不可太饱，不饱，则营养缺乏，不利身心，当下不少人盲目节食减肥，恐怕有违科学规律。太饱，则沉迷于物欲享受，有损自己健康。饱中略饿，饿中微饱，方是养生之道。

酒，不可不醉，也不可太醉。不醉，体会不到饮酒之趣味，枉费了主人热情、杯中好酒；太醉，则容易迷失心智，乱了方寸，更有甚者，洋相出尽，贻笑大方。

“中也者，天下之大本也；和也者，天下之达道也。致中和，天地位焉，万物育焉。”《中庸》的思想值得我们共同探寻与践行。

第二节 掌控能力“十大黄金法则”

在管理中，掌控能力离不开三个字——言、行、品，这三者在情、理、法和责、权、利中体现出来。孔子虽然说过“讷于言而敏于行”，但孔子本人却是一位非常善于说话和辩论之人。说话无非是说得巧妙，以最少的语言获取最大的效果，慎而不言不等于不言，而是要恰到好处。慎行就是不能乱来，要想到后果与影响。说到品行，品与行相互影响，相互作用。这些无不归结于一个“和”字，君子以和为贵，和气方能生财，可以说，“和”的着眼点在于社会与团队的稳定与和谐。减少外部摩擦，避免内部消耗产生负面影响，是掌控能力的关键所在。

儒家的中庸思想有非常严密的内在逻辑。中庸之道，顾名思义是手持两端、不偏不倚。不偏的前提是把握两端，既不能激进也不可保守，多一分则长，少一分则短，不多不少方正好。中庸的逻辑起点是“尚中”，中庸的内在本质是“时中”，中庸的规范准则是“中正”，而中庸的理想目标是“中和”，即所谓致中和。

“尚中”的基本内涵是顺其自然、无可无不可，“时中”的基本内涵是合乎时宜、因时制变，“中正”的基本内涵是合乎均衡、不偏不倚，“中和”的基本内涵是内外和谐之美。具体来说，领导者的掌控能力应从中庸思想中借鉴如下十点，我们称之为提升掌控能力的“十大黄金法则”。

一、时中——审时度势的分辨心

“与时偕行”“因时而异”，就是“时中”。这要求我们随时关注各种变化，对变化有清醒敏锐的察觉，并根据变化设计相应的应对策略，此所谓变通者、趋时者也，能趋时变通，就是我们通常说的识时务的人。

中庸之道的思想，要求领导者在工作中一定要因时、因人、因事、因地而做出相应改变，要结合实际情况综合考虑各方面的因素，不能想当然地不变或乱改变。领导者还要从人性的特点出发，懂得与员工的相处之道，对员工要多引导教育，尽量少用制度惩罚。孔子说“不教而杀谓之虐”，没有对员工进行充分的培训就处罚，和虐待员工是一个性质。领导者在处理日常事务时一定要真正理解“时中”的内涵。

二、中正——恪守规范的表率心

孔子说：“恭而无礼则劳，慎而无礼则葸，勇而无礼则乱，直而无礼则绞。”过分的恭敬而不符合礼的规定，就容易烦劳不安；过分谨慎而不符合礼的规定，就难免显得胆怯懦弱；过分的勇猛而不符合礼的规定，就难免违法乱纪；过分的直率而不符合礼的规定，就难免尖刻伤人。恭敬、谨慎、勇敢、直率，本来都属于好品德，但没有了约束，就会适得其反。

很明显，礼就是成就人的规范原则，这也是我们日常生活的道德规范和职场规则存在的必要性。

三、中和——求同存异的忍让心

君子和而不同，小人同而不和。君子可以与他周围的人和环境保持和谐融洽的氛围，但他对待任何事情都有自己独到的见解，而不是人云亦云，盲目附和；小人则没有自己的独立见解，只求在表面上与别人一致。和而不同，就是独立思考、求同存异。孔子说：“政宽则民慢，慢则纠之以猛。”据《左传》记载，子产临死前，告诫接班人说，为政的关键在于针对不同的对象使用不同手段，或宽或猛、宽猛适中，孔子称这样宽猛适中的状态为和。领导者努力的方向就是保持中和的状态。

四、融合——海纳百川的包容心

很多跨国企业的西方领导者到了中国之后非常迷茫：他们谈论西方理论的

时候头头是道，但在工作中遇到问题时，发现坚持西方的领导行为在中国是行不通的，他们应该如何做到领导的本土化？我们找到的最佳答案是海纳百川。

一次，华为创始人任正非在散步时，忽然问刚到公司拓展对外业务的梁国世，你知道华为为什么成功吗？梁国世再三请教，任正非说了四个字："中庸之道。"

任正非把灰度作为华为的领导哲学。灰度是混沌、是无常、是融合，是中西理念的融合，是各种人才的融合，是硬件与软实力的融合，是包容，是妥协，是开放，是变化。

灰度哲学给华为的企业文化植入了开放和包容的灵魂，灰度哲学的智慧就是曲则全、枉则直、洼则盈、弊则新、少则得、多则惑，唯有知雄守雌，方可长远。为此，任正非坚持"七个反对"原则：反对盲目创新、反对完美主义、反对烦琐哲学、反对局部优化、反对没有全局观的主导变革、反对没有实践经验的人参与变革、反对没有充分讨论的流程进行实用。

五、尚中——不偏不倚的公正心

中庸不是人性上的本能，而是一种通过调节本能的自私，符合大众利益，更加有效捍卫自己长远利益的智慧。如果走极端不需要付出高代价、高成本，相信没有哪个人和群体愿意走中庸之道；如果某个群体不愿意为长期利益适当放弃一些短期利益，那么这个群体大概率也不会奉行中庸之道。

宋代理学家朱熹说："中者，不偏不倚，无过不及之名，平常也。"中，就是不过头、不极端，也不要欠缺、不到位，凡事有度，保持公正。贫穷的时候不能心急火燎、狼狈不堪，富贵了也不能一味炫耀、为富不仁；做下属的不可低三下四，做上级的不能专横跋扈；成功不骄傲，失败不丧气。这些就是尚中。

六、含蓄——控制心绪的谦卑心

"喜怒哀乐之未发，谓之中；发而皆中节，谓之和。"我们心中产生喜欢、愤怒、悲哀、快乐等各种情感仍不动声色，不会影响到我们对事物的判断，这种状态叫作中；表达对人和事物的观点时采用恰当的方式，既不会让对方难受，又能将自己的观点表达清楚，这种境界叫作和。中是天下大的根本，和是共同遵循的道理。达到了中和，天地就会各安其位，而万物就开始生长发育了。

为人处世时，作为领导者，在一些特殊场合和特别的人和事上，必须做到隐而不发、含而不露，喜怒不形于色、愠怒不流于外，否则小则影响职业生涯，大则触碰法律红线。

“吾服官多年，亦常在‘耐劳忍气’四字上做功夫。”曾国藩的一生有起有落，有荣有辱，由于他总能百忍成钢，在高潮时削去高峰，在低谷时填平谷底，在勾心斗角的官场环境里，留下了难得的人生精彩。作为管理者，遇到不顺也要控制好情绪，不发牢骚。

七、适度——不争不避的平常心

企业管理的合理化、人性化，要求个人自由和组织目标之间要取得一个平衡，这涉及价值观和尺度的问题。比如某位员工因工作失误，按规定被处罚，大家都认可这样的决定，这说明大家有共同的认知，在这种情况下，企业管理成本就会大大降低，运转效率就可以达到最大化。

实际上，掌握企业局面要把握好尺度问题，领导力是一门很难掌握的艺术，它要求领导者的智慧、经验、判断和注意力等既不偏激也不保守，时时求其命中目标，不管为还是不为、变还是不变，都能做到恰到好处，方是中庸之道。

八、功夫——持续努力的奋斗心

《中庸》里讲“博学之，审问之，慎思之，明辨之，笃行之”，提出了学、问、思、辨、行五字，而且提出学必博、问必审、思必慎、辨必明、行必笃的要求。审、慎、笃讲的是态度问题，只要勤奋刻苦就不难做到。但博学与明辨不仅是态度，还是下功夫的问题。这里讲的是做学问的道理，何尝不是做人做事的道理呢？

所以《中庸》说：“人一能之，己百之；人十能之，己千之。果能此道矣，虽愚必明，虽柔必强。”别人一次就能做到的，我反复一百次；别人十次就能做到的，我反复一千次。尽管人的资质、体力有所区别，有高有低、有强有弱，但只要有了这种成百上千、刻意重复的精神，就能功到自然成。可见天道酬勤是良训，绝知此事要躬行！

九、思辨——深思熟虑的平静心

有些领导者做事容易冲动，所以三思而后行不是胆小怕事、不是瞻前顾后，而是成熟负责的表现。当我们做重要决定时，一定要进行全面细致的考量，必要的时候多听听别人的意见。

在做决策的时候，掌握40%~70%的信息比较合适，掌握信息过少风险太大，过多容易贻误机会。可见早在中国古代，我们的古圣先贤已经掌握了掌控能力的精髓，现在我们站在中庸的角度去看待企业的掌控力，根据企业的现状与外部环境做出正确的决策，然后坚持重复地去执行，不偏不倚为中，坚持重复为庸。

十、择善——从善如流的勇敢心

《中庸》说："诚之者，择善而固执之者也。""择善固执"也是儒家的处世原则，很多人曲解了"固执"的含义，理解为顽固而不知变通，实际上，"固执"是在择善的基础上，坚定的执着和过人的勇气，以仁义为核心，做长久而正确的事，智慧加上勇气才能达到至善的境界。

所谓"择善固执"，就是坚持正确的原则和价值观不放弃，它是圣人修养的至高境界，同时还要从善如流，善于听取各方面的意见。若无前者，掌控必会动荡不定；若无后者，则会刚愎自用甚至执迷不悟。

对于领导者来说，中庸之道是精深的生存智慧和生命境界。中庸和谐是人生的大智慧，是一门精湛的领导艺术，无论决策、用人，授权还是谈判、沟通与激励，都要"致中和"，执其两端，用其中间，不偏不倚，恪守中道，掌控各种力量，做出恰当选择。

第三节 如何保持对企业的掌控？

企业掌控力是领导者的必具素质，我国的企业必须从东方智慧中汲取管理思想的精华，创造中国本土化的领导理论，开创中国企业的新时代。

一、领导者与掌控力

领导者对企业的掌控一般体现在四个方面：

一是企业的战略方向。我们一直强调企业领导者最重要的事情就是找方向、找人、找钱，这个顺序不能错，只要方向正确、团队优秀，那资金会主动上门，所谓栽得梧桐树，引得凤凰来。当然，公司的战略方向要领导者亲自拍板，这是企业最重要的事情。企业领导者必须明白一件事情，战略本身意味着做出艰难的选择，选择那些对公司有利的事情，即做正确的事情，主要包括：你想做什么？你能做什么？你有什么？你缺什么？你需要做什么？想透这五个问题，是制定战略的前提。

二是企业文化和价值观塑造。公司的企业文化和价值观往往是领导者自己价值观的折射，在塑造企业组织文化、价值观上，领导者的作用是无可替代的，遇到违反价值观的事情一定要果断处理。一家没有正向价值观的企业是走不远的。对于领导者来说，首先，企业组织文化、价值观等思想工作必须由公司创始人倡导和维护，别人无法替代。其次，对于已经确立的价值观，不能只停留在嘴上说说，而是要落实在行动上。最后，对于违反公司价值观的人必须坚决处理。价值观会影响日常选择，大到公司战略选择，小到每个人日常的选择判断，价值观都是起到基础作用的。

三是核心团队。核心团队一般有三个发起人就够了，太多容易意见不一致，太少不能形成优势互补，领导者对核心团队要有明确的掌控力，比如财务控制权、关键人物影响力等。选择什么样的核心团队非常重要，和而不同是基本原则，就是价值观一致、资源和技能互补。

四是创业公司的早期融资。首先，公司领导者一定是最了解公司业务价值观及未来战略的人，虽然后期可以交给企业的团队，但在创业早期，CEO对于融资的参与必不可少。在与资本的谈判中，创始人可以清晰理顺企业的方向目标、优势、不足，判断实际状况，避免引狼入室。其次，要了解资本，选择与自己调性及公司战略相匹配的资本。创业本来很难，最起码要选择给公司帮忙而不是添乱的资本。在相互了解和尊重的情况下，要和资本约定好规则，如果未来有失控风险，或有非常不合理的条款，公司领导者要学会放弃。最后，定好规则。领导者拥有足够的掌控力是基础，凡事要产生结果，只有给公司带来好的结果，领导者的掌控力才更加稳固。

此外，领导者应坚决避免以下误区：

第一，不要轻易承诺让别人接班。创始人不要轻易许诺将来要怎么样，更不能轻易放下自己手中的核心权力和自己所处的位置，尤其不能作出相互矛盾的承诺，让团队成员无所适从。

第二，坚决清除拉帮结派的人。一个公司如果有山头，只能是一个山头，可以围绕公司核心领导者形成山头，决不允许形成第二个山头，一旦有这种迹象，立即清掉，不要心存侥幸心理。

第三，千万不要平分股权。如果一个公司有四个联创均分股权，那领导者只有25%的股份，遇到重大决策到处征求意见，应变能力不足。在这方面，很多人迷信西方的所谓“民主决策”，在中国创业这是行不通的。实际上，国际上成功的公司大都是创始人说了算，可以征求意见，但必须有人拍板。

二、中国企业领导者的生存状态与掌控力

企业掌控分为道、法、术三个层次，道是商业活动的规律和大智慧，法是经商的理念与价值观，术是管理体系与工具。

1. 中国企业领导者成长的三个阶段

第一层次的企业领导者是经营者。他们在企业经营中亲力亲为，陷入日常具体业务中，类似于“救火队”，他们的工作主要是发现问题、解决问题，总是处于被动局面。这样的领导者以忍为主，心中有傲气，外表很客气，注重外在表象和物质财富的积累，他们往往在信任和猜疑人之间徘徊，难以吸引有想法的高端人才，很难打造凝聚力和忠诚度较高的核心团队。

第二层次是决策者。组织建设阶段的领导者，是从团队到组织、在“直接领导”到“间接领导”的跨越背景中出现的。企业家有了自己的团队，更多的是以决策者的身份领导企业的发展。

第三层次是具有全球视野的企业领导者。这是文化管理阶段的领导者，这是一个过程而不是一个具体阶段。这时的领导实现了从个人领导到制度领导，到对于制度文化信任的文化领导的转变。这一阶段的企业领导者培育了企业的文化，完善了企业机制，形成了稳定的核心团队，更多的是以引领者的角色带领企业发展进步。

2. 中国企业领导者的掌控力与企业成长

企业领导者的掌控力对于企业的健康成长非常重要。很多投资人都把创始人对公司的控制权当作公司健康发展的核心因素，事实证明，在公司创始人失去了对公司的绝对掌控的那一刻，基本上就是公司走下坡路的开始。这方面的反面案例太多了，我们应引以为戒。

企业领导者对企业的掌控，主要体现在政府资源、市场资源、社会资源的优化配置等方面。地方性企业一般过多依赖地方政府资源，地域的束缚明显；区域性企业可以平衡和调配较大区域的相关资源，能够获取更加广阔的发展空间；而全球性企业往往会弱化对政府资源的依赖，更多地强化市场资源和社会资源，在提升企业的竞争力和运营能力方面都会做出更多的尝试。简言之，企业领导者对企业的控制无非是对人、财、物和信息以及重要人物的把握与掌控。

3. 中国企业领导者的处境与根源

改革开放以来，西风东渐，在西方管理思想的影响下，很多领导者崇尚

“物为我用”的经营理念，推崇“丛林法则”，掠夺式开发，急功近利，置社会责任于不顾，造成经济发展中的环境污染和过度开发。

归根结底，中国企业领导者当前的主要困扰是对西方精英主义管理思想和模式过度崇拜，忽视了西方管理思想的局限性和不足，在领导理论上缺乏创新，很难催生出较高水平的企业和能够蜚声国际的中国管理学界的理论权威。

三、以东方智慧锻造掌控能力

掌控能力指领导者的胆识谋略、方法手段、措施技巧等主观能力和条件，是领导者的必备素质，是领导者引领企业前进的根本因素。

1. 掌控力的核心要素

一是战略驾驭。不谋万世者，不足谋一时；不谋全局者，不足谋一域。但凡有远见卓识的领导者，都善于从全局观察和处理问题。领导者要驾驭整体发展趋势，必须要善于进行系统思维，让自己的思想符合客观实际，做到胸有成竹、出手稳准。

二是资源调配。要实现政府资源、社会资源、市场资源的综合运用和优化配置，根据企业的发展阶段和地域范围，领导者调配资源的能力和侧重点也存在差异。领导者应以差异化方法促进资源在企业不同阶段的优化配置，实现企业快步稳速增长。

三是预见洞察。高瞻远瞩的本质是能够科学预见未来。企业的发展趋势超不出领导者的视野，可见远见的重要性。远见不是毫无根基的幻想、不切实际的猜测，未来是现实的延续和发展，只有找到规律，洞见本质，才能把握各种可能出现的趋势和状态。

四是临机决断。时机是事物在其发展过程中进入了一个发生变化的节点，领导者准确把握时机才能达到最佳效果。能否把握关键时机并正确决策，往往决定了一个企业的成败。

五是沉着应对。世界经济变化莫测，市场竞争日趋激烈，发展与变革永远是社会的主题。做重大决策时，领导者一定要沉着冷静、临危不惧、处变不惊，闲看庭前花开花落，漫随天外云卷云舒。这是具有掌控能力的领导者的独特气质和必要修炼。

2. 领导者掌控力的锻造之路

未来企业竞争的核心在于领导者的掌控能力，除了必备的专业知识、组织能力、人格魅力外，还必须具备掌控力，可以从领导者素质、战略布局和核心团队三个方面来锻造。

首先是核心素质的提升。一个没有博大智慧的领导者成一时之功易，成一世之功难。当企业发展到一定阶段后，领导者的自身素质将成为推动或阻碍企业发展的重要因素。

其次是战略定位与实施能力提升。当今进入“战略制胜”时代，经营企业应当首要进行战略布局，领导者在制定战略时要洞察市场机会，判定准确的市场定位和业务体系，确保战略规划的高效实施。在战略布局时，要摒弃急功近利的心态，高瞻远瞩，义利并存。还要沉稳静气，善守者藏于九地之下，善攻者动于九天之上。更要居安思危，时刻警惕市场变化，准确捕捉战机，快速取胜。

其三是建立高度凝聚的团队。打造一支综合素养高的核心团队，才能在激烈的市场竞争中提高效率，增强竞争力。

案例七

ChatGPT 背后：一个天才的百亿融资

ChatGPT 的火热程度已经无须多言。2022 年 11 月 30 日上线，上线一周获得百万注册用户，成为史上最快达到百万用户的产品；2023 年 1 月 23 日，微软确认了对 ChatGPT 母公司 OpenAI 的新一轮数十亿美元投资。

2023 年 2 月 8 日，微软紧急推出由 OpenAI 提供技术支持的最新版 Bing（中文名“必应”）搜索引擎和 Edge 浏览器。火从产品本身烧到了各个领域，从硅谷点燃了全球。从 Google 指数上看，ChatGPT 在全球的热度指数激增；从创投圈来看，2023 年开年以来，赛道内初创公司受投资者持续追捧。1 月，有消息称前 OpenAI 员工创办的 Anthropic 即将获得 3 亿美元投资，而这一投资者在本月被证实是谷歌；前谷歌员工创办的 Character.AI 也在当月称已与多个投资方就本轮融资进行讨论；在中国的农历年后，每一个投资人都开始寻找中国的 ChatGPT。毋庸置疑，最大赢家是 ChatGPT 的母公司 OpenAI，以及“再生父母”微软。

我们试图回答一些问题：ChatGPT 何以免去 AI 对话固有的道德、法律非议？为什么 OpenAI 能够成为破局者？手握海量数据和大量计算资源的科技巨头如谷歌、Meta 败阵而归，AIGC 赛道创业公司不胜枚举，OpenAI 为何能够拔得头筹？微软持续多次豪掷百亿，野心到底是什么？

烧钱背后的商业天才

钱和所有 AI 技术的关系都是必要不充分的：钱不一定能使 AI 取得突破性进展，但是没钱一定做不出来。

这条对 OpenAI 一样适用。对 AI 研发企业而言，无论是自然语言处理模型的开发和训练，以及后续 AI 服务提供所需担负的算力成本和运营成本，还是需要向顶尖科研人员支付高昂的薪酬，没钱都是不行的。

AI 实现路径条条不同，OpenAI 又选择了一条更烧钱的技术路径——通过增加数据量、提高算力来提升模型性能。仅 2022 年，OpenAI 就花费了约 5.44 亿美元，而收入仅为 3600 万美元。

这样的“账”显然不是一般创业公司能负担得了的。但好在从创立那天开始，OpenAI 就不缺钱。2015 年 OpenAI 成立之初，与创始团队背景同样瞩目的是众星云集的投资者名单和高达 10 亿美元的启动资金，这其中包括 Elon Musk 、Peter Thiel 和 PayPal 校友、LinkedIn 联合创始人 Reid Hoffman 等多位硅谷重量级人物的资金支持。2016 年，Y Combinator 又追加了 12 万美元的种子前轮投资。

为满足日益增长的资金需求，2019 年 3 月，成立 4 年的 OpenAI 设立 OpenAI LP，从非盈利公司转型为有限盈利公司，并紧接着在 7 月宣布了微软的 10 亿美元注资。此外，OpenAI 同年还获得了来自 Khosla Ventures、Reid Hoffman Foundation、Matthew Brown Companies 的投资。

在 2023 年微软确认追加数十亿美元投资前，OpenAI 已完成 6 次融资。GPT-3、DALL · E2 图像生成器、ChatGPT 这三个关键产出正是在 OpenAI 完成组织变革和一系列吸金动作后陆续推出的。

2019 年 3 月，Sam Altman 接管 OpenAI LP，改变了 OpenAI 的融资策略，进一步给了 OpenAI 烧钱的底气。Sam Altman 的独特经历赋予了他敏锐的商业嗅觉和出色的融资能力，使其成为了接管 OpenAI LP 的不二人选。尽管 Sam Altman 也是技术出身，但他并不单纯关注技术进步，而是在注重效率和产出的同时，更加看中能够通过技术进步实现的价值创造。

Sam Altman 的天才属性自小就有体现。从 8 岁起就开始学习编程，在预科毕业进入斯坦福大学学习计算机科学两年后，Sam Altman 和同学辍学创办了 Loopt —— 一款用于共享实时位置的应用程序。然而，影响其后续职业走向的并非 Loopt 本身，而是作为 Loopt 投资方之一的 Y Combinator。

依靠从 Loopt 挖到的第一桶金，Sam Altman 转而投身于风投事业，于 2012 年创办了 Hydrazine Capital，将筹得的大部分资金投向了 Y Combinator 投资的公司。

2014 年，年仅 28 岁的 Sam Altman 接任 Paul Graham 的 Y Combinator 总裁一职，并于次年登榜《福布斯》30 岁以下风险投资人 TOP 30 榜单。在任期间，Altman 致力于为理工科创业公司提供机遇，关注能够在实现技术突破后获得巨大潜在回报的深科技领域，包括核聚变、量子计算等。据他所说，通用人工智能也是其中之一。Sam Altman 认为，AI 将引领新一代技术革命，而通用人工智能是让所有人都能享受到技术革命带来的红利。

事实上，在 Sam Altman 成为 OpenAI LP 掌舵人后，OpenAI 的发展策略——先发制人以获取先动优势，也正是参照 Altman 对行业未来的设想进行的。

无疑，Sam Altman 在商业上的极强天赋为 OpenAI 赢得了时间、资源和钱，而时间、资源和钱又逐渐量变积累，在 ChatGPT 推出之时爆发。

漫漫长夜

2023 年 1 月，微软确认三度投资 OpenAI，金额数十亿美元。2 月 8 日，微软整合 ChatGPT 产品至其搜索引擎产品 Bing 当中。不少人认为，现在微软已经成为 ChatGPT 背后的最大赢家。

从投资角度看，在收回投资之前，微软将获得 OpenAI 75% 的利润分成，之后微软将持有 OpenAI 49% 的股份，OpenAI 一旦开始盈利，在返还 First close partners（FCP）后，75% 的盈利将回报给微软；从商业竞争角度看，此前多年谷歌一直占有全球 90% 搜索引擎的份额，而微软此次和 Bing 联动，或将改变互联网商业格局。

而当我们把视线收回到 2019 年，微软第一次给 OpenAI 10 亿美元时，或许并没有想到自己将成为最大赢家。

微软和 OpenAI 的合作开始已久。迄今为止，微软已经完成了 2019 年、2021 年对 OpenAI 承诺的两笔投资。2023 年 1 月宣布的第三笔数十亿美元投资意味着微软和 OpenAI 的进一步深度绑定。如今看来，资金投入仅是微软和 OpenAI 合作的第一层；微软押注 OpenAI 也绝非谋求未来利润回报这么简单。

一方面，OpenAI 亟需算力投入和商业化背书。为拉动微软入局，Sam Altman 做了不少努力。在接管 OpenAI LP 后，Altman 多次飞往西雅图与微软 CEO Satya Nadella 进行交谈。另一方面，微软 2016 年推出 Tay 聊天机器人受挫后，在 AI 技术商业化应用方面日渐式微，在基础研究层面也尚无具备广泛影响力的产出，亟需寻求技术突破，以重获 AI 竞争力。

从现有结果来看，通过指数级增长的计算资源投入来实现技术持续改进，以量变推动质变，这一以快制胜的路径是 OpenAI 在这一阶段作出的正确选择。对微软而言，不管 OpenAI 未来是否会在达成承诺的投资回报后拿回经营主动权，至少目前看来，微软已经靠“借力打力”在 AI 领域扳回一城。

Google 为什么步步被压？

诚如上文所言，在 OpenAI 的造梦途中，和 Sam Altman 的掌舵同样不可或缺的，自然是以“首选商业合作伙伴”身份入局的微软。

因此，全世界关注者都无法不将“OpenAI & 微软”与“DeepMind & 谷歌”这两对“CP”做对比，而双方更是如此，不少人推测，商业军备战已经拉开序幕。

在 OpenAI 与微软的“步步紧逼”之下，Google 早已一改 ChatGPT 刚发布时事不关己的态度：2022 年底，从发布“红色警报”，召开 AI 战略会议，到指导研发团队的工作重心向 AI 产品开发和发布倾斜，再到被曝出已退出一线多年的两位创始人紧急回归参与战术制定，Google 显然已经在战略层面上重视 OpenAI 和微软对公司核心业务和市场地位的威胁。

战略紧急调整反映到行动上更值得玩味：2023 年 1 月，被 Google 收购的 DeepMind 宣布 ChatGPT 竞品 Sparrow 内测版将于本年度上线。英国金融时报 2 月 3 日报道，Google 已经向投资前 OpenAI 员工创办的初创企业 Anthropic 投资 3 亿美元；同时，在微软将推出内嵌 ChatGPT 的新版搜索引擎 Bing 这一消息满天飞的情况下，Google 紧急宣布将于 2 月 8 日召开 AI 与搜索发布会。就在 2 月 6 日——发布会即将举行的两天前，Google CEO Sundar Pichai 提前透露，基于 LaMDA 开发的 AI 对话服务 Bard 将和轻量版本的 LaMDA 一同发布。

事实上，仔细梳理 OpenAI 和 Google 在大型语言模型研发方面的成果线不难发现，近年来双方一直呈现势均力敌的扭打态势，甚至在大型语言模型领域，Google 才是那个更早一步有所作为的一方。

有趣的是，部分 Google 员工出走的原因恰恰又是 Google 在新技术商业化方面过于保守。保守的原因之一是风险规避，包括由于生成内容可能产生种族偏见、性别歧视等有害内容的道德风险，用于训练的数据可能涉及的版权、引用溯源等法律风险，以及由于生成内容包含虚假信息而损害用户对公司信任度的风险。

但光脚的不怕穿鞋的。同样的风险 OpenAI 自然也会面临，但 OpenAI 的做法似乎表明其并不介意承担此类风险。当然，可能一部分原因是 OpenAI 确实在一定程度上保留了技术开源的初心，但也需承认，相较于 Google，缺钱烧的 OpenAI 更需要快速实现新技术商业化。

保守的第二个原因则更隐晦，对于核心业务和市场地位较为稳定的 Google 而言，需要更审慎地评估新技术商业化应用实际能够为公司创造的价值。除了涉及新技术商业化本身的成本收益权衡，Google 还需要考量其可能对现有核心业务的影响，比如新产品的推出是否会蚕食搜索引擎市场，进而影响 Google 的主要收入来源——背靠搜索引擎的广告业务。因此，Google 近年来主要将新技术用于现有产品的功能改进和优化上。

事实证明，在瞬息万变的商业战场，没人会替你的保守买单。Google 真正急眼的原因，是看到 ChatGPT 迅速吸引用户的能力——ChatGPT 上线仅 5 天用户量就突破 100 万。截至 2023 年 1 月底，ChatGPT 月活用户已经突破 1 亿。这样的能力，在 OpenAI 决定向 Google 核心业务和市场地位发起挑战后，可能会对 Google 造成不可预料的负面影响。

Google 的战略回应已经说明，此刻在它看来，将新技术商业化可能对其核心业务造成的不良影响，远不及 OpenAI 和微软具有挑衅意味的竞争行为可能对其造成的毁灭性打击。至于 Google 能否迎头赶上，以及一系列战略回应将对其核心业务、商业模式带来何种影响，还有待时间考证。

商业化进展到哪？

微软和 Google 过去几年的纠缠或紧或松，关系亦敌亦友，但现在它们都等不及了。近日，微软正式宣布将推出新的由 AI 驱动的 Bing 搜索引擎主页。果然不出意料，微软 CEO Satya Nadella 在邀请函中提到的“分享一些令人兴奋计划的部分进度”是指基于 GPT 更新的 Bing。

但是，至于微软如何以及能否借此增加用户黏性，以实现更高的搜索引擎市场份额还是一个未知数。一是由于 ChatGPT 尚不支持获取实时数据，因此回答缺乏时效性，新版的 Bing 应该也尚无此特征；二是由于搜索引擎作为一款常用工具，相比于功能的多样化，信息的准确度可能更加重要。这也是有观点认为 ChatGPT 对 Google 搜索引擎业务的影响并不大的主要原因。

另外，新功能的接入给微软带来的收益能否覆盖云计算成本的增加也值得推敲。这个问题的答案不仅关乎 OpenAI 的高估值故事是否能站得住脚，也是 OpenAI 和微软能否真正引发搜索引擎革命的关键。

根据目前的数据，OpenAI 的商业化之路或许并不轻松。有消息称 OpenAI 2022 年收入仅约 3600 万美元，目前仍处于严重亏损状态，但 OpenAI 预计其将于 2023 年、2024 年分别实现 2 亿美元、10 亿美元营收。

但无论如何，微软已经先人一步。靠着天才创始人、背靠微软、胆大心细的 OpenAI，能否打破种种桎梏，变成下一个时代的“微软”，我们拭目以待。

（资料来源：《商界》，作者：谭亚）

第八章

《孟子》的正与奇：沟通能力修炼

得道者多助，失道者寡助。寡助之至，亲戚畔之。多助之至，天下顺之。以天下之所顺，攻亲戚之所畔，故君子有不战，战必胜矣。

——《孟子·公孙丑下》

第一节　人生的气象

太史公司马迁每次读《孟子》的时候，读到孟子与梁惠王的对话，没有哪一次不把书扔到一边，喟然长叹。不是孟子的书写得不精彩，而是孟子的这段话太精彩了，沟通能力太触动人心了。

魏惠王是魏国国君，因魏国都城在梁，又称梁惠王。孟子求见，梁惠王开门见山："老先生千里迢迢来到梁国，总得带点东西给我吧？"

孟夫子不乐意了：大王，干吗跟我谈好处？谈好处伤感情。不过有一样可以有，仁义。仁义可以用来打仗吗？不能。可以用来赚钱吗？也不能。能干吗呢？能救命！

梁惠王作为一方诸侯，有钱有权，他有什么害怕的呢？"大王您跟我谈利益""大家都谈利益，您的江山就危险了""于是小国弑中国国君，中国弑大国国君，这样的例子还少吗？""只有仁义，可以救人心，只有仁义，可以救你的命呀"。动之以情，晓之以理，梁惠王为之折服。

一、浩然正气，至大至刚

孟子是中国文化史上绕不过去的人物，他对人性的思考、对管理的定位、对领导与沟通的理解，直到今天依然有很大的价值。通读《孟子》我们发现，他注意到了人性的复杂，认识到人性可以引导向善，只有启发人性中积极向上的力量，人类社会才会越来越好。

那么，如何培养人生的浩然正气？让每个人、整个社会都走正道，实现社会的井然有序、生机勃勃，是孟子始终考虑的问题。

任何一个民族都需要这种刚健有为的精神，可以说，孟子思想中展现的，即是我们中华民族的博大气象，他告诉我们如何面对生命的考验，如何做一个堂堂正正的大写的人。无论时代和环境如何变化，哪怕有一些曲折，也只是暂时的乌云，正是在曲折中才能锤炼积极的人格。正如孔子所说："岁寒，然后知松柏之后凋也。"

我们常说的一个人的气象，是一个人在捍卫内在价值时所展现的外在力量，这种浩然正气，是一个人心中充满了正能量，并愿意为之努力而自觉生发的力量。这个力量就是对国家和社会的情怀、对时代和责任的担当，是一往无前的勇气。不管遇到什么境遇，都能维持正念，这是我们民族文化里非常难得的精华，也是国家和社会风清气正、人民安居乐业的关键。

二、面临考验，不为所动

"故天将降大任于斯人也，必将苦其心志，劳其筋骨，饿其体肤，空乏其身，行拂乱其所为，所以动心忍性，曾益其所不能。"2000 多年来，这一段经典不知道激励了多少困难中的人，任何一个在历史上留下痕迹的伟人，都要经历血与火的淬炼，经历生与死的考验。正是因为这些历练，他的心态、胸怀、德行、能力才能成长起来，而即便是最平凡的人，也需要经历四个人生的大考。

其一，人性的弱点。我们生而为人，不可避免有各种弱点，追逐功名利禄，贪图富贵安乐，有嫉妒、虚荣、狭隘等情绪，这正是修炼和学习的必要性和重点所在。正视这些弱点，点燃正念，不断反省自我、革新自我、超越自我，这样的过程即是人生。

其二，人生的苦难。苦难、挫折与失败是人生的必修课。老天慈悲，在生与死之间增加了老、病，看起来残酷，实际是消磨人们对人生的贪恋，苦难又何尝不是？一个人经历多大苦难的考验，善加运用，就能够生发多大的力量，取得多大的成就。

其三，如何面对平凡？很多人都希望自己不平凡，但平凡才是大多数人的常态。最难得的就是承认自己的平庸，实际上哪有那么多英雄豪杰呢？再平凡的岗位，做到了极致都是不平凡，在任何岗位上都可以熠熠生辉、照亮别人。有了机会好好把握，没有机会就安住当下，不忘初心，力所能及地利人利他就好。

其四，如何面对死亡？死亡是人生终点，人人平等。无论贫富贵贱，人这一生，有太多不可把握的事情，我们把每一天过好，到了老年回望的时候，对家庭有回报、对社会有贡献，有条件的情况下，对民族有推动、对国家有付出，有这样的人生，自然可以泰然处之、此心光明了。

三、善良是一种选择

1900年，八国联军侵华，攻入北京后一把大火，把前门大栅栏的瑞蚨祥焚烧一空，库存的布匹和往来账目也随着浓烟化为灰烬。

大火刚刚扑灭，在废墟上，老板孟洛川支起帐篷，搭起木板，恢复正常经营，并张贴告示：凡本店所欠客户款项一律如数奉还，凡客户欠本店的款项全部勾销，本店永不歇业。

晚年的孟洛川携儿孙登泰山，纵横商场七十多年的孟洛川一生波澜壮阔，其子恭敬地向孟洛川请教经商之道。在泰山之巅，孟洛川沉吟良久，说了四个字："至诚至上。"

有些利益可以取，有些利益不能取。人只有守住自己的底线，有所不为，才能有所成就。而孟洛川的祖先孟子是最早提出义利之辨之人，《孟子》开篇就说"王何必言利？亦有仁义而已矣"，因此很多人说这是对利的彻底否认，因而耻于言利。

实际上，我们还原孟老夫子当时的语境，就非常清楚义利取舍的核心标准：合乎大道，利润再大也不过分；不合乎大道，利益再小也不能受。没有真正读懂义利之辨，那就是不懂孟子。

一个善良的人、一个开启了智慧并敢于捍卫正确价值的人，是什么状态呢？那便是居住到天下非常广阔的地方，处于天下非常合适的位置，推行天下的大道。如果实现理想，就和老百姓一起走正道；如果没有实现理想，独自走在正道上也可以。富贵不能淫，贫贱不能移，威武不能屈，此之谓大丈夫。在孟子这里，我们要学其大丈夫精神，秉承社会的正义，做社会进步的脊梁。如果领导者一心向此，那真是一个组织、一个民族、一个国家的莫大福气。

四、心路就是修行

林语堂道："现代青年人，应该多读《孟子》，常读《孟子》。孟子一身都是英俊之气，于青年人之立志淬砺功夫，是一种补剂。"心路即修行，《孟子》中提及的四颗心，便是我们人生的必修课。

一是恻隐心。在孟子看来，一个人的恻隐心，就是他灵魂深处最大的善。春秋时期，齐景公与大臣们外出游玩，看到一老者面黄肌瘦，便嘱咐官吏加以照顾。一旁的晏子称赞说："君王能怜爱老者，将恩惠广施百姓，此乃治国之本呀。"后来，齐国老有所养，鳏寡有室，一片繁荣祥和。

二是羞耻心。正所谓"知耻而为人，知耻而后勇"，在孟子看来，羞耻心对于一个人尤为重要，只有知耻，才能反省、改进、提升。一代大儒王通曾说："痛莫大于不闻过，辱莫大于不知耻。"懂得以羞耻心自我勉励的人，才是内心真正强大的人。唯有知耻，才有自尊。

三是辞让心。孟子说"辞让之心，礼之端也"，人生要想获得成就，既要能吃苦，也要能吃亏，吃苦大家都能接受，吃亏往往都不愿意。实际上，吃亏的人才能积福培福，才是懂得辞让之道之人。

四是是非心。孟子曾言"是非之心，智之端也"，对于如何辨别是非，孟子也给出了答案，即"兼听则明，偏听则暗"。为人处世，首要之事便是明辨是非，否则只能糊涂一生。

成长的过程，就是不断拂拭心上灰尘的过程，修一颗恻隐心，分享自己的善良；修一颗羞耻心，坚守做人的底线；修一颗辞让心，收获他人的认同；修一颗是非心，看清人生的方向。唯有如此，才能完善人格，光明自心，依道而行，去无不利。

五、会说话是一种能力

《孟子》不仅是儒家的传统经典，也是绝佳的文学作品，读《孟子》就像看到孟子本人一样，能直接感受到他老人家的浩然正气、智慧和幽默。

《易经》有言："君子居其室，出其言善，则千里之外应之，况其迩者乎？

居其室，出其言不善，则千里之外违之，况其迩者乎？”孟子的文章气势充沛，说理通达并长于辩论，逻辑严谨，机智权变，代表着中国传统散文写作的最高峰。

所谓会说话，自然是懂得“说什么”与“如何说”，读懂《孟子》，或可成为说话高手。

“言不必信，行不必果。”指的是诚实守信的人不能拘泥死板，通达之人在特殊情况下说话不一定非要守信，做事也不一定非要有结果，只要符合道义就行。这句话蕴含着深刻的道理，比如你的朋友找你借钱，你答应了，后来你了解到，他借钱是为了去赌博，这时就完全不用遵守当初的承诺。

“言尽而指远者，善言也。”通俗到位而含义深远的言语，就是适合的话。君子尽管讲的是眼前的事，却蕴含着深远的道理在其中，这就是会说话的表现。

“言无实不详。”说话没有事实依据，谎话张口就来，容易带来祸端。成语实事求是就出自这里，原意是根据实证，求索真知，现在一般是根据实际情况办事，遵循事物的客观规律，不夸大，不缩小。

以上是孟子关于说话的一些名言，不足以表现《孟子》语言的全部魅力，一个人在领导位置上，如果不善言辞，就属于能力不足，不能胜任工作。拥有会说话的能力，是企业领导者的必备素质之一。

第二节　沟通从父母开始

在综艺节目《圆桌派》中，主持人窦文涛曾说出一个扎心真相：我们和父母的共同语言越来越少。我们对陌生的人往往用了最礼貌的沟通方式，对最亲近的人往往使用了最野蛮的沟通方式，几乎所有的人受了委屈都会去“欺负”最亲近的人。如果连父母的沟通工作都做不好，又怎么能做一个称职的领导者呢？

生前一杯水，胜过坟前一堆灰。父母才是我们的活菩萨，是家庭的守护神，沟通就要先从陪父母聊天开始。古语说，能人要有三分脾气，亲人要讲三分客气。练习沟通能力，从自己父母开始，每个周末聊聊天，10 分钟都可以，世界上没有花不完的储蓄，没有耗不尽的感情，要学会沟通，进行感情持续储蓄。

同理心是高品质沟通的关键，懂得认同别人，懂得站在对方的立场考虑问题，才意味着真正的成熟。

俗话说："人生无事不沟通。"沟通的目的是为了达到一个双方都认可的结果，一般有以下几个步骤：

第一，事前准备。机遇总是留给有准备的人，提前做好功课，可提高沟通的效率。

①设定沟通目标，希望达成一个什么样的效果。

②确定沟通顺序，先讲什么后讲什么。

③预测沟通中可能遇到的争议，设立预案。

④对情况进行分析，明确对方优、劣势，设置合理目标。

第二，确认需求。在沟通的过程中要把握别人的需求，这必须通过提问达到。沟通主要有三种行为：说、听、问。沟通不只是说，提问和聆听也很重要。

①正确提问。封闭式问题：优势是节省时间，内容可控；劣势是信息不全，氛围紧张。开放式问题：优势是信息全面，更为轻松；劣势是浪费时间，话题容易跑偏。

②积极聆听技巧。倾听回应："好""我也这样认为"，点头微笑，未听清楚问题时，及时提问确认；归纳总结：理解对方意思，表达感受，如"非常好""我收获很大"等。

第三，阐述观点。把意图清晰地表达出来，让对方明白自己的诉求。

第四，处理异议。成年人都很难让别人说服，容易被自己说服。这时就要用"认同法"借力打力，先理解支持对方，然后用对方的话以子之矛攻子之盾。处理异议的时侯要有同理心，处理人际关系最重要的是三个字"我理解"。

沟通的过程，就是塑造一个让客户可以畅所欲言的语境，展示支持理解的态度，体会客户的情绪及意见，让对方觉得和你交谈是轻松且有收益的。

第五，达成协议。是否完成了沟通，还要看最后是否达成协议，当协议达成时要做到三点：感谢别人的支持，赞美，庆祝。

第六，共同实施。达成协议后还要共同实施，这是有效沟通的结果。任何工作中沟通的结果，都意味着一项工作的着手实施，如果没有按照约定共同实施，就是不守信用。信任是沟通的基础，失信于人，必会失去下次沟通的机会，作为一个专业人士，沟通之后，所有达成的协议，都一定要十分努力地实施。

在沟通中有两条建议要谨记：一是少用“我认为，我觉得”，多用“您，你们，我们”这样的字眼；二是在表达不同意见的时候，一定要学会保留对方的立场，很多时候，沟通中实际上没有真正的对与错、是与非，只是立场不同、观念不同罢了。“凡是敌人反对的，我们就要拥护；凡是敌人拥护的，我们就要反对。”所以要和谐沟通，一定要学会认同对方。“老王，我发现你讲得很有道理，同时，我们还应该从这个地方深入一下。”“小赵，你的看法我非常赞同，让我们从另外一个角度看一下。”多说“同时”，少说“但是”，有的人讲话爱用“但是”，“你长得真帅，但就是鼻子有点儿歪。”这种沟通方式，实不足取。

所以，你能让顾客连续认同你，成交就开始了，其前提一定是你先认同顾客，即使顾客有抗拒点也要说“是的，没错，有道理，一开始我也这么认为”。

不管对方怎么否定，怎么拒绝，我们必须先认同，“你的东西太贵了。”点头说“是的，您太有品位了，适合用这样高档的”。“你这包装太次了。”点头说“是的，您真有艺术修养，下次我们邀请您帮忙给我们做设计上的指导”。“你这东西是假冒伪劣吧？”点头说“是的，您真幽默，玩笑都开得这么自然”。

学沟通，实际上就是学会处理人与自然的关系、人与自己的关系，尤其是人与他人的关系。

第三节 领导者的说话艺术

作为儒家思想的重要传承和发扬者，孟子被称为“亚圣”，其作品散发出的语言魅力千百年来为人们赞叹。

一、领导者说话的哲理

《孟子》思想博大精深，语言明白晓畅，说理形象生动，叙述简明扼要，是儒家经典之作。其语言气势如虹，雄健激越，精于论辩，善于譬喻，具有鲜明的个性和高超的艺术，对于后世语言艺术起到了很好的示范推动作用。

以德服人。《孟子·公孙丑》有言：“以力服人者，非心服也，力不赡也；以德服人者，中心悦而诚服也。”作为领导者，只有注重道德，正心诚意，才有足够的资格赢得人们的尊重和爱戴，让人心悦诚服，自愿追随。

尊重他人。孟子说“敬人者，人恒敬之”，要赢得别人的尊敬，你先得尊敬别人。所以领导者要充分尊重员工，懂得欣赏他们的长处，改正和完善他们的不足，特别是普通员工，受到领导者的肯定和赞赏会更有干劲。

诚信互赞。“君子不亮，恶乎执？”孟子这句话直截了当：如果君子不讲信用，怎么可能有操守呢？领导者一定要比普通人更加诚信，言出必行，行必有果。

兼听则明。孟子曾说：“左右皆曰贤，未可也；诸大夫皆曰贤，未可也；国人皆曰贤，然后察之。”领导者一定要多听听不同意见，广采众言，再作判断。

训导有力。孟子主张人性向善，“人不可以无耻，无耻之耻，无耻矣”。称赞的话大家都爱听，而适当训斥教导也是有效激励，羞耻之心是人的本能，特殊情况下能激发人的好胜心。“知耻而后勇”，训导有时能激励人超常发挥，完成一些极为艰巨的任务。

二、领导者说话的技巧

古希腊哲学家德谟克利特说:“要使人信服,一句言语常常比黄金更有效。”可以看出,语言的力量比黄金还强大。

表扬的话,公开说。表扬人要掌握两个原则,一要公开表扬,二要具体地说。所谓扬善公堂,让好事传千里。

批评的话,委婉地说。要照顾别人的感受和自尊,尽量缩小批评的范围。“规过私室”,但对于特别恶劣的情况则要通报公众,以儆效尤。

沟通的话,谦虚地说。与下属沟通,一定要放低姿态,这样才能听到他们的心里话和真正有效的建议。

命令的话,客气地说。给下属安排工作,虽然是领导职责所在,但也要尊重下属,有时候语气变得温和一些,往往能事半功倍。

激励的话,高调地说。如果有重要的工作任务,给执行的人“戴上高帽”,即使他想拒绝,也会不好意思开口。

提醒的话,幽默地说。在提醒员工时,千万不要直截了当,最好说相反的话开个善意的玩笑,轻松又有效。

警示的话,严肃地说。当团队出现一些违背公司文化或惯例的不良现象时,当面批评是不方便的,可以在会上认真警告。

漂亮的话,低调地说。团队取得了成果,需要推广经验,或者领导者被评为先进,要学会推功至人,低调分享。

生气的话,平和地说。一般生气时,轻易别说话,不得不说时,必须平复情绪,放慢声音,这样才能解决矛盾,清除对立。

困难的话,含蓄地说。作为一名领导者,对上级的部署坚决服从,同时应在完成艰巨任务时,说明自己的困难。

三、良性沟通的说话技巧

分清说话的对象。见什么人说什么话,谨言慎行。

不要打断别人。说话做事切不可自以为是，别人话没说完就急着分析总结。开偏方、灌鸡汤，除了引起反感和误会，没什么作用。

肯定别人成绩。爱听好听话是人的本性之一。别人聊起光荣有趣的往事，不能不识时务地泼冷水，再高素养的人也需要别人的肯定，而不是毫无眼色的冷嘲热讽。

做个真诚的聊友。没有人天生会说话，很多时候你只需要真诚地把想表达的东西表达出来就行了。

对事不对人。有争论的时候，一定要围绕事件本身分析对错，所有的讨论都围绕这个问题，不要动辄上升到人格人品的角度，那样除了树敌毫无意义。

记得对方观点。最差的交谈是谈了半天，不知道对方说了什么内容，甚至见过多次，连别人的名字都没记住，心不在焉，不知所云。这是说话沟通的大忌。

学会倾听。做人留一线，日后好见面；看透不说透，还是好朋友。实话不全说，这也是一种高情商，用一年可以学会说话，而学会闭嘴则需要一生。

四、修炼领导者的说话技巧

领导者需要练习语言的质量、特点和表达方式，通过读书和工作实践提升说话技巧，多听一些高级领导讲话，聆听一些答记者问、名人演讲，自己总结，结合实际情况总结揣摩。

第一，理清表达思路。太多领导者沟通时不清楚想要说什么，无论是正式表态还是非正式沟通，如果没有清晰的思路，先保持内心安静，直到自己有了明确的想法和见解再去表达。

第二，精准组织语言。要表达的语言、要沟通的内容，必须明确具体，能够引起沟通对象的共鸣和心理赞同。可能的话，最好是大胆的、热情的、鼓舞士气的。

第三，不用夸张词汇。过分使用“最”一类的词汇会降低沟通内容的客观性，而主观性是领导者表达的大忌。尽量不要用诸如“极好的”“令人诧异的”“难以置信的”“伟大的史诗”“太不可思议了”等词汇，可以用“做得不错”“值得表扬”等词汇，展示领导者的沉稳与客观。

第四，语气必须坚定。领导者尽量用肯定语句、陈述语气，尽量不用升调，提高沟通的权威性和严肃性。坚信、坚持、坚决是领导者沟通时应有的底气和态度，也是带队伍的自信之源。

第五，小心使用“但是”。“但是”本身是一个反驳性的连词，本质上是不赞同的。如为团队打气，“上季度我们完成得挺好，但是现在我们还需要更加努力”，更好的表达应该是“上季度我们很棒，现在我们一鼓作气、顺势努力”。学会用“并且”“也就是说”。

确实，领导力在很大程度表现在语言上，人们往往会通过领导者的讲话去判断其沟通能力。语言是思维最直接的表达，虽然不能武断地说语言表达匮乏的人思维不够灵活，但很多时候的确如此。思维不清晰的表达不可能清楚，思维不灵活的人往往很难有自己的观点。

此外，领导者说话一定要有分寸，凡事想好了再说。口无遮拦，得罪了人自己还不知道，这样的情况并不少见。给自己留余地，给别人留面子，莫造口业，勤修口德。记住少说四件事，守住自己的福分。

一是少说自己的秘密。秘密一说便不再是秘密，本应深埋心底的秘密一旦说出就是祸端，往往会成为人生路上的绊脚石，甚至是身边的定时炸弹。守住秘密，就是保护自己、保持斗志、护养福气。

二是少翻旧账。少说陈芝麻烂谷子的往事，一念放下，万般自在。过去的一切是非成败都要放下，过去的人和事都让它慢慢变淡，退出记忆，只有这样，心灵才会更加详和、更加阳光明媚，自己的福气也会涵养生发。

三是少说自己的成绩。一个人越是炫耀什么，就越容易失去什么，你的得意可能只是别人的失意。有意无意的炫耀得到的只是虚幻的满足，带来的往往是嫉妒和羁绊，成绩已是过去，继续沉迷只会衰退不前，但求耕耘，莫问收获，这样才会让福气长长久久。

四是少许诺，言必信，行必果。不假思索地许诺，也许你早已忘了，但是别人一定会铭记在心，不能兑现的诺言就像一瓶毒药，毒害了友谊，伤害了感情，造就了怨恨。所以许诺之前深思熟虑，许诺之后全力兑现，言而有信是立身之本。

五、领导讲话稿的写作

领导者讲话是领导工作常见的活动，讲话稿写作也是一项很重要的工作，有四条规则可供参考。

1. 文如其人

讲话稿是领导讲话的书面载体，必须反映领导的个体情况。一要体现出领导的性格。领导毕竟是性格各异的个体，有的豪放率真，有的沉稳庄重，有的幽默风趣，对事例、句式、词汇要灵活运用，体现差异。二要反映领导思想。思想是不可复制的，来源于领导者的亲身实践，需要准确清晰的反映，这也是领导者有别于其他人的特点。三要符合领导身份。这里的身份主要是担任的职务，不同职务讲话的角度、力度、内容都应该有区别，如正职和副职、企业与机关等。四要流露领导情怀，处在一定位置的领导，对人民、对基层都是有感情的，对组织、对企业都是忠诚的，对真善美的爱要自然流露。

2. 有的放矢

主要是两点，一个是讲话内容要充实饱满，或阐明思想或解决问题，或发表评论或惩恶扬善，或兼而有之；一个是讲话的对象，要根据听众的教育层次和理解水平确定讲话的内容。

3. 文无定法

这里的法是文稿的章法，无定法不是没方法，而是有很多法，根据用途类型，讲稿的写法自然不同，大会报告要求措辞严谨、语言庄重，座谈会则要求亲切随和、精辟自然。

4. 言当其时

这里的“时”指的是时间维度和空间维度，从时间上领导讲话要顺应时代潮流，关注新生事物，把握时间节奏；从空间上，讲稿一定要考虑空间情景，因地制宜，是报告厅、会议室还是小范围讨论，场所不同，语气、句式、内容都应有所区别。

案例八

乡绅精神，胖东来的领导力

“胖东来”这个名字，是全国各地的商超百货老板们心目中的行业传奇。马云说，它引发了中国零售商的新思考，是中国企业的一面旗子。雷军也专门去考察过，说它是中国零售业中“神”一般的存在。

1995年仅用1万元起家的胖东来，绝对是一家颠覆认知的企业，它的可怕之处在于，创始人于东来竟然可以放弃将企业做大做强的想法；竟然对同行完全不设防，还“欢迎拍照”；竟然全年闭店57天，让员工每年享有4周的假期。胖东来不但提升了许昌和新乡两地百姓的幸福指数，还提升了城市精神文明水平和市民素质，已经成为当地的精神文化地标。

更令我们震撼的是，胖东来成为灯一样的企业，照亮其他企业，河北信誉楼、衡阳香江百货、山东德百集团等，越来越多的“胖东来”式企业不断涌现。那么，为什么胖东来能活成所有人都爱的样子？胖东来为什么不走出河南？

不一样的胖东来

胖东来是从河南的四线城市许昌起家的一家零售企业，它的创始人兼董事长叫于东来。于东来1995年创建了早期胖东来的雏形“望月楼胖子店”，目前为止在许昌和新乡开设了30多家超市商场，有7000多名员工。

胖东来的规模其实不大，2021年它的总销售额近70亿元，这个数字在中国的零售行业连前100强都进不了。那么为什么这样一家不算大的超市会引起这么多人的关注？

首先，胖东来这家超市的经营与同行相比有一些非共识的做法，比如它每周二会闭店一天休息，春节要从除夕休息到大年初四，全年的闭店总天数达到57天。除了闭店外，胖东来还让员工每年享有4周的年假。这些做法在零售行业是很难想象的，因为我们通常认为春节是零售行业的黄金时间，但是胖东来却反其道而行之，为什么？

另外，一般情况下商家经营的秘密都不希望被同行了解，但胖东来却一反同行互相设防、彼此保密的习惯，不仅张贴“欢迎拍照”的告示，而且还主动把自己的心得、经验、制度毫无保留地公布出来，这一点也很反共识。

最反共识的是，在零售企业普遍追求做大做强的背景下，胖东来却在2012年半年之内主动关闭了16家全部还在盈利的超市，主动让出了市场份额。

胖东来的这些行为使人好奇：它的创始人于东来到底是一个什么样的人？

一个企业的创始人其实决定了一家企业的原生基因，甚至决定了公司认知、决策底层的核心，所以我们今天就从于东来个人的转变与历程出发，看看胖东来的领导核心究竟是什么。

于东来的三大转折点

1. 作为商人，要用“真品换真心”

于东来1966年出生在河南许昌的普通工人家庭，他文化程度并不高，先后卖过冰棍、水果、电影票，也当过工人，经历过下岗。后来他跑出去做生意，几经沉浮，数度失败。但于东来很坚韧，屡败屡战。1992年，他进烟草的时候因为被假烟贩骗走钱，背负了很多债务，甚至后来因此进了班房。

到1995年，于东来认为以前投机的方法不能获得好的发展，所以他向兄长借了1万块钱，开了一家不到40平方米的糖烟酒小店，又开始一次艰难的创业。这个小店的名字叫“望月楼胖子店”。

没想到的是，开店的第一年他就赚了将近80万元，一举还清了所有债务。他是怎么做到的？实际上，在20世纪90年代中期，国内整个的市场监督管理机制比较落后，消费者的维权意识不足，假冒伪劣产品泛滥成风。这其实是市场环境“十倍速”坏了，但是在这种环境里蕴藏着巨大的机会。机会是什么？当时中国商品流通加快，也带来了“十倍速红利”，于东来因为自己被假货坑惨了，所以承诺绝不贩卖假货，真诚待客，借着红利，他赢得了人生的第一桶金。

于东来个人的经历和成长，以及对普通老百姓生活的真实体悟，让他有了用“真品换真心”的想法。这也赢来了于东来前半生悲催人生的第一个转折点。这个时候于东来的核心理念是“真品换真心”，这是他这一时期基本的价值理念。

2. 作为好商人，要真诚“利他经营”

1997 年，于东来把“望月楼胖子店”扩大了，变成胖东来烟酒公司。这家店的服务理念换成了“真品换真心，不满意就退货”，于东来还提出一个比较大的企业发展目标，叫“创中国名店，做许昌典范”。

但是 1998 年一场突如其来的大火彻底改变了于东来，因为当地无业游民与店员的争吵导致了前者报复性纵火。而这场大火把价值 300 万元的店面化为灰烬，同时带走了 8 条鲜活的生命。

那时是于东来人生中的至暗时刻，他想：为什么我的员工会跟顾客争吵？为什么城镇会有这么多无业游民？为什么这个社会的戾气这么重？为什么人与人之间缺少关爱？

通过这件事情，于东来陷入深深的痛苦和自责之中。在朋友和邻居的帮助下，于东来走出了人生这段无比灰暗的日子，并重新开张。经历这次磨难后，于东来的企业家精神开始真正被唤醒，社会责任的意识也开始萌发。

后来他说，1999 年以前，他想的跟大家一样，只是为了生存，但是从 1999 年开始，他想要做一个伟大的人。“每个人的心中都有爱、有善良，期待被关怀、渴望幸福，我要让所有到我店的人，无论是顾客还是员工，都感受到人与人之间的关爱。”

这个时候，于东来的精神世界就变成了好商人，这是于东来人生的第二个转折点。于东来借助着中国零售市场的发展红利稳扎稳打，完成了所有业态的布局后，从原来一个街头巷尾的烟酒公司转型到现代化商贸集团，标志性事件就是 2002 年开设胖东来生活广场。

之后，胖东来在新乡、许昌接连扩张，并连续击败国内外的零售业巨头，而且运营管理也开始精细化、标准化、系统化。就在胖东来看起来顺风顺水达到鼎盛的时候，于东来却做出了一个令人出乎意料的举动，就是大面积关店，而且这些店还在盈利中，是主力店。

为什么？大家都不明白，很多人猜疑他们是模式不行、资金链断裂等，甚至一些内部员工们在微博上发动了对于东来的人身攻击。

实际上，于东来特别郁闷的地方在于，为什么公司就一定要做大、一定要上市？如果这个公司没有给顾客创造高质量的服务，员工没有在这个工作中找到快乐，而是增加了负担，难道不应该关掉吗？

于东来对企业的认知是不一样的，他把企业比作是人，是人的活动，是人的活动关系组成的系统。基于这样的认知，他说："零售业其实正处于一个变革迭代的时期，很多企业盲目扩张，其实是一种不负责任的、功利主义的心态在作怪。胖东来拒绝走这条路，盲目开店、大举扩张，管理资源和水平跟不上，服务能力不达标，既坑了员工，又坑了顾客。"

于东来此时对经营的认知已经发生了改变，原来是以"真品换真心"，但这还是有利益心在的，因为要"换"别人的心。现在他认识到，"真诚利他"才是经营的本质。

这种认知一方面来自他对过往行为的反思，之前他认为开店就是一种投机行为，什么赚钱就去干什么，急功近利。但他后来深刻认识到，一家公司其实从单一业态到多种业态需要很长的时间，但是胖东来扩张得有点快。所以服务不达标、顾客投诉多，而这样的工作更是在浪费员工的青春。他认为，早期盲目发展所带来的困境需要改变。

3. 作为企业家，更要"用爱经营"

于东来爱员工和顾客，他说零售业基层员工的休息权长期被忽视，他们也应该拥有完整的生活。"我想昭告天下的是一种生命的状态和生活的态度，我们太贪婪了，我们走得太快了。我想通过关店表达这样一个理念——我们要少一点，走慢一点，让灵魂能跟上我们前行的脚步，这才是人生！"

于东来说："永远不要让责任和欲望大于自己的能力。"李善友教授曾这样发问：假如企业有生命，有自己的灵魂，有自己的使命，企业是由创始人创造出来的，还是经由创始人创造出来的？"由"和"经由"一字之差，但含义大不同，代表着创始人从哪里去寻找企业发展的动力，是向外看还是向内看。

于东来把胖东来当作一个生命，一个自己的孩子。有了这样的认知，他有了自己的增长战略，总结为三点：第一是据点式作战，坚守本土，不搞扩张；第二是修炼式经营，坚持完善自己，完善软硬件；第三是内生式增长，提升单店人效和坪效，即便关店，仍然保持了每年15%的增长率，这个就是内生式增长。

这对应的是于东来在战略背后的三个思考：第一，摒弃贪婪，时刻保持清醒的头脑；第二，控制欲望，警惕自我膨胀；第三，夯实基础，避免急功近利。

于东来用内生式增长重新定义了企业增长的内涵，实现了企业发展的反熵增。这次“非共识”的选择其实是于东来的企业家时刻，也是他企业家精神的转折点。

这时候于东来的精神世界蜕变为一名企业家，这是他人生的第三个转折点。

此时的于东来真正在用“爱”来经营。一个“爱”字，体现着于东来的真性情，是他品格中最亮的底色。他说：“我们坚持‘从爱出发’做经营，秉持在不利用他人、不伤害他人、不违背善良的基础上，做自己喜欢做的事。”这样的话，20年后胖东来一定是最棒的企业，也许不是最大的，但一定是最快乐的企业。

胖东来坚持用爱对待商品、对待员工、对待顾客。

比如，于东来认为自己开超市会扰民，所以附近居民的水电费他全包了，等于互相照应，请人家多担待。再比如，于东来给新店选址，还会按照自己的经营水准去考核周边的酒店、餐饮等业态。要是觉得人家服务不到位，他还会派出胖东来的团队去给人家培训，把整个社区的服务水准拉齐。

在胖东来附近有一家酒店叫瑞贝卡大酒店，环境好、服务好。有一次，同行的一位参会人员因为胃肠炎疼痛，大堂人员立即开个房间让他休息，并且送来了免费药。一问他们，听到的答案是“我们是向胖东来学习的”。

“我想通过我们的努力，改变这座城市。”胖东来积极履行社会责任，主动践行社会主流价值观，参与慈善和救灾，并且把纳税额作为企业的第一经营指标。2020年，胖东来对外宣布：“疫情期间，蔬菜按进价销售。”

据悉，于东来的财富一直不多，从未上过富豪榜。可于东来喜欢捐款，地震救灾，非典新冠从未缺席。1996年刚挣到几万块钱时，他就因为一则新闻，跑到北京支援国家造航母；2003 年非典，他捐了 800 万元；2008 年汶川地震，捐钱捐物近千万元，还带着员工去灾区救援；2010 年青海玉树地震，又捐了 100 万元；2020 年新冠疫情暴发，他又第一时间毫无宣传地捐了 5000 万元，就连这次捐款被报道出来，还是媒体在武汉红十字会公布的捐款名单上看到的。

胖东来的经营之道

一切商业系统的成长，其实都是解读了消费者的关键信号，然后用自己的能力做出一个最关键的举动，这样就可以让系统实现从量变到质变的飞跃。我们把这种找到“信号”并采取关键举动的过程称为单点突破、击穿阈值。

1. 第一次破局，对丰富商品的击穿

在 1999 年于东来第一次破局时，他到底看见了什么信号？当时许昌大型的购物商超快速发展，但是那时候人们购买力很有限，所以这种大型商超并不是购物者的首选。而路边小店价格虽然很便宜，品质却无法保证，假冒伪劣产品特别多。简单说就是商超购物兴起，商品种类开始丰富；小店假货泛滥，品质无法得到保证。消费者需要什么？需要购买方便、价格实惠、品质有保证，而且有更多的选择。

这时候初创期的胖东来击穿的是丰富的商品。首先，用“量贩”来提供丰富的商品。1999 年他把量贩的概念引入许昌并开了一系列的量贩店，包括名牌服饰量贩、鞋业量贩、电器量贩等。其次，提供便捷的购买方式。2002 年他开了大量的连锁便民社区店。也是在这一年，胖东来首次推出免费干洗、熨烫、缝边服务，提出“不满意，就退货”的全新经营理念。所以胖东来在初期的崛起抓住了市场红利，并找到了击穿点——丰富的商品、可靠的品质和放心的服务。

2. 第二次破局，对服务的击穿

到了 2012 年大规模关店，于东来完成了第二次破局，他又看到了什么信号？那时候的外部环境发生了什么变化？

那时候政策遏制三公消费，同时零售业盲目扩张导致大量的恶性竞争，所以行业内掀起并购潮，各商户都在纷纷打价格战。

受到政策的影响，三公消费对行业产生了巨大影响，而资本的无序扩张导致了大量的价格竞争，这就是问题所在。这时零售业出现了矛盾，到底是选择品质至上还是价格至上？到底是加强管理还是缩减成本？到底是以服务取胜还是以效率取胜？

在这些信号、这么多要素中该如何选择？考验企业价值主张的时刻到了。在这个阶段，于东来的价值主张是“利他经营”。他并没有选择缩减成本或者提升极致效率，他抓住了解决问题最核心的要素：极致的服务。

实际上，胖东来在20多年的发展中经历整个零售业发展的各个周期，始终立于不败之地，它到底凭的是什么？其实就是服务，那么到底是什么样的服务？

用二十个字可以概括：丰富的商品，合理的价格，温馨的环境，完善的服务。

第一，丰富的商品。做保障性的功能消费，同时又引领时尚生活，做到人无我有，人有我优，品类齐全，价格分段，把握品质。胖东来在2004年加入了国际自愿连锁采购联盟IFA，并且联合河南当地的几家企业成立了四方联采，所以采购成本大大降低，同时有很好的品质保障。其次，先质优再价廉。只关注前三、前五的优质品牌，品质得到保证后才去考虑性价比。同时胖东来还设置了急购热线。顾客到胖东来购买商品能看到温馨提示“因为陈列位置有限，如果您在商场购买不到所需的商品，可以留下您的联系方式。我们将单独为你采购”。

曾经有一个顾客为了给母亲配药，需要买4两荞麦面，那天她跑遍许昌都没有买到，胖东来也没货。她虽然在胖东来留了联系方式，但没抱任何希望。让她没想到的是，第二天晚上，胖东来就给她送来了荞麦面，还不收钱，他们说：“大娘有病，这是我们应该做的。”

在顾客眼中，在胖东来没有买不到的东西。而且最关键的是采购没有任何加价，整个过程的运费和成本是由胖东来自己承担的，这就叫丰富的商品。

第二，合理的价格。胖东来有一个特别奇葩的行为是，在经营的十多年中，从来不做产品促销，零售业不做促销其实是难以想象的。那为什么胖东来不做促销？其实还是在倡导理性消费。

首先胖东来杜绝暴利产品，严控商品毛利率，它希望给顾客培养正确的消费理念。同时把自己商品的进价和销售价标在一起，比如西瓜的进货价是1.9元，售卖价是1.99元。于东来认为胖东来商场提供的服务很差，所以没理由向客户要高价。于是就直接把商品的利润标出来，让顾客自己选择愿不愿意为现在这种服务的价格买单，如果客户觉得不值就不要买。他通过这种方式借着顾客的压力来优化自身的品类管理。

其次是专业的批量直采。胖东来除了加入采购联盟之外，还建立了自己的直采体系，采用买手制采购，并构建了自有的品牌体系。目前胖东来生鲜熟食基本上已经达到60%以上的自采率，将来会达到80%，进一步地降低采购的成本。

第三，温馨的环境。许昌是一个四线城市，但顾客到胖东来会感觉特别有国际范。因为人性化的卖场设计，客户可以在很宽阔的空间里逛，整个商场四季恒温，尤其重视顾客的休息场所环境。而且商场的商品陈列也很考究，以至于欣赏商品陈列是一种享受，甚至可以说是一种艺术。还把商场味道的经营做到了极致，充分调动人们的五感，让顾客感觉逛胖东来很愉悦。

第四，完善的服务。比如说购物车，胖东来的购物车就有好几种类型，给老人用的购物车不但配有专门的放大镜，还有椅子方便休息。再比如挑香蕉，生的、熟的、半生不熟的，胖东来提供香蕉的色卡，帮助顾客来挑不同品级的香蕉。而冷冻货架旁边会配一个保暖手套，就是怕顾客拿这些冻品的时候冰手。

在服务创新上，原来几十项的免费服务现在已经扩展了一百多项，而且有不满意就退货的政策。胖东来2000年设计了服务投诉奖励机制，顾客只要对服务不满意而投诉就奖励100块钱，后来更是把奖励标准提升到500元，用客户的投诉来倒逼自己的管理改进，通过客户共建的方式来不断优化管理。比如胖东来的退换货规定：如果顾客买到的生鲜食品不好吃，可以无条件退款。只要顾客觉得不满意就可以无条件退货，买贵了还可以退差价。如果胖东来收错钱，买的东西就免费送给顾客。这些服务构成了客户服务的铁三角：免费服务、客户投诉处理、不满意就退货，最后形成了客户的忠诚度。

胖东来其实在这个阶段是用极致的服务构建起人与人之间的信任网络，形成了自己的品牌效应和网络效益，同时提高客户的转换成本。胖东来重新定义了当地零售业的商业规则，形成了自己企业独有的“护城河”，这是胖东来能够在当地持续击败零售巨头的根本原因。

3. 第三次破局，对体验的击穿

2016 年，于东来遇到了第三次破局点，这个阶段他看见了什么信号？其实就是我们今天经营者要回答的第二个问题：顾客到底是什么？

有很多人说，顾客是上帝、顾客是流量，顾客是利润的来源。但是于东来的认知不一样：首先顾客是人，他是有需求的人，而且是追求幸福的人。那外部经济的环境呢？到了经济富足的时代，人们不是说要过得更奢华，而是要体验更多的可能性。

梁宁在《产品思维 30 讲》里有一个方法论，“点线面体”，具体来说，在零售业的早期，顾客需要满足的是“点状”需求，比如价格需求廉价的农贸市场可以满足、品类需求百货商场可以满足、便利体验需求杂货店可以满足。

零售的发展期其实是满足顾客的“线状”需求，比如说廉价和多样之间可以选择超市，产品的多样和便利之间则可以通过 shopping mall 来完成，廉价和便利之间是通过连锁的便利店来满足需求。

到了电商的崛起期，其实廉价也好，多样也好，便利也好，这种综合性的需求基本都被满足了。这时候正是中国本土的零售业品牌做起来的时候，需要满足的是面状的需求。

到了新零售时代，这时候需求发生了什么变化？顾客在价格需求上希望有高品质的商品和恰到好处的折扣；品类选择的需求变成了优选，希望有专业平台的能力做背书；体验的需求是优质，要有趣、有爱、有个性，所以要满足“体”状的整体需求。

这时候消费者实际上诞生了新需求的三种模型：价格需求、品类需求和体验需求。而于东来就选择了体验的需求，因此在这个阶段他提出了“用爱经营”，他说要把“幸福的体验”变成一种价值主张、变成一种购物体验的载体。

胖东来是如何击穿体验的？

于东来说我们不是把商品销售给顾客，而是把幸福传递给顾客，他不自觉地引入了一种全面体验管理体系。什么叫全面体验管理？比如在商品陈列上有非常详尽的商品说明，比如海鲜的各种吃法以及一些食物的禁忌。再比如热水器区甚至像科技馆一样把整个热水器的工作原理图呈现给顾客。再比如买摄影器材，如果大家不知道怎么拍照，胖东来有一整面墙来示范，教大家怎么去拍照等。

实际上，不单单是陈列商品，胖东来甚至把一整个区域划分出来指导消费者学会如何科学选择。在于东来看来，商品背后都是有着工艺与文化的，胖东来有责任把这些告诉顾客，用专业能力来体现胖东来的价值。

他是认可“灵魂产品”的，在他看来，每一件商品都是有生命的、有思想的、有情感的、有价值的，所以就必须要尊重商品，要把对客户的爱、对自己的爱融入商品中去，这样的商品才是有灵魂的商品，才能更好地服务顾客、服务社会。

于东来有句口号：“我要把胖东来做成商品的博物馆，商业的卢浮宫。”

胖东来做到的是从前端的产品陈列到后端的采购管理，整个体系的全面体验管理，一层层通过马斯洛的需求层次理论跟客户的体验发生关系的。第一个阶段是通过丰富的商品、合理的价格、温馨的环境满足了顾客安全的需求和生理的需求；第二个阶段是通过完善的服务满足了客户情感的需求和尊重的需求；第三个阶段创造一个商品文化的场域，来满足客户求知的需求和审美的需求。因此胖东来才能够创造这种极致的幸福体验感，这就是客户心智。

胖东来的领导力，是怎么持续进化的？

胖东来给顾客提供了这么多极致的服务体验，它靠的是消耗员工的体力和情绪吗？美国社会学家霍克希尔德曾经提出过一个理论叫情绪劳动，就是员工在工作的时候展现出某种特定的情绪以达到所在职位工作目标的一种劳动的形式。

比如说服务业的员工要礼貌有耐心，即便是客户不满意也要笑脸相迎。那这些在脑力和体力之外的另外一种劳动，就叫作情绪劳动。

所以服务行业的这些员工长期处于情绪劳动中，会被各种负面的情绪所裹挟。他的生活也就越来越不快乐，越来越没有幸福感。很多人认为员工是首要资源，员工是人力资本，员工是企业最大的资产。

但是胖东来的认知就不一样，它认为员工首先是人，是完整意义上的人。

什么是完整意义上的人？首先就是具有独立意志、个性自由的人。其次，人只有在组织中才能发挥作用，也就是组织人。这二者是构成人性化的基本内涵。

基于这样的认知，于东来有着清晰的管理路径，其人性化管理的具体路径是，在初期充分运用马斯洛的需求层次理论；在成长期借助巴纳德的现代组织理论；变革期践行德鲁克的人本管理思想。

1.初创期的马斯洛需求层次理论的实践

胖东来在初创期是怎么用马斯洛需求层次理论的？很简单，就是充分地满足员工的衣食住行要求，让员工没有后顾之忧。除了在工资上比同行业其他人高很多，比如1996年，市场上平均工资200元，胖东来员工就达到了1000元，每年胖东来还给员工送年货，年底能够给家里拿回去一万多块。于东来说："我从来没有认真地算过给员工发多少钱才合适，只是考虑他们一年能挣多少钱、办多少事。"

于东来还通过分股的方式将利润向员工补贴，他在1999年就做了股份的分筹，当年的净利润才1700万，他就分掉了1000万；同时他实施半班制，坚持到今天。这样满足了员工财务的安全感，又在时间上满足了员工对亲情、爱情和友情的情感需求。他认为没有社会的幸福，就绝对不会有个人长久的幸福，所以他在肯定员工贡献的时候，还让员工活得有尊严。他分股权并不是把股权当作金手铐去留住人才，而是非常超前地认为"劳动者是有劳动力权的"。

同时他还倡导工匠精神，让员工专注热爱自己的工作，他通过一系列的星级员工评定帮助员工成为品类专家。他的4位保安都通过岗位的学习和考核，成为国家级的珠宝鉴定师。胖东来是在帮员工做人生规划的，让员工懂得什么叫生活。

凯文·凯利在他70岁生日的时候说过一段话："如果你不停下一分钟来听

听那些音乐家或街头表演者的演奏，你就欠他们一块钱。”看到于东来的行为，我把这句话改了一下：“如果我们的生命中出现了一位员工，我们就有责任欣赏他的才干、改善他的生计、照亮他的人生，让他看到我们的瞩目、善意和赞许，否则我们就辜负了他，也就欠他一块钱。”

所以，管理的主体是人，管理的目标就是激发人的心灵，胖东来这种管理成果其实就为马斯洛的人本心理学理论的有效性和实践性做出了非常有力的注脚。

2. 成长期的巴纳德现代组织管理理论的实践

在成长期，于东来引入了巴纳德的现代组织管理理论。巴纳德的组织管理理论第一条是建立共同的目标。既然胖东来的企业目标是做成“商品的博物馆，商业的卢浮宫”，达到世界一流标准，为了达成这个目标，于东来认为要培养 100 个顶级的工匠，培养岗位和品类的专家，让员工也因此有了跟企业目标一致的个人目标。

第二条就是激发贡献的意愿，丹尼尔·平克在《驱动力》里讲，原始社会农耕社会的驱动力是 1.0，是靠生物性驱动的；在工业经济时代，驱动力 2.0 是追求外部动机、寻求奖励、逃避惩罚，叫“胡萝卜 + 大棒”的模式。但是到了信息技术和知识经济的时代，我们要用驱动力 3.0 充分调动员工的内部动力去主导自己的人生，重视工作的使命感和意义。那么胖东来的驱动力 3.0 是怎么做的？

首先，他树立非常高的目标，要培养出“马未都级”的专家。大家知道马未都先生是中国著名的文化学者以及收藏家，培养达到如此水准的专家是需要很高水平的，由此可见于东来对实现目标的决心。

其次，让员工自主经营，就是总店定政策，分店自主经营；自主学习，看到国内外优秀对标的同行，自己出去学习，不需要向公司汇报，公司报销相关费用；自主管理，所有岗位的实操手册全是各级主管和员工自己制定的，而不是公司制定；同时搭建员工成长的平台，用榜样的力量为员工树立标杆，引导员工热爱自己的工作，全情投入。

第三条就是重视加强信息交流。胖东来的内部信息交流其实是全方位立体化的，他跟员工的互动沟通是通过自己的微博，或者通过胖东来的官方网站、公众号、企业内刊等进行的。

举一个例子，胖东来有平安短信制度，就是每次晚上下班晚的员工，其主管都会给员工发一条短信，问员工是否已经到家。不要小看这一条平安短信，它体现出胖东来的人文关怀到了每一个员工身上。通过共建目标、激发贡献的意愿、加强信息的交流这三条最核心的巴纳德组织管理理论，胖东来完成了员工从自由人到组织人的转变，这是对巴纳德现代组织理论最好的实践。

2015 年胖东来撤出新乡时，得知此事的市民纷纷请愿让胖东来留下，当地副市长甚至亲自出面挽留。所以到了 2016 年胖东来新乡店重新开业时，即便没有做任何的宣传，现场也是人山人海，交警不得不到现场维护秩序。这就形成了一个闭环，通过利他经营的价值主张，员工培养出高度的敬业精神，才有了极致的服务体验，也就有了顾客的忠实度。

3. 变革期的德鲁克人本管理理论的实践

在变革期，于东来引入了德鲁克的人本管理思想，胖东来的顾客群体因为这种经营思想，个人的素质、审美能力得到了大大提升。

除了顾客，供应商在产品质量管理水准和信守承诺的契约方面也得到提升。胖东来甚至还辅导加盟企业，无论是咖啡店、美发店还是珠宝店，都帮助加盟商提升自己的经营能力、管理和服务水平。

整体上看纵坐标是马斯洛需求层次理论，横坐标是巴纳德的现代组织理论，而德鲁克结合这两者，提出了一个集大成的人本管理理论体系。所以每个企业家都应该像于东来一样，有自己的主张；每个企业都应该像胖东来一样，有套适合自己的理论，并在这套理论的指导之下，找到属于自己的管理路径。

4. 新时期的于东来“能干会玩”新理念的实践

随着 Z 世代员工的加入，胖东来的组织管理又有什么进化？面对这个问题，于东来创造性地提出了一个“能干会玩”的理念。他说玩是人的天性，能干会玩是一种生命的平衡，也是生命质量的提升。

胖东来有一整套玩的机制保障。第一是时间保障。实行半班制、两人一组轮换、每周二休息、延长春节假期，其实就是让员工回家陪父母、陪孩子。2014年，胖东来给每位员工额外增加一个月的年休，到现在为止，员工每年有接近90天的休假期。于东来还不满足，他未来想要做到每年给员工150天的休假期。

第二是设施保障。胖东来每一家店都有员工的健康娱乐中心，时代广场店甚至花600万请了诚品书店的设计师专门给员工打造了图书室，除此之外，还有设施齐全的员工健身区、豪华的休息区等。

第三是组织机制的保障。胖东来人力资源旗下有一个宣教部，专门负责员工的文化娱乐生活。它甚至比一线的运营部门的权限还要高，而且有资金保障，该花的钱只要使用合理，就绝不抠门儿，这是胖东来组织机制的保障。

所以“玩”就变成了胖东来人性化管理的有趣组成部分，实际上只有通过玩，员工才能愉悦身心，每天才有饱满的精神、充沛的热情来服务顾客。这种“玩”不仅能拉近人跟人的距离，使其懂得生命的价值和意义，也提高了员工的认知，因此才能够带动顾客提高认知。

不论是德鲁克说的“让凡人做非凡之事”，还是稻盛和夫说的“要付出不亚于任何人的努力”，其实他们都没有脱离“工作人”的范畴。“能干会玩”的提出是因为，于东来把员工当作完整意义上的人，而不再是单纯的工作人。完整意义上的人，除了工作之外还应该有娱乐休闲的生活。所以大家现在明白胖东来为什么每周二铁打不动地闭店，为什么在春节的黄金时间会给员工放假了。

这时候马斯洛需求就再次跟员工管理产生了层次的关系，一般的企业大都是雇佣关系，只满足员工生理和安全的需求；而优秀的企业会跟员工形成一种伙伴关系，满足员工情感的需求、归属的需求、尊重的需求；而真正卓越的企业是跟员工成为事业共同体、命运共同体，满足员工求知的需求、审美的需求，以及帮助员工实现自我价值。

所以，如果说胖东来人性化的管理能够培养出员工的高素质，那么“能干会玩”才真正造就了员工的幸福感，从而成就了这样一家非凡的公司。我认为这一定是未来组织发展的必由之路。

其实河南人对胖东来有一种发自内心的自豪感，从某个角度来讲，胖东来不但提升了许昌和新乡两地百姓的幸福指数，而且提升了整个城市的市民素质，已经成为当地的精神文化地标，而这正是员工幸福感的体现。它的反馈是什么？是顾客的幸福感。胖东来的本体理念是用爱经营，那么这份爱应首先触及员工，让员工感受到幸福。接着员工才能把这份幸福的体验传递给顾客，顾客才会获得幸福感。

关于胖东来，我们能学到什么？

我们在研究胖东来案例的时候思考了两个问题，其中一个是于东来这样做的动力来源到底是什么？后来我提炼出了一个词，叫作“乡绅精神”。

什么是乡绅？这是一个中国特有的词汇，指的是在乡土社会里面比较有影响力的地方贤达，他们通常会对自己所在的乡村承担推动发展和维持和谐的责任，在历史上甚至是支撑政权的主要力量。乡绅会干什么？修路办学、抚恤孤寡、接济穷人、维护族群利益、制定乡规民约。所以牛津大学的人类学家项飙说：“乡绅其实是把家乡当作自己最重要的意义世界，乡绅的诉求实际上是社区幸福的最大化。”

胖东来从自己和社区的关系角度出发，提供了一种有价值的输出来滋养彼此的关系，他甚至跟自己的顾客、跟周边的社区形成了一种互嵌式的共生关系，让自己与这些关联者一起成长。

早期做胖子店，他就是希望邻里之间互利互惠，后来做胖东来，相当于把乡亲们关照好。这样的理念在中国人看来，其实就是一个人把自己所面对的市场当成一个社区、当作家乡之后，流露出来的非常自然的乡绅式价值观。于东来显然算得上一个新乡绅，他给顾客提供贴心的服务，并且把纳税列为自己的第一指标，还因为担心顾客养成冲动的消费习惯而不做促销等。

其实他是把整个许昌社会当作自己的主场来承担责任和输出价值，这就是我们所说的乡绅精神和社区关怀，也是在地方经营的企业独有的思考问题的方式。

这种新乡绅精神，其实是源于于东来看到自己内心自主性的根源，他用这种心力去给员工尊重和快乐，进而关爱客户、关爱社区。于东来是用胖东来作为载体，实现了企业从经营到文化构成的完整价值，在这里可以看到他的核心动力是乡绅精神。

另一个问题是，胖东来为什么不扩张？实际上成就你的也必将束缚你，你的动力源和护城河也将成为你的能力圈和边界。在我的认知中，这也是胖东来无法走出许昌和新乡的底层原因，因为他的乡绅精神，胖东来就要服务本地百姓。但是它有另外一种破圈的方法，实际上全国来胖东来门店学习的老板特别多，而且胖东来从来不设防，还跟办行业学校似的主动配合。甚至胖东来每个月都会专门给出经费，腾出时间来跟这些全国各地来学习的同行商讨、交流、学习。

于东来自己定义说，胖东来其实就是一所“学校”而非企业，他就是想把这个企业做成一个样板。胖东来不需要扩张，只需要把所有的环节做成这个行业的标杆，做成样板就可以了。因此，胖东来的文化手册里说自己的使命是“传播先进的文化理念”。

因此胖东来被同行称为“灯一样的企业”，通过这种方式，胖东来让自己的经营理念不断向更远的区域传播、落地，进而推动自身使命的实现。在这种使命之下，实际上它不需要扩张，或者说只是换了一种扩张方式，因为它的使命是传播先进的文化理念，进而形成了整个胖东来的体系。

我们能学到什么？美国的行为科学家赫茨伯格说，人生的强大动力，并不是源自金钱，而是源于获得学习的机会，在责任中成长，能够为他人做贡献，以及拥有获得他人认可的成就。如何鼓动人的强大动力？于东来给出了自己的答案。他说：“我是心中有爱、率真、善良、舍得、有思想的独立个体，我存在的使命和价值是传播商业文明、改善商业生态、改善社会生态、提升人们的生活品质，我的终极价值追求是做爱的传道士。”

这也是他自己的人生使命：爱、善良、舍得，进而对顾客爱、对员工爱、对社会爱，他就获得了客户满意、员工幸福、社会认同，形成了自由、快乐的内核。

所以归根结底，“爱”才能够让员工幸福、顾客满意，让事业成功，让人际关系和谐。我把它称之为爱的增长飞轮，这是于东来个人的认知带给我们的启发，也是我认为最宝贵的、最值得我们学习的经验。

人心中的一个小支点，可以成为撬动世界的大杠杆。

（资料来源：根据微信公众号“混沌学园”内容整理）

第九章

《庄子》的虚与实：激励能力修炼

众人重利，廉士重名，贤士尚志，圣人贵精。

——《庄子》

第一节 人生的状态与境界

1525年，张居正出生在一位秀才家中，出生时，他的曾祖父梦到水池里有白龟浮出，因此起名张白圭。少年张居正聪颖过人，吟诗作对，成为当地的神童。1536年，12岁的张居正参加童子试，表现突出，受到考官赏识，考官嘱咐他要胸怀大志，虚心学习，成就一番伟大事业，并为他改名居正，希望他将来官居正位，成为国家栋梁。

第二年，13岁的张居正参加乡试，年龄最小却表现最好，放榜之时，他却没有中举。正当他和家人疑惑不解时，在武昌巡视的湖广巡抚顾璘找到了他。原来，顾璘看到了张居正的试卷大为惊叹，预言他必成大器，但是年少成名会让他骄傲浮躁，所以让主考官做了手脚。

落榜后的张居正发奋图强，刻苦学习，1540年又一次参加了乡试，顺利通过，并以一首《题竹》诗表达自己的雄心壮志："绿遍潇湘外，疏林玉露寒。凤毛丛劲节，只上尽头竿。"顾璘随后接见了张居正，解下了自己的犀带，赠给居正并殷殷嘱托：你要树立远大的抱负，做伊尹、颜渊那样的人，不要只做一个年少成名的举人。后来张居正奋发向上，成为一代名相。

其实，由明一代，天才并不少见，比如徐渭诗书画三绝，唐寅是江南第一才子，但他们都是少年成名，太过张扬，命途坎坷，最终怀才不遇落魄一生。千里马常有，而伯乐不常有，能激励千里马驰骋千里，这样的伯乐更是少之又少，适当的激励对于年轻人实在是一生之大幸。

一、七种人生状态

闻一多曾经说过，中国人的文化上永远留着庄子的烙印。五千年的中华文明史，从天道到人世、从文学到艺术都有庄子的影子，他是拥有大智慧的人，不喜欢枯燥的说教，教育人的方式也非常独特。

庄子笔下的动物形形色色，情神各异。正如鲍鹏山曾说的，在庄子的笔下更像是一个动物的世界，他构造了一个妙趣横生的动物王国，每一种动物都代表一种人生的态度。

1. 鲲鹏，有志者

《庄子·逍遥游》里讲了大鹏与学鸠的故事。大鹏负垂天之翼，怀青云之志，一心想飞往南冥之地，为了实现这个目标，它付出了很多努力。

这件事传到了学鸠与蝉的耳中后，它嘲笑大鹏说："我们不能飞那么高，最多飞到树梢上，飞不上去那就落下来呗，也没什么大不了的，何必费劲去那么远的地方呢？"

大鹏眼中所见、心中所想及所行之举，恐怕是蝉与学鸠终其一生都无法理解的，有志者事竟成，志向乃行动之方向、航行之明灯。

大鹏不同于学鸠，不在体型巨大，而在于志向远大，我们要有强大的内心和广阔的胸怀，不可拘泥于眼前之事。唯有志在天涯海角，方能活得波澜壮阔。

2. 鼹鼠，知足者

老子说过："祸莫大于不知足，咎莫大于欲得。"庄子在书中不止一次提到过上古隐士许由，其中最著名的还是许由洗耳的故事。

在上古时期，尧坐拥天下后，想把天下让给贤人许由治理。看着唾手可得的天下，许由却拒绝了，对尧说："您治理天下，天下已经安定了，这时让我来替代，我要这个虚名，不成了贪图名利的人吗？名望这东西不过是一个附庸罢了，我难道要求个附庸吗？"

面对名利，许由不动如山，又讲到鹪鹩鸟在树上筑巢，只需要一根树枝就够了；鼹鼠到河里饮水，只需要喝饱肚皮就可以了。这正是知足常乐的精神，须知贪如火，不遏则燎原；欲如水，不遏则滔天。懂得知足，其实是在为自己积福。

3. 木鸡，低调者

庄子还讲过一个斗鸡的故事。周宣王酷爱斗鸡，他请来有名的斗鸡专家纪子，帮他训练出天下无敌的斗鸡。十天过去了，周宣王派人去问，纪子回答说这才开始，斗鸡的性子还傲得很呢。又十天，纪子说，还早呢，斗鸡的火气还未散去。再十天，纪子说，差不多了，现在它遇到什么情况都不惊不动，看起来就像木头做的一样，如此一来，其他鸡看到它都会吓跑了。果然，这斗鸡虽然看着呆头呆脑，但其他斗鸡都怕它。可见最厉害的斗鸡不是最神气、最骄傲的，而是最低调、最有实力的。

斗鸡如此，做人也是一样，越是有实力，越要藏拙于外，内秀于心，抛弃外在的浮躁与花哨，将全部心神倾注在自我提升上。

4. 蝴蝶，忘我者

物我两忘，是一种浑然不自觉、万物一体的状态，沈约《郊居赋》云："惟至人之非己，固物我而兼忘。"庄周梦蝶的故事大家耳熟能详，梦里的庄子变成了一只翩然的蝴蝶，梦醒后的他一阵迷茫：刚刚飞舞的翅膀和现在挥动的双手，到底是我梦到了蝴蝶，还是蝴蝶梦到了我？

庄周与蝴蝶不辨你我，感受彼此而自在其中，这便是浑然忘我的境界。忘我，是一种境界，心无杂念，见山是山，见水是水，专注当下，聚焦目标，是成事的必备状态。只有心无旁骛，才能聚精会神。尘世多繁务，唯有真正将心沉淀下去，做一件事便只见一件事，才能以忘我的状态，怡然自得，乐在其中。

5. 螳螂，忘形者

庄子曾到雕陵之园游玩，见到了有趣的一幕，一只蝉藏在树荫下面，为自己能够找到一个休息的地方而洋洋得意。没想到的是，在它身后不远的地方，一只螳螂早就盯上了它，眼看一顿美餐就在跟前，它志在必得，慢慢靠近。殊不知在螳螂的身后，一只黄雀鸟早就准备多时了，正在将鸟喙慢慢伸向螳螂。

这就是"螳螂捕蝉，黄雀在后"的故事，人生总有得意时，少年游，意气风发，一日看尽长安花。莫将得意作常态，须知忘形多失败。

诸葛亮在《将诫》中说："不傲才以骄人，不以宠而作威。"人生不是不可得意，而是不可得意忘形。天有不测风云，一味沉溺于顺风顺水的假象，往往会陷入泥潭不能自拔，追悔莫及。

6. 乌龟，淡泊者

一天，庄子去河边垂钓，楚王派出两位大臣请他上山，庄子得知他们的来意后讲了一个故事，说楚国有一神龟已经死了三千年了，楚王用最高规格把他供在宗庙里，可谓荣耀极了。庄子的问题来了，这只龟是情愿死去尸骨让人供奉，还是愿意活在烂泥巴里摇尾巴呢？

答案不言自明，当然是自在地活着远胜于为了尊贵而死。在功名富贵面前，庄子不为所动，一如既往地坚守自己心中的淡泊，非淡泊无以明志，非宁静无以致远。淡泊者心性清净，无论外界如何似锦繁华，我自不忘初心，坚守本心，做一个活泼的人。

7. 鹓雏，高洁者

有一次庄子去看望老朋友惠子。惠子当时担任着梁国的国相，有人对惠子说：庄子过来，是想取代你国相的位置啊。惠子非常担心，慌忙派人在国都四处寻找庄子。

三天后，庄子主动上门，见到惴惴不安的惠子，庄子讲了一个故事：有一种鸟叫作鹓雏，每年它从南海起飞，一直飞到北海。在路上，它一定要在梧桐树上休息，一定要吃竹子的果实，找到甜美的甘泉才肯喝，梧桐枝、竹子果、甘泉水都是洁净之物，世俗的名利在它眼里一文不值。庄子通过这个故事告诉惠子无须担心，他是不会争国相之位的。

正所谓“众木尽摇落，始见竹色真”，有时候，此之蜜糖却是彼之砒霜，我们不能以己度人，以免贻笑大方。

二、四种人生境界

1. 不为物所累

庄子在《逍遥游》里，描写了一条名为鲲的鱼，能够化为鹏遨游九天，可以乘着六月的风一直飞到南冥，但是庄子却说它不自由，因为没有风的时候，它就只能望洋兴叹。站在风口谁都能趁势而起，这样的自由靠的是外物，在庄子的智慧中，不为外物所累可谓第一重境界。

2. 不为评价所累

一天，庄子与惠子路过濠梁的桥上，庄子说：桥下的鱼游得多快乐呀。惠子质问：你又不是鱼，怎么知道鱼的快乐呢？庄子回曰：你又不是我，怎么知道我不知道鱼的快乐呢？快乐是自己的，与别人无关，在庄子的智慧中，不在意外界的评价，可谓第二重境界。

3. 活出自己的样子

我们从另一个角度讲一个故事，庄子拜见在梁国做国相的惠子，有一天庄子看到一只猫头鹰正在津津有味地吃着一只腐烂的老鼠，这时候一只鹓雏飞过，猫头鹰赶紧护食，仰头大叫"吓！"庄子对惠子说，现在你也想用你的梁国相位来吓我吗？在庄子的智慧里，活出自己想要的样子，可谓第三重境界。

4. 找到自我

庄子与弟子走到一座山脚下，一棵大树枝繁叶茂，却无人砍伐。伐木工人说：这棵树做船容易沉，做柱子容易腐朽，没什么用才没砍伐。听了此话，庄子说：树不成材，方可无祸；人不成才，也可保身。在庄子的智慧中找到自我，可谓是第四重境界。

每一个人的人生都是一个特别的历程，每个人的人生都应该活得精彩，不是每条鱼都应该生活在海里，也不是每只鸟都可以遨游在天上。想活得逍遥自在的人，都需要读懂庄子的四重人生智慧：不滞于物，不固于心，不乱于人，找到自我。

第二节 激励的基本原理

一、什么是激励？

所谓激励，就是创造可以满足员工需求，激发员工工作动机，从而实现组织目标的过程。激励的本质是调动人的积极性，为了达到激励效果，设置目标必须遵循四个特点：

目标为整体目标服务。设置目标不仅是为了满足个人需要，最终是为了将个人目标纳入整体目标，有利于完成企业目标。

目标为受激励者迫切需求。目标还应满足需求以达到很好的效果，领导者需要发现需求，进而满足需求。

目标设置要适当。既不能俯首即是，也不能高不可攀。所谓“跳起来摘桃子”，就是告诉我们不能把拿到诺贝尔奖作为目标，设置的目标要通过努力能达成。

目标设置让大家参与评论。这样可以充分了解员工对目标设置的看法，也能充分了解如何激励更能调动人心，又满足了大家的参与感，加深对组织目标的理解与执行力。

二、激励的一般原则

1. 民主公平原则

民主是公平的保证，所有的激励应充分征求大家的意见，认真遵循相关程序，有提名，有事迹，有评论，有公示，奖要奖得到位，罚要罚得心服口服。

公平则是赏罚严明，赏罚适度，一视同仁。无论亲近与否，在规则面前人人平等。赏与功相互匹配，罚与过相互对应，既不能小功就大奖，也不能大过才轻罚。能做到这些的前提是有公平合理的奖惩制度和严谨到位的管理体系。

2. 按需激励原则

激励的起点是要满足员工的需求，而员工需求具有动态性和个性差异，因人而异，因时而异，而且只有满足最迫切的需求，效能才能更好。领导者在进行激励时，切不可犯经验主义，要了解情况，针对性激励，如此才能达到预期效果。

3. 正负结合原则

正面激励就是对员工符合组织期望的行为进行激励，提高员工积极性；负面激励就是对员工违背组织期望的行为进行惩罚，使犯错员工"弃恶从善"。把正面激励与负面激励巧妙结合，是激励的重要原则之一。

4. 物质与精神结合原则

物质激励如工资、奖金、福利、绩效考核、期权分红等基本奖励，必不可少；精神激励如表扬、鼓励、光荣感、自豪感、自信感等是基于物质以上的更高级需求，高明的领导会让优秀员工既有面子又有里子，既有物质报酬又有精神认可。

5. 个体与组织结合原则

在激励工作中，设置目标是关键环节。目标设置既要符合组织发展要求，又能满足员工需求，形成设置目标→努力→绩效→奖励→员工满意的良性循环，在组织目标完成的基础上，实现个人目标，这样才能具有良好的激励效果。

自古以来，刚柔并济、恩威并重是公认的激励原则，感化是柔的一手，制度约束是刚的一面。

三、发挥工作本身的激励作用

那么，领导者如何发挥工作本身的激励作用呢？必须要从五个方面入手：

第一，激发员工兴趣。要找到员工的工作动机，激发他的工作兴趣，根据动机进行激励，远胜于讲道理。一个人想改变的原因只有一个：他自己想改变。将员工的个人兴趣与工作相结合，是一个有效的激励办法。

第二，确立具有挑战性的目标。要制定一个清晰的、可达成的，又有挑战性的目标，如果目标太容易达到，那成就感就很小，但如果目标过于庞大，无法实现，也达不到激励的效果。

比如公司去年收入1000万元，今年公开宣布，挑战目标一个亿，还告诉大家完成目标就有名车、豪宅、巨额奖金等激励。这种情况下的丰厚奖励有用吗？大概率没什么用，如果目标实现不了，激励再诱人也起不到任何作用。

所以，挑战的目标一定是要“跳一跳，够得到”，在企业稳定、市场相对成熟的情况下，增量一般在10%~30%比较合适。

激励的关键在于你一定要告诉员工这项工作的意义和价值。要坚决达成一个共识，找到目标与这项工作的连接点、突破点和转折点，一个员工对其工作的价值和意义理解得越透彻，工作的认同度和投入度就会越高，这样就会有更大的动力去完成工作任务，达到工作目标。

第三，给予辅导与支持。很多领导者的口头禅是“我不看过程，只看结果”，实际上没有好的过程怎么可能会有好结果？

作为领导者，一定要观察员工的工作过程，关注员工工作中存在的问题并提供帮助：如果意愿不足，就要多鼓励，调整其状态；如果是能力不足就要纠正其短板，提升其岗位胜任能力。

第四，及时反馈和奖励。当员工完成一项工作，并且取得了结果，一定要及时反馈和奖励，尤其是正向反馈要及时快速，如果反馈的窗口期过了，再好的奖励也达不到预期的效果。

员工的行为无法及时收到回应，就会觉得不受重视，工作热度会逐渐消退，所以及时的反馈不仅是对员工过去工作的肯定，更能指明下一步的方向。

第五，激励人心，不断打胜仗。金牌战队是怎么来的？就是让队员不断尝到成功的滋味，不断地体验成功，队员就会越来越有动力、越来越有自信。

作为领导者，要学会找到员工热爱的点激发兴趣，设立合适目标，做好辅导和支持，帮助达成目标，不断取得胜利，这样的激励一定会事半功倍。

四、最好的激励是工作本身

有些管理者，一听说要给员工激励，首先想到的是给钱，比如加点工资、多点奖金等。物质激励确实很重要，但却不是最好的激励方式，最好的激励恰是工作本身。

美国企业家德普雷说："人们之所以需要工作，是因为希望得到自由发挥的机会。对于热爱工作的人来说，工作本身就是对他的最佳鼓励。"对于员工而言，工作本身可以给予成就感、参与感和自我价值实现等高层次的精神需求，而这样的需求不工作是很难获得的。

先讲一个故事：有位老领导退休之后，住在一栋花园别墅里，期望度过清净的晚年。没想到入住后，一群小孩每天在窗下踢球，吵闹得他不得安宁。

老领导想了个办法，给孩子们说："只要你们每天来玩儿，我就给你们十元钱。"孩子们很高兴，就每天来玩。

过了十天老人对孩子们说："经济不景气了，只能每人给五元了，你们一定要继续玩下去呀。"

孩子们勉强答应了，就这样老人逐渐降低奖励金额，直到有一天只给每位孩子一元钱时，孩子们很生气，再也不来玩了。

工作也是如此，对真正的人才来说，最好的激励无关报酬，而是来源于工作本身。当然物质激励只能稳步上升，正常情况绝不可以越走越低。

管理学者麦格雷戈在《企业的人性面》中指出："企业满足了员工的生理需求、安全需求后，激励员工的重点就应该转移到社会需求和自我实现上。"这告诉我们物质激励的作用是有限的，当企业把单纯的物质激励当作主要方式时，就无法满足员工的更高级心理需求了，而工作本身正好可以。

所以，作为领导者，如果你不能洞察这些更高层次的激励需求，很有可能是一顿操作猛如虎，到头来都是无用功。

第三节　向庄子学激励

一、重视后天能力的培养

很多人在阅读传统文化经典的时候不得要领，觉得阅读经典索然无味，究其原因是没有破解中国传统文化的密码，不得其门而入。那么，我们应该怎样阅读传统经典呢？《庄子·应帝王》中，讲了浑沌之死的故事，值得重视。

南海的帝王名字叫作倏，北海的帝王名字叫作忽，中央的帝王名字叫作浑沌。三个人在浑沌的地方相遇，中央帝王热情接待了南海和北海的帝王，两人就想报答浑沌，看到浑沌没有常人的七窍时，他俩有了主意。

他们觉得浑沌太可怜了，没七窍如何看山水、如何听声音和辨别食物的美味呢？于是他们决定为浑沌凿开七窍。结果好心办了坏事，当七窍凿开的时候，浑沌死了。

道家把先天的能力称为“元神”，后天之眼耳鼻舌身称为“识神”，后天的能力实际上有着严重的缺陷：眼睛再好，能看多远？耳朵再好，能听多少声音？所以我们后天的能力没办法认清世界的真相，只有先天的能力与生俱来，与天地宇宙一体，才能够有大智慧去看到世界的真相。

这里已经说出了儒释道修行的方向，各家圣贤虽然说法不一，但都引导人们不要执着于后天能力的提升，而要努力用正确的方法开启先天的智慧。

佛教一个偈子说：“人人有个灵山塔，好向灵山塔下修。”就是谈人们要修出自己先天的能力。在中医看来，一个人生命的消耗，很多时候都是七情六欲的扰动，如果一个人能守住“七窍”的干扰，不被光怪陆离的外部世界所干扰，身体的能量就会消耗很少，生命的长度和高度、宽度与厚度都会有所变化。所以，无论对外在的生命还是内在的慧命，都需要我们超越“七窍”为代表的后天能力，否则，当我们沉溺于七窍带给我们的物欲享受时，先天的能力就日渐蒙蔽直至消亡了，这就是浑沌之死的内在原因。

综观人类之思想史，只有东方哲学有这样深刻的认识，它开启了两个认识世界的维度，一个是后天能力认知的维度，所谓的为学日增，多学一些便多点能力；一个是先天能力认识的维度，所谓的为道日减，少一分物欲便多一分良知，而且中国特别强调后天能力的局限性，它解决的是生活能力问题，而非生命本身。

当然，在现代社会，我们应当重视后天能力的培养，大力发展自然科学，探索未知世界，但不可妄自尊大，以自己为中心，而是要学会开发和培养自身的先天能力，揭开生命的真相。若二者相辅相成，中国的文化定会异彩纷呈，焕发出彩的生命力。而洞悉天性，依道而行，其实是中华文化的密钥。

二、好的激励是顺应天性

1. 鲁侯养鸟

《庄子·至乐》记载：从前，一只海鸟飞到鲁国都城的郊外，鲁侯把它当作神鸟，命令把它捉住并迎接到祖庙里，恭恭敬敬设宴招待，然后庄重地供养起来，每天都为大鸟演奏音乐，又置办了猪马牛羊的供品让它进食。鲁侯的热情恭敬使海鸟恐慌不安，吓得一点肉不敢吃、一滴水不敢喝，过了三天就死了。于是庄子感慨说，鲁侯用他自己享乐的方式去养鸟，而没有按鸟类的生活方式去养，所以把鸟养死了。

由此想到领导者的激励，有的发心虽好，但结果却是用胡萝卜钓鱼，付出没有收获，这就需要在实际工作中有针对性地进行激励，即所谓的“五因”激励法。

激励要因人而异。不同的人需求不同，好名者给予名望，好利者给予物质，好权力者给予地位，精准实施，因人而异，效果绝佳。

激励要因事而异。事有轻重缓急，不同的事情重要性不同，价值也不同，所以激励不能吃大锅饭，而是依据重要程度有所区别。

激励要因时而异。人在不同阶段，其主要需求也不一样，所以激励应根据时间不同，有所区别。

激励要因地而异。人所在地域不同，所在地位不同，所求也大不相同。

激励要因势而异。激励还要因势利导，顺势激励就能达到惠而不费、利而无损的境界。

2. 狙公养猴

战国时期，宋国有一位老人，人称“狙公”，他家里养了十几只猴子。有一段时间狙公生活困顿，而猴子们胃口很大，狙公只能缩减猴子们的口粮。担心猴子不乐意，狙公就同猴子商量道：“给你们吃橡栗，早上三颗，晚上四颗。”猴子们一听早上才三颗，一个个吱吱乱叫，上蹿下跳。狙公琢磨了一会儿，和颜悦色道：“好了，我们改改还不好吗？干脆早上四颗，晚上三颗算了。”猴子们听到早上增加了一颗，摇头晃尾很是开心。

从“朝三暮四”到“朝四暮三”，从激励的角度看，狙公并没有增加橡栗的数量，只是改变了分配的方案，就取得了理想的效果。这对于资源不足的中小企业有很大的借鉴意义，优化激励结构非常重要，要做好近期激励。

3. 许姬扯缨

《庄子·庚桑楚》篇有句经典名言：“不能容人者无亲，无亲者尽人。”意思就是不能够容纳他人的人，就不会有亲近的人，没有亲近的人，会逐渐被人们舍弃。

春秋时期，有一次楚王宴请大臣，酒席间轻歌曼舞，楚王还让他最宠爱的两位美人——许姬和麦姬轮流给大臣们敬酒。突然一阵大风刮来，席上一片漆黑，一位将领趁机揩油，摸了许姬的手。许姬一甩手扯了他的帽缨，匆匆回席并低声对楚王说：“刚才在灯灭的时候有人调戏我，我扯掉了他的帽缨，大王现在只需要叫人点起蜡烛，就知道他是谁了。”楚王听后，立即吩咐大臣们都把帽子脱掉，一醉方休。当蜡烛点亮的时候，大家都没有戴帽子，那位犯错的将士也因此获救了。

后来，楚国攻打郑国大败。危机中一位将士独自率领几百人舍命保护楚王。后来了解到，这位将士正是那天酒后调戏许姬的人。可见作为领导者，有容人之量可以救命，宽容不仅是给别人改过的机会，更是给自己创造机会。

三、自我激励的最高境界

李商隐在《锦瑟》中说："庄生晓梦迷蝴蝶，望帝春心托杜鹃。"庄子倾其一生追求逍遥境界，古往今来，没有多少人真正品尝过逍遥自在的滋味。因此，庄子提出了《齐物论》，即使身体不能自由，我们的精神也可以自由来去，逍遥自在。

1. 放松心态，万物归一

"齐物论"的核心只有三个字，那就是"齐万物"，这其实也是庄子思想的重点。在庄子眼中，世间万物有所不同，但在本质上是有共同点的，这世上本没有真正的相同与不同，我们所看到的万物，都归于道。

庄子让我们知道人类的认知局限，人类引发的争议都是因为内在不同、情态不同。我们应当消除成见，把自己从自我主宰中拉出来，当作万物一体中的一个。

2. 物我合一，不受约束

庄子说："天地与我并生，而万物与我为一。"在庄子瑰丽的世界中，当一个人将自己的心境修炼得如天地一样辽阔时，世间万物就可以与人的内心合为一体。此时，人才能真正领会到天地的乾坤。

庄生梦蝶的故事体现了庄子思想"齐物我"，那就是人与自然的和谐境界，明白了这个道理，人生从此就不会受到外物的约束。只有将自己的灵魂融于天地万物之间，人才能感到充分自由的精神世界，从这个角度讲，经常接触大自然能让我们的精神更自由。

3. 人际关系，顺应自然

在现实生活中，我们每天都要面对不同的人、处理不同的社会关系，面对复杂的人际关系，我们应随缘而不攀缘。庄子认为，在与别人的交往中，刻意去讨好他人或尝试改变他人都非易事，倒不如尊重自己和他人的生活方式。发自内心地与人沟通，用别人的标准要求自己和用自己的标准要求别人，都不可取。

世间万物本相同，蝴蝶本是毛毛虫，若是不经彻骨痛，岂能凌云御清风？

4. 遵从本心，放下是非

人与人难免会产生是非，而是非的产生，正是源于人们对于所谓正确与错误的不同认识。两个争执的人往往没有绝对的对错，只是看问题的角度不同罢了。

庄子认为，我们执着的是与非、美与丑、利与害、生与死、安与危，都是由于自我感受上的差异，我们要超越自我成见，跳出是非来看问题，无己、无功、无名，然后“道通为一”，达于“齐物”，格局提升，达到庄子逍遥游的境界。

5. 生死自然，无须留意

庄子的妻子去世后，他没有伤心难过，反而敲起木盆唱起歌来。好友惠子难以理解他的这种行为，殊不知，这正体现了庄子“齐生死”的思想。

在庄子看来，生老病死正如四季更替，是正常、自然而美丽的意境，大自然给了我们生命，走完一生，我们也会重回自然的怀抱。一个人能在生死面前保持从容，这才是真正的逍遥。

案例九

冷友斌：赌赢飞鹤

“新进口的干燥塔安装好了，有20多米高，像个金属巨人般矗立在厂房里。”飞鹤甘南工厂第一任自动化干燥塔操作员正抬头望着它，期待又紧张。

对奶粉行业来说，干燥塔就是心脏。在干燥塔中，液态的牛奶被加压，然后从直径只有2.4毫米的小孔中喷射出浓雾，塔中的热风会在1.2秒内，将雾状的牛奶干燥成奶粉。

这是飞鹤第一台自动化干燥塔，相当于10台手动干燥塔的价格。为此，厂家专门派了两个外国专家现场教学，时常和操作员们调试到凌晨两三点。

对操作员来说，这是个考验，但对飞鹤乃至整个行业而言，是生产系统由传统机械化升级为自动化的跨越。

飞鹤起源于北纬47°，一个可以创造神奇的地方。自然气候让它成为世界公认的黄金奶源带，改革开放让它从北大荒变成北大仓。这里孕育了一代又一代的希望，也养大了飞鹤。

2008年，三聚氰胺事件让国产奶粉跌入低谷，飞鹤凭借高标准的奶源质量，成为为数不多的质量合格企业。不管是企业改革还是渡过难关，这一切都与掌门人冷友斌紧密相连。或许大家对这个名字并不熟悉，业内流传着这样一句话："飞鹤有多高调，冷友斌就有多低调。"

少时的冷友斌与乳牛相伴，时常躲在墙角，听着北大荒知青们吟诗歌唱，"外面"的思维时刻引导着他，同时也埋下了一颗渴望知识、自由和改变的种子。在大学生凤毛麟角的年代，16岁的冷友斌考上大学，学业完成后加入飞鹤，自此与飞鹤结缘。

1999年，国企改革。为了保住飞鹤这个品牌，31岁的冷友斌背着1400万元债务，将飞鹤从中分离出来。在接下来30多年的相处中，冷友斌硬是从技术员变成了一名合格的商人。

2022年2月，央视品牌强国盛典隆重推出十大"国货之光"品牌，飞鹤作为最特别、最励志的企业代表，被一致认为是大器晚成、成于绝境的存在。这也是冷友斌和他的飞鹤第三次站上央视舞台。

飞鹤，再起飞

在外界看来，冷友斌的个人经历与能力具有碾压性的优势。在中国经济发展的风口，他经历过贫穷与嘲笑，拥有极强的专业知识与执行力。正因如此，飞鹤从独立那一刻开始，就注定会成为市场的宠儿。

千禧年，中国加入WTO，一批批优质的"中国制造"走向全球，国内奶粉行业也随之兴起。那时飞鹤40多岁，比其实力强的企业有很多。农垦局的领导找到冷友斌，一句"1400万元，飞鹤品牌归你"让他陷入沉思，他脑子里只有一个问题：这1400万元要怎么还？

飞鹤官网显示，其奶粉1年超1亿5千万罐被中国妈妈选择，其销量位居中国第一。现在看来，冷友斌当时欠的债像小儿科，但在那个年代却是“定时炸弹”。冷友斌看着满载青春记忆的飞鹤，左思右想后，与农垦局签了合同，要在 8 年内还清 1400 万元。

创立初期，首要的是人与资金。飞鹤有 100 多名员工，而资金令冷友斌犯了愁。身负千万债款的他，首先把房子卖了，拿到 10 万元，又取出家里仅有的 9 万元存款，再四处找朋友借钱，凑足了 100 万元。

他带着大家来到克东县，找了一家院墙已垮、院内杂草丛生，濒临破产的乳品厂，里面除了几台奶粉机器啥都没有，他们准备在这里实现梦想。

当时，这样的厂子都要 248 万元，冷友斌与大家商讨过后决定分 4 年还清，并正式将此厂命名为黑龙江飞鹤乳业有限公司。

经过紧张的 3 个月维修改造，破烂不堪的小厂很快变成了花园式的工厂，车间里机械设备齐全，加工能力从改造前日处理鲜奶 40 吨提高到改造后的日处理鲜奶 100 吨。那段日子，冷友斌和工人们吃住在一起，干活在一起，甚至连生病都是请医生直接到工地送药输液。“入伏”以后，天气越来越热，人手越来越少，他就以工地为家，亲力亲为，监督施工。

老员工回忆道：“不到 100 天的时间里，冷总瘦了好大一圈，脸上骨骼轮廓更加清晰，身上有无数大大小小的伤口，人也黑了不少。”

很快，飞鹤迎来首次销量猛增。可一个乳品厂的产量不足以供应市场，断货现象时有发生。

冷友斌想过再购买一个乳品厂，但飞鹤刚起步，银行根本不给贷款。还债、技术改造、厂房修缮等用了大量资金，公司只能依靠经销商、供应商的货款赊欠，甚至是冷友斌朋友的借款来支撑。

控制产品品质最重要的前提是掌握奶源。只要是对产品品质有好处的事，冷友斌都毫不犹豫，“任何事情都要为产品质量让路，这是底线”。

他根据现实情况及时调整策略，从最基础的奶站做起，让农户养牛到奶站挤奶。为了保证牛奶质量高度统一，冷友斌把工作前置——建饲料厂，给农户提供精饲料，最大限度地保证牛奶的质量。

接着，冷友斌又一次做出大胆的决定——找代工厂，由飞鹤提供配方及产品质量标准，可以快速、高效地提高产量。他带着高管跑遍内蒙古和黑龙江，寻找最好的奶源基地，保证飞鹤产品生产。了解冷友斌为人的奶粉厂为了支持其工作，同意30天以后再付账。冷友斌一行人拼命销售，有了回款就第一时间转给奶粉厂，这样一轮接一轮，飞鹤逐渐发展壮大起来。

第一年春节，冷友斌为飞鹤的高管每人准备了一件貂皮大衣。“东北人好面儿，大伙儿跟着我，我得让大家有面子。”又一年过去了，冷友斌花了200万元买了13辆小汽车，给高管一人一辆。“得让人家觉得跟着你干得不错。”冷友斌还是这句老话。

财散人聚，正是因为冷友斌对核心团队的豪情仗义，吸引了更多优秀的人跟着他干，飞鹤的团队战斗力才更强。

有时候，风险越大，收益的绝对值越大。或许在签字的那一刻，冷友斌心里就暗下决心，让飞鹤重新起飞了。

资本运作，借钱发展

2003年，一种叫SARS的“幽灵”侵入中国，彻底搅乱了各个行业的发展节奏。飞鹤因此产生巨大的资金缺口，冷友斌及时提出“借船出海、借钱发展”的战略，才让其逃过一劫。

1400万元、248万元，貂皮大衣、小汽车，冷友斌没有放弃，更没有退路，唯有硬着头皮放手一搏。

在乳制品领域，婴幼儿奶粉是刚需，中国每年有1500万～1700万新生儿，但中国的纯母乳喂养率却不高，离开母乳喂养，喝婴儿奶粉就是新生儿的必然选择。在全世界范围内，婴儿奶粉是所有奶制品中科技含量、精细化程度最高的，从生产、品控到原料基地，再到市场销售等诸项工作，都需要高素质的人去落地执行。

要想在知名品牌的重重夹击下获得立足之地，飞鹤必须实施差异化竞争。于是，冷友斌决定产品方向锁定婴儿奶粉，且要做高端的婴儿奶粉。当时，袋装奶粉每袋市场价7元左右，飞鹤错位竞争，精心推出了一款高端袋装奶粉，市场定价12.8元。

通过跑市场、抓销售，进行差异化营销，买奶粉时附送东北大米、东北木耳，飞鹤用这些多样的营销方式吸引了不少消费者。2001 年飞鹤的销售额不过 7000 万元，到了 2004 年已超过 4 亿元。

2003 年登陆美国资本市场，飞鹤成为中国乳品行业第一家海外上市公司，该事件引起社会广泛关注。全国上百家新闻媒体争相报道，有人说同行都在营销和品牌上高举高打攻城略地，飞鹤却背道而驰，无法理解。也有人说，“种草养牛”产业集群建设是正确的选择，各方评说不一。

通过市场融资，加上企业利润，飞鹤很快又建成了两个新的牧场，以更好地把控奶源安全性、提高奶粉品质。同时，冷友斌建立产品全程可追溯系统，这一系统是为用户提供产品奶源地、生产地、质检等关键环节信息的追溯平台。

2008 年 9 月，多名婴儿同时患上肾结石病症，引起外界关注。国家质检总局对全国婴幼儿奶粉全面检查，检查重点是三聚氰胺含量。结果显示，除了河北三鹿外，还有广东雅士利、内蒙古伊利、蒙牛集团等 22 家婴幼儿奶粉生产企业的 69 批次产品检查出含量不同的三聚氰胺，被要求立即下架。

飞鹤作为少数独善其身的品牌之一，在这场战役中一举成名，赢得市场、资本的青睐。而这与其打造的全产业链条、对奶源安全性的严格把控是分不开的。虽然产品未受影响，可随着三聚氰胺事件的持续发酵，海外的乳制品企业股价一蹶不振，飞鹤股价也从 40 多美元下跌到六七美元，最低时跌到了 2.2 美元。

为保证发展，飞鹤引入了红杉资本，实现了企业的短时间扩张，但很快又止步不前。事实上，无论是奶源基地、生产布局、企业品牌还是终端市场的运作，飞鹤自身还存在诸多不足，还不能被称为一线品牌。

冷友斌不止一次对媒体抱怨飞鹤的价值被低估，再加上美国资本市场需要高额的运营费用，继续维持已没有意义。不仅如此，飞鹤的本土地位也有所动摇。相较其他乳企，飞鹤最具吸引力之处在于，它是一家拥有全产业链布局的乳粉企业。和同在黑龙江的完达山奶粉相比，两者有很多相似的地方：拥有全产业链的布局，领头人都重视牧场的投资，没有出现过恶性食品安全事故等。

一直以来，飞鹤的营销策略较为单一，市场没有多大成长，主要影响力在东北部地区，以及河北、山西、山东等 3 个市场，其本质仍是区域性的品牌。

随着市场的急剧变化，飞鹤在发展速度上比其他乳粉企业慢了不少，这也让飞鹤一度陷入了逆水行舟的境地。

没有了上市公司的利润考核压力，冷友斌可以将更多的精力投入到市场调研、渠道建设、品牌宣传等方面。在接下来的5年里，飞鹤进入快速增长期，年销售额从不到20亿元到突破百亿元大关，净利润增长近20倍。

冷友斌为他和飞鹤所有员工的坚持而高兴。但他没有沾沾自喜，因为在他心目中，消费者的位置尤为重要，企业和用户的关系不是简单的产与用，也包含着应尽的责任与义务。冷友斌在可追溯系统的基础上继续上线可视化产业集群，通过360°全景视频直播的方式，完整展示包括生态环境、专属农场和专属牧场、智能工厂在内的产业集群关键环节，向大众开放线下溯源活动。透明制度的超前意识和布局，让飞鹤在多次奶粉行业安全事件风波中安然无恙，保持了50多年零质量事故的纪录。

再次上市，实现双赢

飞鹤在冷友斌的带领下一步步红遍全球，攀登国产奶粉销量第一的宝座。从美退市6年后，冷友斌仍抱有一颗资本心，天时地利人和，整装待发后的飞鹤，在这一年“飞抵”香港股票市场。

资料显示，2014年中国婴幼儿奶粉产品的消费升级趋势明显，但高端产品（零售价在290元~390元/900克）只占市场整体的22%，预计至2023年将占58%，超高端产品（零售价大于390元/900克）的占比也将从7%增至26%。

这个数据让冷友斌陷入了思考，飞鹤在发展前期为与其他品牌走出差异化路线，出售过比市场均价高的奶粉，但仍有部分低端产品在市场上售卖。飞鹤要不要停止生产低端产品，走高端路线呢？

冷友斌开始重新梳理产品线，毅然决定缩减中低端产品，聚焦高端领域，做大单品。先后推出了超高端的“星飞帆”、超高端臻稚有机系列等。其中，星飞帆系列在超高端的表现尤其出色。

“小媳妇”一向是勤俭持家的代名词，但冷友斌在做强飞鹤的过程中却摒弃了这种“小媳妇”心态。他拿出5.5亿元进行广告投放，将“更适合中国宝宝体质”的标语铺遍大街小巷。“我不赌就没有今天。”他这样总结当年的决策。

数据显示，飞鹤此举也令其成功抢占了庞大的下沉市场。目前，飞鹤有超过 10 万家超市、母婴店等零售点，同时在京东、天猫、飞鹤网站和手机小程序等多个电商平台销售。

由于售价毛利都比较高，飞鹤甚至一度被称为“奶粉中的茅台”。冷友斌对此却毫不避讳，称如果折成公斤价，飞鹤的产品确实“全世界最贵”，飞鹤的零售店里也有 200 元以下的产品，但消费者更愿意买贵点的。就连董明珠也公开表示：“等我有孙子的时候，我一定让他喝飞鹤奶粉！”

抓住渠道，也要踩准营销。在外资奶粉与国产奶粉的夹击中，冷友斌利用“更适合中国宝宝体质”这一特色，成功拿下了消费者。在国内营销层面，外资奶粉运筹余地小得多，例如外资不被允许用“更适合中国宝宝”等宣传方式去营销；其他国产奶粉也没有抓住营销点，例如君乐宝只能打“进入港澳市场”这张牌，影响力远不及飞鹤。

随后，飞鹤签下影视明星章子怡作为品牌大使，为提升品牌的国际化形象夯实基础，获得更多主流人群的共鸣。现在，乳企邀请品牌代言人的节奏正在加快，海普诺凯 1897 宣布国际著名钢琴家郎朗成为其全球形象代言人，郑希怡成为蓝臻品牌形象大使。

不难看出，品牌企业都在借用明星的高流量助推品牌的快速传播。飞鹤也开启双代言模式，聘请“功夫星爸”吴京成为新代言人。以此为契机，飞鹤成功拿下唯一参与国家 863 计划的婴幼儿配方奶粉供应商；携手与哈佛医学院 BIDMC 医疗中心筹建飞鹤营养实验室，进行营养研究及教学活动；成立国内首家乳品工程院士工作站，多次打破行业核心技术壁垒，不仅在产业模式创新上再迈一大步，也带动整个行业走向更高水平。

从美国退市后的这几年里，飞鹤飞出东北，成为全国市场的香饽饽。但冷友斌心里一直有个资本梦，带飞鹤再上市，不受束缚，不为筹钱，只为实现品牌价值。2019 年 7 月 3 日，飞鹤在港交所披露了上市申请文件，重启港股 IPO 计划。6 年前从美国退市的飞鹤，又飞回来了。

招股书显示，从 2016 年到 2018 年的 3 年间，飞鹤分别实现收益 37.24 亿元、

58.87 亿元及 103.92 亿元；实现利润 4.06 亿元、11.6 亿元及 22.42 亿元。亮眼的数据，引起不少轰动。

有一段时间，外资品牌想收购飞鹤。如果卖了飞鹤，冷友斌完全可以实现财富自由，但洋奶粉可趁机拿下中国奶粉 90% 以上的市场。他相信一方水土养一方人，也不想让飞鹤“飞”走。

飞鹤在众多品牌的围攻中脱颖而出，从一个全年利润不足 4 亿元的地方乳企，成长为营收破百亿元的行业领军企业，这一切离不开冷友斌，更离不开飞鹤的每一位员工。

最大的对手是时代和自己

冷友斌本人并不满足“中国高端奶粉领导者”“黑龙江首富”等名号。从北安这片浸染红色、绽放神奇的黑土地走出的他，懂得顺势而为，更善于打破规则。

一次次颠覆自我，一次次震惊业界，飞鹤的摊子越铺越大，而他依旧是那位为人低调、做事高调、行事果断的东北汉子。回顾飞鹤的过往，你会非常明显地看到这种变化：这家企业由原来的不为人知，正在变得家喻户晓。

多少前景无限、财力丰厚的人，转瞬之间一切化为乌有。在塑造创业英雄的舞台上，角色随时都在更换，不断有人从主角滑为配角，甚至去跑龙套。来来往往如匆匆过客，人物与场景迅疾变幻，上演着一出出酸甜苦辣交织的戏剧。

冷友斌不甘心做这样的匆匆过客。作为白手起家、毫无大型企业经营阅历的企业家，他需要不停地观察市场动态，转换观念，摸着石头过河。

他对企业的各个方面都十分高调，不惜花重金打造品牌、维护口碑。但他个人依旧低调，只是在自己的世界里，不断推翻自己，再爬起重来。

在一档节目中，冷友斌被问到：“如果现在有一个年轻人跟你说，他也要进军奶粉企业，你会给他怎样的建议呢？”

他没有思考，马上回了一句：“不要做！”在他看来，飞鹤的成功不仅仅是团队或个人的努力，更是时代的红利。他们那个年代没有资本、没有品牌，更谈不上有大量拔尖的人才。他们是在泥潭中一次又一次摔倒后站起来的，就算现在有个品牌来做飞鹤这件事，也不可能完全复制。

现在飞鹤载誉全国、闻名世界，冷友斌也因企业的飞速发展名声响亮，身价高达500多亿元，一度成为黑龙江省首富。但冷友斌没有忘记支持过他与飞鹤的每个人，每年他都会组织全体员工进行技术与素质培训、外派拓展训练，以增进员工之间的感情。在他内心深处，一直住着那个照顾家、照顾弟弟妹妹、照顾父母的“小男子汉”。

梦想能够诱人奋发上进，梦想也能唤起企业骨子里的潜力、凝聚力，提高企业的效率，让企业在较高的起点上得到较快的发展。虽然梦想与完成梦想之间，还有一段未知的距离。

在一个不确定、一切处于开创阶段的环境里，坚定、冒险、死磕的精神才是最为稀缺的资源。当市场蛋糕基本划定，环境逐渐稳定后，老成持重的人能获得更大的利益。

在这一点上，冷友斌比别的人看得更透，想得更远，做得更彻底。

（资料来源：《商界》，作者：赵春雨）

第十章

《传习录》的知与行：执行能力修炼

尔那一点良知，是尔自家底准则。尔意念着处，他是便知是，非便知非，更瞒他一些不得。尔只不要欺他，实实落落依着他做去，善便存，恶便去，他这里何等稳当快乐。

——《传习录》

第一节　阳明先生的“心学”

王阳明全名王守仁，浙江余姚人，世称阳明先生，出生于1472年10月，卒于1529年，享年57岁。他的一生经历了明代孝宗、武宗、世宗三朝，因为功勋卓著被封为伯爵，是一个文武兼备、达天知命的思想家、军事家、政治家。他留下了《传习录》，有学者认为，其价值可以与《论语》《道德经》《金刚经》相媲美，其中“四句教”是阳明先生思想的核心。

一、“四句教”的内涵与外延

无善无恶心之体，有善有恶意之动。知善知恶是良知，为善去恶是格物。这是王阳明先生的四句传世名言，也是心学的重点。

第一句，无善无恶心之体。当一个人的思想达到一定境界之后，他对世界的观察就是客观的，是无善无恶的。我们在观察客观事物的运行规律时，也要抽离自己的情绪，用无善无恶的心态去观察。一旦你用良知去感知万物，那么万物与心都是一体的。

第二句，有善有恶意之动。这个“意”，就是后天形成的习惯认知产生的判断，我们对事物的反应是掺杂了我们的情绪的。我们能做的是以第三方的视角平静看待，觉察到自身情绪的变化，不让习气带着大脑胡作非为。

第三句，知善知恶是良知。通过良知，我们知道哪些是中正合适的，哪些是过度或不及的。只是大多数人由于沾染了习气而被蒙蔽了良知，知善知恶就是用心中的准绳来理解我们观察到的无善无恶的事物，如此才可以把良知作为武器，去分辨什么是合适的、什么是不合适的。这也是佛家的提起觉知，一念清净。

第四句，为善去恶是格物。如何为善去恶？这得从基础开始，磨炼自己的本心，尽量清除负面情绪，格物就是正心。接下来通过实践去实现我们信念中善的部分，修正不符合我们信念的恶的部分，信念与实践合而为一，也就是知行合一了。

我就是我自己的观察者。内观和觉知是最为强大的力量，这需要长期的刻意练习，练习可从这句口诀开始："我是我的观察者。"

二、"心即理"的理解与用途

理解了"心即理"，就可以处理自己的焦虑、恐惧、抑郁、烦躁等负面情绪了，用自我觉醒的心去取得实际效果，只要用心体悟，都可以从中受到启发。

本心即天理，本心处于中正状态，与外界发生联系便产生了意。如果心发出的意符合本心就是诚意，诚意就是正心，心生的需求就符合天理；不符合本心就是私欲，要革除。

实际上，只要停止这些所谓的思考，一念静而万念歇，所有的思想问题都会迎刃而解，比治疗有效得多。实修当中的静坐、冥想、专注力提升等法门，其实都是在帮助我们清理思想中的垃圾，让不停歇的大脑踩踩刹车，歇一歇，保持内存空间足够大。我记得之前戒烟的时候，开始很痛苦，毕竟抽了十几年了，烟瘾上来流鼻涕、打呵欠、浑身无力，脑子里只有一个念头：点根烟吸。后来我就用了一念觉察的办法，一个"本我"看着被烟瘾折磨的"小我"：烟都戒不了，还能干啥呢！凭着这个办法，我彻底把烟戒掉了。接着我开始读书与锻炼，精神和体力都强健了起来。我们回头再看"我思故我在"，如果停在这个地界，思绪纷飞只会越思越乱，看到"我思故我在"的本我，就是道心，就是阳明先生讲的良知。

明白了这些，就知道了情绪的源头，接下来就是对症下药。讲一个实用的办法：把注意力放在自己的呼吸上，深呼吸，让全身心感受到吸气、呼气、停顿，呼气之后的瞬间停顿一两秒，万念放下，过不了多久，你就能顺利进入冥想状态。这样做的目的就是让大脑停止思考，内心洁净起来，心一清净，真正的智慧就来了。

三、身体力行致良知

阳明心学的三大核心命题是心即理、知行合一、致良知，其中致良知是根本目的，也是阳明心学的核心思想。他晚年在总结自己的学术思想时说道："吾平生讲学，只是'致良知'三个字。"并且写了一首诗作为心得："乾坤由我在，安由他求为？千圣皆过影，良知乃吾师。"

那么什么是"致良知"？它来源于孟子的一句话："人之所不学而能者，其良能也；所不虑而知者，其良知也。"为诠释心学，王阳明将"良知"一词引入到他的哲学体系，且赋予其更多含义。良知是阳明先生心学的重点，致良知是他学说成熟后大力倡导的实施路径。

致良知包括两个方面，一方面是向内求，光明自己的良知；另一方面是向外发散你的良知，这是心学入世而又灵动的一面。这里的良知是经过实践考验、时间验证的真知，而不是夸夸其谈、坐而论道的主观臆断，我们一定要警惕和小心，必须在事上练习。

事实上，阳明心学某种程度上是对禅宗的补充与完善，注入了积极入世和知行合一的因素。按照阳明先生的观点，每个人的人生都是苦乐自尝、悲喜自度，自己的路必须自己走完，正如吃饭、学习等，没有人可以替代你，最多为你指明方向，还需躬身入局亲身体验才行。

我们必须从小事做起，一点一滴积累良知，按它的指引全力以赴，知识是开悟的助缘，一旦悟道，知识用过即可放下，如此即可。

第二节 企业执行力

执行力是常讲常新的题目，任何时候都需要重视企业执行力。我国的执行力理论大多来自西方，且大部分与执行力相关的理论论述片面，缺乏新思维。鉴于我国国情有其特殊性，笔者在此结合实际情况讲讲执行力。

一、执行力的概念

执是执行、施行，行是实施，力是能力，放在一起就是执行力，即促进流程和标准实施的能力。流程是经过优化的做事顺序，讲的是先做什么后做什么；标准是做到什么程度。

执行力是从流程和标准开始的，没有流程和标准，执行力就很难评价。也有不少人会走入误区，把执行力等同于铁的纪律。因此灵活全面地认识执行力，十分必要。

二、影响执行力的五大因素

一个企业的执行力差，往往不是现象而是结果，是很多因素导致了执行力的不到位。企业要拥有强大的执行力，至少要从五个关键点上努力。

第一，人。人的素质、态度、状态、能力对执行力的影响很大，人的素质和能力提升不可能一蹴而就，所以从流程、标准、制度、规范、文化、利益等方面对人施加影响尤为重要。

第二，信心。通常执行力是为了达成一个目标，完成一个任务，解决一个问题。除了能力，信心往往决定了一个人或团队是否敢于接受任务、迎接挑战。以销量为例，影响信心的因素主要有手中的资源、产品竞争力、市场的难度、组织支持的力度等。

第三，动力。人的行为往往需要驱动因素，如责任感、荣誉、金钱、地位、信仰与认同感、归属感等，找到员工最想拥有的，然后把目标、任务与之联系起来，便能产生动力。

第四，方法。很多人非常努力也没成绩，通常是因为方法不对。方法是为达成目标而采用的手段和行为方式。科学的方法是实现目标的基础。

第五，检查。“员工不会做你要求的，只会做你检查的。”所谓的过程管理，就是关注过程，检查过程，通过检查和纠偏来达到预设的结果。

三、执行力不好的原因

执行力不好的原因是多方面的，以下七点是中国企业中最常见的，我们总结出来以作提醒。

一是制度不严谨。在制度建设上常见的误区是，制度往往不经充分的论证就仓促出台，而且朝令夕改，让员工执行时无所适从。在引进新的制度时有一个最笨的办法：先僵化，后优化，再固化。对于制度化建设，任正非早年对下属所说的一段话颇值得品味：“五年之内，不允许你们进行幼稚的创新，顾问们说什么、用什么方法，即便你们认为他不合理，也不允许动。五年之后，完全把人家的系统用好了，我可以授权你们进行局部改动。但要进行结构性改动，十年以后再说。”正是对制度的高度尊重和始终如一的贯彻，才创造了华为强大的执行力。一般来说，制度化建设往往是一个学习、模仿、超越的过程。

二是制度不合理。一些企业为了提高执行力，试图通过各种表格来约束员工的行为，或设置各种各样的奖罚制度，但往往事与愿违。企业每多出来一项奖罚制度，就会给执行者多套上一层枷锁，会增加员工的逆反心理。企业在设计制度的时候，一定要本着方便员工、帮助员工而不是约束员工的原则，这样的制度才会实用、有效，才会受到员工拥护、更具生命力。

三是执行烦琐。有研究显示，处理一个文件只需要 2 分钟，但耽搁在中间环节的时间可多达 4 天，一件简单的小事操作起来却如此烦琐，大大降低了工作效率。不要奢望客户能体谅你的制度，他们只关心从打电话到拿到结果需要多长时间，快捷与高效率是执行力最重视的指标。庞大的官僚体系是大企业“病”的根源，提高效率必须强化部门沟通，减少中间环节，进行科学分工，保持稳健推进。

四是缺乏合适的方法。以咨询公司为例，遇到业务咨询案，公司常见的分工模式为成立项目小组，进行工作分析，汇总分析结果。该模式没有把员工的能力凝成合力，而是分散了员工的实力，没有形成自己的工具模板，导致效率低下。遇到这类情况，一般先进行规划，找到总体方向，方向比距离和速度重要；同时在工作中注意总体积累，树立自己的作业工具模块。比如产业在基地招商，如果有标准的招商手册和文件规划，稍作修改完善即可，根本不用兴师动众，这就很好地提高了效率和质量。

五是培训中的浪费。培训有四大步骤：讲解、示范、演练、巩固。大多数企业只做了培训中讲解的部分，但没人示范、没人演练，更别说巩固了。还有就是即便是优质的培训，却没有人愿意在工作中实践，为什么？因为缺少动力。有一个笑话说，有头牛不出力耕地，怎么打都不往前走，赶牛的把一束青草挂在前面，不用打，牛就拼命往前走了。这可被称为利益刺激法。

六是工作状态不稳定。其一是不能坚持贯彻执行政策，造成虎头蛇尾，善始不善终；其二是有布置没检查，或者检查工作前紧后松、有始无终。所以企业要强化执行，必须变“给我冲”为“跟我冲”，领导者高度主动，以身作则，执行时必然事半功倍。

七是缺少监督考核。主要有两种表现：一是没人监督，二是监督的方法不对。通常表现为做了就万事大吉，做得好与坏无人理会；或者是职责不明确，无法考核。如企业管理真空或者管理重叠，导致有的考核成了“三不管”。美国的安然公司采用了一套绩效评估制度，按绩效将员工分为五个等级，根据评估等级决定员工的待遇。由于不少同层次员工在公司本就属于竞争对手，这种绩效评估演变成了拉帮结派，结果事与愿违：高管捏造问题，篡改评估记录，甚至借着考核赶走不顺眼的下属，活脱脱地成了闹剧。

第三节　执行力提升六大要点

一个高效能的团队一定是执行力很好的团队，要打造优秀团队一定要确保执行到位，提升执行力不仅需要团队有执行力，还需要个人有执行力。

一、目标一致，上下同欲

企业领导者为了达成目标，首要的工作就是做到企业目标和员工目标高度一致。《孙子兵法》里讲“上下同欲者胜”，简单地说，上下同欲就是目标一致，想法一致，需求一致，才能行动一致。团队领导必须让大家心往一处去，劲儿往一处使，为实现确定的目标不懈努力。

团队执行力强不强，很大程度上取决于有没有具备共同目标，能不能团结一心、保持一致。在工作中，上下同心同德一定无往不胜，上下离心离德必然一盘散沙，不攻自破。

美国戴尔公司把成功归功于员工，他们认为一家公司要取得成功，必须要在员工身上创造出一种投资感。这种投资感包括三大要素：责任、荣誉与有福同享。在戴尔公司，大部分员工都拥有公司的股权。戴尔认为，即使员工尚未拥有股权，也要把所有员工当成老板，员工的荣誉感一旦与公司的发展融为一体，就会产生神奇的效果。

上下同欲的核心，就是将企业的资源和员工的发展结合起来，企业的资源推动员工的发展，进而转化为更多资本，员工的努力推动企业持续不断升值；企业将员工视为合作伙伴，给予员工施展才华的舞台，员工则给企业的发展注入活力,形成良好的循环。这个良性循环既是企业资产不断升值的过程，也是员工个人不断发展的过程。

二、流程管理，提高效率

企业要增强执行力，关键在于优化运营流程。那什么是企业流程呢？简单地说，流程就是企业创造价值交付给客户结果的过程。美国管理学家迈克尔·哈默认为，流程是一个由组织团体共同创造的、对顾客有价值的结果，包括以下六个方面。

流程设计必须清楚而具体。不能盲目靠运气去执行，而是在理性地分析判断之后的具体操作。

流程是系列活动，不是单一活动。价值的创造得益于所有相关活动的有效结合，其中任何一个单一活动都无法获得想要的结果。

流程中所有的活动是相关且有组织的，有一定的内在逻辑与操作顺序，不可随意而为。

流程是创造顾客价值的手段。企业可以有效结合活动凝聚共识，创造顾客价值。

优化流程的目的是为了实现共同目标，执行不同流程的团体或个人必须携手同心，聚焦在共同目标上，而不是只专注在个人业务上。

流程要以目标为导向，以顾客满意为目的，要考虑全局的具体操作过程。

当然，提高效率也需要打造高效的执行文化，制定科学的企业制度，构建和谐的团队关系，综合分析，不断完善，才能更好地提高团队执行力。

三、激发动力，团队支持

团队执行力就是确保上下一致的能力，是把企业目标转化为全体人员行动的能力，是确保每一个团队成员都朝公司希望的方向努力的行动力。

这个过程就是把企业目标转化为具体的任务，把任务转化为每个人的职责，把每个人的职责转化为具体行为，再把具体行为一步步转化为想要的结果。

提高执行力，首先要让员工明白自己是为自己而干，是为实现自己的目标而干，把“要我干”转变为“我要干”，员工自己想要干是非常重要的前提。

其次要让员工会干，能够干好。进行必要的培训学习和建立相应的辅导体系，是提升员工综合素质的必由之路。持续提升员工操作技能，将技能熟练应用到工作中去，再在工作中进一步强化学习，深化对技能的理解，创新工作方法，做到学习和工作相互促进，不断循环提升。

再次要构建和谐的工作秩序，设计任务结构和权力关系、工作职责，协调不同人和不同部门的责任与权力，明确要执行的任务，将这些任务分派给相关责任人，赋予这些人员相应权力，使该岗位的人能够独立执行或安排他人执行。

科学清晰的组织架构可以引导大家同心协力，明确团队成员的权责和利益，让团队朝着有效实现团队目标的方向而努力。

四、先干起来，边做边改

逻辑思维创始人罗振宇曾分享过他们团队做事的方法：一件事到底靠不靠谱，只在家里想是没有用的，他们的风格是不管三七二十一，先干起来再说，在干的过程中逐步优化。

在推广《薛兆丰经济学讲义》时，公司商议发布会地点，一个名叫潘达的员工半开玩笑地说："我觉得接地气点，选择菜市场吧？"

于是谁提的建议谁干，潘达接到了一个任务——一个月内找到合适的菜市场，举办"菜市场遇见经济学"艺术展。

尽管潘达没有过多准备，但马上着手去了解菜市场状况，最后的结果出人意料，她谈下了世界范围内颇负盛名的北京三源里菜市场，并请到 8 位艺术家到现场做展。不仅如此，她还说服摊主们进行 Cosplay，一个卖牛肉的大姐扮演亚当 · 斯密，卖蔬菜的大叔扮演大卫 · 李嘉图。在这个过程中，潘达遇到很多挫折，但回头来看，这件事的成功要归功于潘达的工作习惯，先行动，边行动边瞄准。

一件事看起来很难，只要迈出第一步，你的信心、灵感、解决方案一定会随之而来。路阻且远，行则将至。再复杂再艰巨的任务，完成的最好办法都是先干起来再说 。

五、敢于挑战，创造可能

阿里的员工都知道传奇销售贺学友的故事。在一次阿里颁奖会上，获得佳绩的贺学友夸下海口："我贺学友一定要做全国销售冠军，如果做不到，我对不起所有关心我的人。" 在此情况下，公司给他制定了年度销售目标——全面第一。总之，这个目标几乎不可能实现。

但贺学友毕竟是阿里的明星销售，他坚定地向公司保证：如果完不成任务，就脱光衣服跳西湖。《阿里铁军》里这样描述他的工作状态："在那一年里，他家的工作台前、床前、厕所里，全部都是年度销售目标和细分的月度目标，而目标倒计时时间表一直挂在墙上。"

为达成目标，贺学友参加各种激励培训，保持兴奋状态，他还买了一个小录音机，每天早上的第一件事就是听激励课程录音。功夫不负有心人，当年 8 月份，贺学友已经提前完成了年度任务，到年底时完成了年度任务的两倍。

任何事情，不挑战是不知道结果的，就像坚持跑步，如果哪天不想跑了怎么办？答案是：今天不想跑，所以才去跑。这才是长距离跑步者的思维方式。最顶级的执行力，就是越困难的事情，越要挑战到底。

六、不达目的，誓不罢休

曾经听到一个美国退伍军人的故事。这个军人在战场上负伤了，加上年龄增大，不得不退伍，因为常年服役，又缺乏专业能力，找工作成了他的难题。

一次他到一家木材公司求职，层层过关，最后见到了集团公司副总裁，他非常坚定地说："副总裁，我作为一名退伍军人，会完成您给我的任何任务，请给我一个机会。" 于是副总裁决定考验他，对他说："麻烦你帮我找到卡片上的地址，买一个蓝色的花瓶。""保证完成任务！" 退伍军人当场应下。

到了目的地，退伍军人发现那里根本没有商店，更别说蓝色花瓶了。他第一时间给副总裁打电话，电话却打不通。他手拿地图，以扫街的方式，在距离卡片上的地址五条街的位置，终于找到了一家卖花瓶的店。可是店面已经关门了，他结合地图和店面，找到了商店经理的电话号码，拨打后讲述了他生活的难处和战场上的过往，商店经理大为感动，驱车为他拿来了花瓶。

什么是执行力？不达目的誓不罢休就是执行力。这个世界上从来不缺有才华、有能力的聪明人，真正缺少的是踏实、能干的人，而不达目的誓不罢休者更是少之又少。与此同时，还应做到持续地坚持，具备了这两点，执行力才有落脚之处。

案例十

宁高宁，务实的理想主义者

摩根时代最早出现在19世纪末20世纪初的美国。当时美国产业分散，重复建设，恶性竞争，市场秩序混乱。金融巨头摩根把所有的钢铁厂组建为一个全国钢铁公司，开启了大规模的产业升级换代。

宁高宁因在华润一系列令人眼花缭乱的资本运作和并购手段，被人称作“中国摩根”，也因此入选央视“2001年中国经济界十大经济风云人物”。柳传志在颁奖词中说：“他用资本的力量换取了巨大的市场空间，加速了产业整合的步伐。眼观全球，他是用金融资本整合产业资本的探索者。”

正是这样一位在企业家中多少带点光环和锋芒的人物，承担了4家国企改革的历史重任，并交出了一份中国商业史上的最霸气答卷——四家世界五百强企业。

知青、MBA和掌舵者

宁高宁是山东大学经济系1979级大学生。成为一名作家，是21岁的宁高宁最初的梦想。

在我国，无论是商界、政界还是学界，1977、1978、1979级大学生都是一个极其特殊的群体，他们大多经历过“上山下乡”，普遍具有底层生活经历。1977年恢复高考后，他们夜以继日地读书学习，也亲眼见证了社会翻天覆地的转变。

出生于山东滨州的宁高宁也不例外。17岁刚读完高中，宁高宁就响应号召，来到滨州博兴县当知青。阴差阳错地，上了大学后的他却爱上了读《资本论》，将4本书完整读了3遍，并称其文学性可以跟其思想性及方法论相媲美。

宁高宁犹记得，1975年刚到知青点，他跟同去的伙伴在村里栽了60棵树，表示要在农村安稳扎根60年。然而过了不到两年，也就是1976年底，政策松绑，宁高宁意识到人生还有其他选择，于是毅然报名参军。

军队养成了宁高宁的性格，其中最重要的是纪律和服从。因为错拿了老百姓的床单，连长命令宁高宁立即归还，100千米的路，他走了一天一夜。

1978年，部队通知可以考大学了，宁高宁一举考中。1983年，宁高宁大学毕业，获经济学学士学位。同年，他通过了全国研究生公派选拔考试，赴美国主修财务，到匹兹堡大学攻读工商管理学硕士（MBA）。

在美国，每5个硕士中就有一个攻读MBA。那时，30岁左右、具有MBA学位的人主导了大半个美国的经济，工商管理专业的高才生为西方世界的繁荣做出了巨大贡献。但当时国人观念还不开放，受早年间严厉打击"投机倒把"的影响，做生意还有点让人瞧不起。宁高宁不打算做生意，就经常跑到经济系旁听，与国内的政治经济学不同，美国的经济学都是数学。

不过这也意外成就了宁高宁，在学历构成上他既懂宏观又懂微观，不仅能为公司制定战略，也能从细微处抓执行，这样的领导让人不得不服。

1986年毕业后，他去香港帮朋友收购一家银行，银行没有收购成，他人却留在了香港，机缘巧合加入了华润，这一待就是18年。

华润1948年在香港成立之初是为党提供经费的，最早叫"德润"，取"朱德润之"之意，后改名华润。华润寄托了中央厚望，同时也是一家政策垄断性公司，负责中国外贸出口的任务。

那时的宁高宁对华润是看不上眼的："（华润）说白了就是个二道贩子，以前华润有什么，有的是章子，只需要坐在那里，等着盖章收钱，一个章盖下去，2%的提成，不用管产品质量也不用管货物储运，非常轻松啊。"30多年后，宁高宁回望过去，才意识到"在改革开放之初，中国最好的企业是外贸企业"。

在市场经济活跃的香港，宁高宁本人的命运跟华润这家从盖章就能坐地收钱到被迫推上市场找饭吃的外贸企业紧紧绑在了一起。

并购狂人，“中国摩根”

华润史上最辉煌的时期是20世纪70年代末80年代初，那时候全中国进出口总额仅为500亿美元，仅华润就占了100亿美元。

1989年后，不少对政治敏感的人感觉华润可能会动荡不安，原来跟宁高宁一批引入的海归纷纷走掉了。一开始没瞧上华润的宁高宁却选择留了下来。对中国发展前景的信心、对资本市场的浓厚兴趣，最终将宁高宁和华润拧到了一起。

据宁高宁当时的同事、现北大教授黄铁鹰回忆，那时华润集团企划部人很少，30岁的宁高宁说话急促并带有山东腔，几乎是这个部门唯一的兵。在外界看来，从华润开始，宁高宁就开启了一帆风顺的职业生涯。其中最为人津津乐道的是，1990年宁高宁出任永利达董事兼总经理后，不仅出色地收拾了华润收购的这个烂摊子，还通过一系列资本运作，使企业净赚了4亿多港元。

经此一役，宁高宁在华润集团内一战成名，自此平步青云。

自1999年主掌香港华润，宁高宁的最重要使命就是带领华润这样一家原来“买空卖空”的中间商顺利软着陆，转向实体经济发展。基于此，他长期坚持做两件事：华润内部的重组与变革，华润在内地市场的有效并购与扩张。

当年华润仅香港市场的营业额就有500亿，利润40亿。宁高宁提出了一个大胆的战略构想：再造华润，即用三到五年时间在内地打造一个新华润，这意味着华润集团的营业额和利润必须翻一番。一时之间，舆论哗然。

以并购快速完成垂直整合，在短期内形成规模，是宁高宁的主要思路。他的目标是只要是涉足的行业，华润必须进入前三名。毕竟只有成为行业领导者，才能对商品市场有控制力、对资本市场有号召力。由此，华润逐渐将所涉及的行业集中到10个以内。

从2000年开始，到2004年离任，短短4年间，宁高宁在中国内地市场掀起了一波并购潮，娴熟的资本运作让华润这艘大船很快涉足地产、零售、啤酒、电力、纺织、建材、制药等多个领域。

国企改革的“全科医生”

空降到中粮的宁高宁并没有像大家想象中那样新官上任三把火，马上来一场大刀阔斧的改革。

相反，他选择了沉默。对外，他婉言谢绝了媒体的一切采访；对内，他对中粮原来的战略和现有业务不予置评。

两年间，宁高宁老老实实待在中粮，调查、调查、再调查。他想找到病根，对症下药。

在他的观察中，2004 年的中粮表面看起来光鲜，实际上存在着很多“疾病”，比如具体到业务单元的战略定位不清晰；人才队伍建设不完善；业务单元多而杂，没有实现有效整合；资本杠杆的作用不明显；历史遗留问题较多，不利于中粮继续发展。

如何在不否认前任的基础上，对企业进行彻底改造，做出新的业绩，成为摆在宁高宁面前的难题。当华润把“有条件的扩张”作为转型的一种模式的时候，中粮还没有比较成熟的战略和使命；当华润内部已经把培训建构成一种价值和成长体系的时候，中粮的培训模式还在摸索阶段。

作为领导者，宁高宁清楚地知道国企的特殊性。一方面，国企管理的资产属于国家，要背负特殊的政治任务；同时它还是一家现代化企业，要创造利润，对股东负责。

他来到中粮后，时而像内敛低调的传教士，时而像激情饱满的推销员，一次次与经理人团队进行不分昼夜的对话，耐心地、潜移默化地培植市场理念。对一个转型中的企业而言，思想的充分沟通和信息的及时传递比什么都重要。

在沟通方面，宁高宁有天然优势，“我在华润十几年，从下面升上来，我吃几碗饭他们都知道。没当过官，年纪也不大，别人对我没有恐惧感。”一位中粮经理也表示：“我和董事长之间没有秘密，有想的不一样的地方，我会直接告诉他我的想法。”

2006 年 10 月，借更换企业新标的时机，宁高宁提出中粮的新愿景：“用 5 年时间让中粮成为中国粮油食品业最强大的企业，10 年成为全球最富有进取精神、最优秀、最令人尊敬的企业之一，并形成坦诚、直接、实事求是、包容、比较随意、比较幽默的企业文化。”

在宁高宁的五步组合论中，选经理人、组建团队、制定发展战略后，就要开始培植市场竞争力、创造价值了。也正是从 2006 年开始，沉寂已久的宁高宁突然发威，在资本市场进行了一系列令人眼花缭乱的运作，重组中土畜、合并中谷、入主新疆屯河这一件件标志性事件，再一次证明了他的深谋远虑、谋定启动。

2008年底的一个下午，宁高宁独自坐在家中复盘。这一年，中粮业绩达到有史以来的最高水平，资产与营业收入同年破千亿元，他在深思中隐隐感觉到企业发展或将面临瓶颈。

“虽然每个板块各自发展得也很好，但照目前的模式下去，中粮永远也无法成为一个堪称伟大的企业。”

对于央企中粮而言，首先要保证国家的粮食安全，要够吃；其次要保证食品安全，要吃好。由此，中粮在海外收购或新建了许多分公司，建立起全球产业链。此外，中粮还建立起一条从田间到餐桌的产业链，从源头把控食品安全。对于中粮而言，要想取得利润上的突破，就要将高端的利润区在产业价值链中加以强化发展。

“我们进入的行业是全面开放的行业，是竞争激烈的行业。所以要么第一第二，要么卖了。这个思路，就是竞争的思路。”

于是，在2006年下半年，中粮进行了第一次品牌定位，在“自然之源，重塑你我”的品牌信仰背景下，将企业品牌定位为“人与自然和谐关系的促进者”，以“营养”作为整体的品牌诉求。

根据统计，中粮在近11年间发起了50起并购，这让中粮成为中国食品行业具备压倒性优势的巨无霸，也实现了品牌产品与服务组合多样化。旗下拥有长城葡萄酒、五谷道场方便面、福临门食用油、香雪面粉、大悦城、悦活果汁、亚龙湾度假区等50多个品牌产品和服务组合。

宁高宁一时间被外界誉为“并购狂人”。但宁高宁认为，中粮的并购看上去是做加法，实际是做减法，并购不是横向发展，而是纵向深入，其目的是加强相关板块的协同性，他希望用全产业链这根链条把中粮的板块都串起来。

宁高宁接手中粮时，中粮的资产为近600亿元，截至2016年，其资产已超过719亿美元（约合4654.23亿元人民币），翻了将近8倍。

然而，跟在华润时期一样，2016年1月，正在中粮布局谋篇的宁高宁再次接到调令，在58岁这年整装上阵，开赴中国中化集团有限公司（下称“中化集团”）出任董事长。

宁高宁作诗《如果》告别中粮，其中有两句是这么写的：“如果能再选择一回，还要来中粮。”“如果有遗憾的事，中粮的画圈还没有绘完。”

救火队长

如果说，宁高宁在中粮是作为“全科医生”医治慢性病的话，到了中化集团就是作为消防队员紧急救火了。

2015年，中化集团营收达到606.55亿美元，却净亏5510万美元，这也是自2008年后的首次亏损。中化集团是经营化肥、种子、农药三大农业投入品类规模最大的央企，草甘膦作为专业除草剂中的第一大品种，曾经风光一时。

除了农药，中化集团旗下的能源、化工等业务都面临着行业利润下滑等现实问题，营收增速明显放缓。此外，中化集团旗下子公司众多，尤其是集团海外收购资产众多，缺乏有效整合，难以形成真正的优势。此时到任的宁高宁面临着集团改革重组这个棘手的问题，更面临着全球经济持续低迷的行业困境，不能不说是迷雾重重、困难重重。

当然，中化集团面临的不少问题尤其是关键问题，跟宁高宁接手前的中粮相似：涉及业务广泛，庞杂但缺乏核心竞争力。而中化集团的情况比中粮复杂得多——把石油、种子、地产、金融等毫不相干的业务放在了一个篮子里。

产业重组、并购，打造全产业链，这套方法宁高宁在华润和中粮已应用得非常成熟，但他依然没有急于行动。

2016年5月，宁高宁在中化集团主持召开了首次正式战略研讨会。与以往不同的是，与会人员不论职务高低，均模糊身份，平等交流，民主讨论，不预设观点，通过充分讨论达成共识。

两年后，2018年春天，在北京国贸附近的一家咖啡馆，60岁的宁高宁在iPad上写出了刷屏的万字长文《科学至上》。

在文中，宁高宁写道：“我们常常羡慕百年老店，而百年老店的核心并不是时间的‘老’，而是与时俱进、持续进步。百年老店之所以存在，是因为它能很好地适应环境的变化，不断进化和蜕变。”

宁高宁将“科学至上”归功于大家一起讨论的结果。据他研究，中化集团做过的可持续、回报率高、贡献大的业务，都离不开产品的科技创新。

从这一年开始，“科学至上”成为中化集团的价值观。比如中化集团成立先正达集团，在植物保护的规模和研发创新方面都是全球第一。同时它还是全球第三大种子公司，在花卉、蔬菜、水果的种子研发生产上有很强的竞争力。

再比如，中化集团过去一直是向农民销售种子、农药、化肥等农资产品，现在则成立 MAP 中心，给农民提供教育培训。从测土开始，其服务涵盖天气预报、选种、选作物营养产品、选植保产品、找销售渠道等，帮农民每亩增收达到 300 ~ 350 元。

地产也是科学。宁高宁来到中化集团后，将旗下金茂打造为科技地产的形象。

不同于中粮时期注重粮食和食品的专业化，中化时期宁高宁并购时更加注重企业的产业位置和技术先进性，以实现“1+1 > 2”的效果。在我国，中化集团还有一个“孪生兄弟”——中国化工集团有限公司（以下简称“中国化工”）。事实上，这两家世界五百强公司不仅名字相似，很多业务也同质化严重。

2018 年 6 月，中化集团董事长宁高宁开始兼任中国化工董事长和党委书记，“两化”重组势在必行。经过 3 年的酝酿，2021 年 5 月 8 日，合并重组后的中国中化宣布成立。宁高宁在成立大会上表示，要整合两家公司的优势，打造全球一流的、综合性技术领先的化工企业集团。

两个公司产业上的互补性和协同性非常强。在产业链上，“两化”可实现石油贸易、仓储物流、炼化一体化、石化深加工、油品和石化产品销售的全产业链协同，形成了以高技术精深加工和纵向一体化为主要特色的石油化工产业，并与材料科学产业深度链接。自此，中国中化成为唯一一家以化工为主业的中央企业，以保障国家产业链、供应链的安全稳定。

在 2018 年中化经理人年会上，宁高宁首次提出将“科学至上，知行合一”作为战略目标。他说：“在追求利润和追求创新上，要把追求创新放在第一位。应该有突破性的技术进步、工艺进步和领先的产业技术，这对国家、对公司的未来发展都是最重要的。”

宁高宁再一次完成了一项看起来不可能完成的任务，一家营收超万亿元的新巨无霸顺利诞生。

务实的理想主义者

宁高宁退休时，同为央企董事长的何剑波感慨："老将谢幕，国企的一个时代翻篇。"

"所谓企业家，就是在有限的时间之内用有限的资源把企业的困难解决掉。一代人干一代人的事。"宁高宁说。

他是缜密的战略设计者。无论是在华润、中粮，还是在中国中化，宁高宁都根据企业的成长方式和面临的环境制定了明确的战略。

至于执行，他提出的"6S管理工具""五步组合论""战略十步法"等实践性强的管理工具和方法已成为华润、中粮、中化等央企的管理共识。

他有高超的领导力，却把姿态放得特别低，从不把自己当领导。他不想发号施令，而是俯下身子与员工平等交流、讨论，集思广益，激发所有人的热情，让大家从思想上步调一致。

"你要先拥有最好的团队、最好的体制、最好的管理方法、最好的企业文化，再来说其他做事情的方法。"宁高宁也很擅长攻心术，像稻盛和夫刚到日航一样，谈话、开会、学习，极大地调动了员工的积极性。

中粮一直保留着宁高宁培训时跪在白板前手写培训内容的照片，鉴于此，中粮强调经理人要学习学习再学习、专业专业再专业。宁高宁被视为央企典型职业经理精神的一个最佳符号。

"只要走对，不怕路远。"他对自己，也对一起并肩作战的员工如是说。《经理人》杂志也评价他："坦率真诚、疾风暴雨、务实的理想主义。"

"梦想和痴醉是可以改变这个世界的。"宁高宁曾说。

（资料来源：《商界》，作者：商隐社）

第十一章

《了凡四训》的有与无：自觉能力修炼

务要日日知非，日日改过；一日不知非，即一日安于自是；一日无过可改，即一日无步可进。天下聪明俊秀不少，所以德不加修，业不加广者，只为因循二字，耽阁一生。

——袁黄《了凡四训》

第一节　古代劝善之书

“若想在尸骨未朽之时尚不被人忘记，要么写点值得一做的东西，要么做一些值得一写的事情。”这句话出自本杰明·富兰克林。在读他的自传时，我们知道他不仅写了值得做的东西，也做了很多值得写的事情。

一百美元上的头像就是本杰明·富兰克林的，由此可见他在美国人民心目中的地位。除了作家的身份外，他还是出色的政治家、科学家、哲学家、外交家、慈善家、发明家。为了让自己足够优秀，富兰克林努力养成十三种美德。其中，他把“自制”放在第一位，当别人去吃饭喝酒时，他就一个人吃点东西。在他看来，“节制能使人头脑清净、思想清楚”，这是一种高度自觉的自律，优秀人士往往都具备这一品质。有人说，你的身材和容颜里藏着你的自律。身材是物欲的节制，容颜是精神的管理。

美国的开国总统华盛顿曾经说过：“在我的一生中，能让我佩服的人只有三位，第一位是富兰克林，第二位也是富兰克林，第三位还是富兰克林。”富兰克林用他超强的自觉能力获得了生前事功、身后美名。

而我国古代著名的劝善之书《了凡四训》是作者以其亲身经历教诫其子，认识命运的真相，明辨善恶的标准，改过迁善的一本书，作者是明代人袁黄，号了凡。此书作于了凡先生69岁时，他以自己的亲身经历讲述了自觉能力修炼的重要性和必要性。

一、积善谦德，自我觉悟

《了凡四训》分为立命之学、改运之法、积善之方和谦德之效四个部分，这是我国一部融合儒释道智慧、经过本人践行验证的理论、方法、案例具足的自传体家训，四部分（四大篇）的题目可谓中国传统文化的灵魂。

立命之学是理论篇。“定数之谓命，变数之谓运”“命由天定，运由我改”是其总论，好学知命、立志改运是其总要义。

改运之法是方法论一。修己与内觉是改运修福的根本，事上、理上、心上是改过的三个层次，耻心、畏心、勇心是改过的三个心法。

积善之方是方法论二。“利他”为善恶的总标准，“十方行善”是积善修福的形式示范，并加之以丰富的真人真事予以佐证。

谦德之效是方法论三。如果改过与积善有了一定功夫，往往最易傲慢，谦虚与卑下正好可以治疗这一症状，以达久恒其德与趋吉避凶之效果。

《了凡四训》是中国传统文化敬学、立志、改过、迁善、谦德的精义大成，是中华儿女关于人生总理论、人生方法论与人生教育的经典，也是领导力自我觉悟与管理的经典。

清代曾国藩对《了凡四训》非常推崇，读了之后把自己的号改为“涤生”。借用了凡先生所说：“从前种种，譬如昨日死；从后种种，譬如今日生。”后来在家训中将其列为后辈子侄必读的第一本人生智慧之书。

二、了凡的知命与改命

如果我们对袁黄先生的一生进行总结，那就是从宿命论——命运被规定的状态，到走向觉悟者——自己把握命运的状态。

明朝万历年间，袁黄出生于浙江嘉善，早年父亲去世，母亲希望他学医挣钱。17 岁那年，他认识了一位精通命理的孔先生，这位孔先生是邵子神术传人，他欣赏袁黄的彬彬有礼，就对他的过去进行了测算，结果分毫不差，又测算他的未来，说他是仕途中人，现在改行读书，来年可中秀才。

第二年袁黄参加考试，果然如预测一样中了秀才，连名次都跟孔先生算的一模一样，“县试排名是十四名，在府试排名是七十一名”，孔先生又明确告诉他哪一年可以当贡生，且“在 53 岁那年八月初十丑时，他将寿终正寝，终身没有子嗣”。

短命无子的命数袁黄很不喜欢，也拒绝相信，但还是把这个命数一一记了下来。此后每次考试，结果都与孔先生预测的一点不差。更让人惊讶的是，孔先生算他在补禀生后领到 91 石 5 斗奉米时，他就会从秀才被提拔为贡生，提拔之时也果然不差。

在铁的事实面前，袁黄彻底相信了命数，他错误地认为，一个人的吉凶祸福、富贵贫贱，都是上天安排好的，命里没有的怎么努力都得不到，命里有的不用努力自然就有。

袁黄从此彻底绝望，生无可恋。静默静坐，也不读书了，觉得努力没有用，干脆彻底放飞，直到遇见南京栖霞寺的云谷禅师。

据袁黄自己记载，他“先访云谷禅师于栖霞山中。对坐一室，凡三昼夜不瞑目”。好奇的禅师问他：“凡夫不能成为圣人，是因为心中多杂念，你三日没有妄念，是什么原因？”于是袁黄把自己命运被孔先生一一算定、屡次不差的情况一一道来，并说明心念不动是因为命数已确定，心里没什么可想的了。

得知情况，禅师问袁黄：“你自己想一下，你应该得到功名和儿子吗？”袁黄想了很久，回答说：“我不应该得到功名，因为有功名的人都能勤奋学习和努力工作，而我总是不耐烦，心眼小、不容人、喜欢夸夸其谈，这都是福薄的表现，怎么能得到功名呢？”对于自己没有儿子的原因，袁黄也进行了反思，认为自己有洁癖，容易发怒，多言耗神，喜欢熬夜常坐，不知道爱惜身体。

云谷禅师告诉他，既然知道了原因，从现在开始务必改正过来，多做有益于社会的事，就能突破和掌握自己的命运。禅师拿出一本“功过格”，让他每天晚上将存心行事的对错进行彻底地反省，按格记下，逐步完善。

袁黄相信了禅师的话，决定突破凡人的命运，并且做了很多有利于百姓的事。一年后，袁黄到礼部参加考试，得了第一名，突破了孔先生预测的第三名。在接下来的乡试中，他竟然中了举人，孔先生没有算到他能中举。于是袁黄更加相信了禅师的话，认为命运是可以改变的，于是不断努力向善。几年后，袁夫人产下一子，取名天启。又过了几年，袁黄竟然中了进士，有了功名，成为宝坻县令。他日日自省，为官清廉，兴修水利，造福百姓，得到百姓的大力拥护。1588 年，53 岁的袁黄无病无灾，度过了孔先生算的命终之年；1592 年，被提为兵部主事，后被追授为“尚宝司少卿”从五品。69 岁那年，他把自己抗争宿命的经历记录下来，训诫后人，后来广为流传，被称为《了凡四训》。直至 74 岁，袁黄在家中安详辞世。

《了凡四训》这本书，引导我们对人生终极意义的思考，袁黄的人生体验启发我们思考领导力的终极意义，绝不是控制人、约束人，应该是带动人、唤醒人，引导人自觉把握自己、成全自己、实现自身价值；唤醒人的最大善意，从修养自身开始，从利益他人开始；为自己负责，为社会造福，自动自发，自觉自悟，从而让自己的人生更趋圆满。

《了凡四训》里提出了十条改变命运的方法，这十条建议简单明了，容易操作，是我们提高德行和修养的最好参照，直到今天还有着非常强的现实意义。

第一，与人为善。这包括做事的出发点和实际效果。我们尊重别人，爱护别人，帮助别人，这是好心与做好事的结合，是真正意义上的与人为善，与人为善其实也是与己为善，善待世间众人，也是更好地善待自己。

第二，爱敬存心。恭敬心应时刻保持，千万不能自以为优越而看不起别人，一视同仁、平等待人是修养也是美德，一个人有了对别人的恭敬心，才容易得到别人的认可和帮助。如孟子所言：“敬人者，人恒敬之；爱人者，人恒爱之。”西汉张良正是因为待人谦恭，才能让黄石公以《素书》相授。

第三，成人之美。孔子说：“君子成人之美，不成人之恶。”就是让我们成全别人，对人有益，在成人之美中完善自我，而绝不可以在别人放火的时候递桶油。佛家所谓的“随善”就是在别人做好事的时候，我们尽可能去成全、支持，让善念善举得以发扬，同时拒绝、远离那些做坏事的人。

第四，劝人为善。用今天的话说，就是传递正能量，传播圣人先贤智慧。在信息时代，每个人都是自媒体，都能影响更多的人，不可不谨慎自己的言行。所以，必须以好的影响感召大家，带动大家做利益众生的事。

第五，救人危机。世界上有锦上添花，也有雪中送炭，前者多后者少，所以后者才更为珍贵。力所能及地帮人于危难之时，也是存心为善，给人希望和支持，这也是修行之人的本分。

第六，兴建大利。这里是指修路架桥、捐资助学等造福大众的公共事业。

即使在物质程度相对发达的今天，还有不少贫困地区需要各种工程建设的支持与援助。

第七，舍财做福。当今的很多企业家都注重慈善，比如邵逸夫先生、李嘉诚先生、曹德旺先生等，他们用自己的力量推动社会公益事业，哪怕是拥有一颗善良的心，即是培福。

第八，护持正法。什么是正法？我认为凡是引导人积极向上、开明上进、利益大众的方向都是正法，凡是引导人走向自私、狭隘，贪婪、虚荣、攀比、嫉妒的方向都不是正法。

第九，敬重尊长。对于每一位帮助我们成长的人，我们都应永远保持敬重和尊重。有些看起来平凡的人，往往有不一般的境界，我们绝不可以势利待人。

第十，爱惜物命。任何一种事物和生命，成之不易、生之不易，我们要珍爱自然界的一切生命，哪怕是一棵树、一株草、一片海、一座山，惜命惜福，实现人与自然的高度和谐。

以上十法，从道理上、心地上和具体操作方式上，明确了如何改变命运，为我们学会自觉自律提供了针对性的指导。

第二节　命自我立

很多人认为，生死有命，富贵在天。但《了凡四训》认为，通过自身的不断积德努力，人能经营好自己的人生。书中总结了改变命运的十二句话：

1. 但行好事，莫问前程

“一切福田，不离方寸；从心而觅，感无不通。求在我，不独得道德仁义，亦得功名富贵。内外双得，是求有益于得也。”这句话告诉我们，反求诸身，不但能得到仁义道德，也能得到富贵荣华，这才是孟子所说的“是求有益于得也”。只要有了道德，富贵便会不请自来，这句话悟透了，那人生就只剩一件事了，只要好好做善事，那么前程也是美好的。

2. 改变之始，反省自己

云谷曰：“汝自揣应得科第否？应生子否？”余追省良久，曰：“不应也。”这句话的意思是，禅师让袁黄自己预测能不能中科举、能不能生孩子，袁黄想了很久，说不应该。为什么呢？正如上文谈到富贵要从心里找，反省自己是改变的第一步，认识不到自身的错误，更谈不上改变命运。所以，反省对于每一个人来说，都是一大必修课程。

3. 心胸即是财富

“世间享千金之产者，定是千金人物；享百金之产者，定是百金人物。”这句话说的是上天根据每个人的情况不同，给予了一定的定数，当然定中有变才是自然之道。如传说中的财神爷范蠡，退隐后做三次生意，都达到了富可敌国的程度，又三次散尽家财，三聚三散成为历史美谈。拥有财富的时候，范蠡没有骄傲；财富散尽的时候，也没有丝毫沮丧，可以说已经达到了不以物喜、不以己悲的境界。我们经常讲，宰相肚里能撑船，宰相是富贵至极的人物，只有足够大的心量，才能盛下这大富大贵。

4. 内敛是一种德行

“勿以己之长而盖人，勿以己之善而形人，勿以己之多能而困人。”收敛才智，若无若虚，见人过失且涵容而掩覆之。这句话告诉我们，千万不能用自己的长处去掩盖别人，不能以自己的善行去衬托别人的不足，也不能以自己的才华去干扰别人。要收敛起自己的才华与智慧，虚怀若谷，宽以待人，别人有了过错失误，要包容理解。

从某种程度上看，内敛也是一种修行。内敛是美德，而炫耀是败德，内敛的人往往受人尊敬，让人觉得有涵养；炫耀很容易引起别人的嫉妒与不满，容易与人结怨，为人所忌。中国传统文化里有谦卑内敛的美德，没有自夸炫耀的毛病，如果看到别人有过失和错误，给人改正的机会，成全别人，这也是极有功德的事。

5. 从心改过大丈夫

“何谓从心而改？过有千端，唯心所造，吾心不动，过安从生？”什么叫从心改过呢？过错虽然多种多样，但归纳起来，基本上都是由心念造作而成，如果我们的内心温和平静，过错又怎么会产生呢？

过错千差万别，不同的人所犯的过错不同，不同时期一个人犯的过错也不同，但大部分都是从起心动念开始的，如果心念不动，邪念就不会滋生蔓延，过错也就不会产生了，不怕念起就怕觉迟。对治的办法，就是及时改过，能做到这样的人，可称得上中正果决的大丈夫。

6. 把谣言当磨砺

“闻谤而怒，虽巧心力辩，如春蚕作茧，自取缠绵。”如果听到别人造谣诽谤，我们就大发雷霆、苦苦争辩，就会像吐丝的春蚕一样，把自己束缚得不能动弹。对于一个反思自己的人来说，外界的诽谤与谣言即便很多，也应不为所动，心法就是把自己从那个受诽谤的角色里抽离出来，使这些变成修炼自己的磨刀石和登天梯，这样不但不会生气，反而会心生感恩。因为正是这些流言蜚语，为我们提供磨炼心性的机会，怎么会生气呢？生气是拿别人的错误惩罚自己，中国有无数的智慧经典，从来没有一本书教人怎么批评别人，更没有指责抱怨和怨天尤人的学问。遇到不好的事情求助于自身，这是中国传统文化的教育，是不少古圣先贤行之有效的正确做法。

7. 要有勇猛心

“须发勇心。人不改过，多是因循退缩；吾须奋然振作，不用迟疑，不烦等待。”一定要有勇猛精进的果决之心，人们不肯、不愿或不能及时改正错误，往往是因循守旧、畏缩不前，我们必须要振作起来，在改错的问题上一点也不能迟疑和等待，而是应立即行动，越快越好。

历史上很多了不起的人，他们原本也是普通人，但因为有着一颗无法撼动的勇猛心，敢于坚持向善，最终卓尔不群。袁黄先生正是看到了这一点，力劝后人，必须激发顶天立地的勇猛心，此为改过动力。

8. 知耻才能从容

孟子曰：“耻之于人大矣。以其得之则圣贤，失之则禽兽耳。此改过之要机也。”这句话讲得非常透彻：知道耻辱对一个人来说太重要了，因为保持着一份耻辱心，就可以称得上是圣贤之人了；但凡丧失了耻辱心，那人与禽兽就没什么区别了。这确实是改正错误的关键呀！

袁黄先生用孟子的话作了阐述，耻辱心对于人来说太重要了，上可报国家以精忠，下可育子女之上进，中可待亲友以真诚，是决定一个人格局、境界、追求的核心要素。知耻近乎勇，知耻才知忠义，知耻方能孝顺，知耻才能有人生的底线和红线，不该做的不越雷池一步，该做的纵马向前。如果人类没有了羞耻心，哪里还有爱国、道德、伦理可言呢？知耻之心是改错的关键。

9. 改过是个马拉松

“务要日日知非，日日改过。一日不知非，即一日安于自是；一日无过可改，即一日无过可进。”这句话告诉我们，每天都应该知道自己的过错，然后努力去改正。一天不知道自己的过错，就是一天没有改错；一天没有可改的错误，就是一天没有进步。

在改正错误中进步，应该是人生的常态。历史上很多人小时候被誉为神童，长大了却没有任何进步，泯然众人，究其原因就是在原地踏步，未能进步；反而不少天赋一般的人以勤补拙，最后学有所成，事业功名俱佳。

10. 无常是人生常态

“即命当荣显，常作落寞想；即时当顺利，当作拂逆想；即眼前足食，常作贫窭想；即人相爱敬，常作恐惧想；即家世望重，常作卑下想；即学问颇优，常作浅陋想。”意思是，即使命中应该荣华显贵顺利，也要常常存在落寞、拂逆、贫困的念头；即使是人人都敬爱你，也要常存卑微的念头；即使你的学问非常优秀，也要常存粗浅的念头。

人无远虑，必有近忧，眼前的好不代表以后就好，凡是亡国之君、败家之人都有一个共同特点：穷奢极欲，只顾眼前。夏桀、商纣、隋炀帝莫不如是。如果一个人身体健壮，但只是一味消耗，终究会每况愈下。古语说，种善得福，解决问题的根本就在于努力向善，多种善因，多结善缘，福德才会厚润绵远，这才是保富保贵之法。

11. 言行要符合天道

“易为君子谋，趋吉避凶；若言天命有常，吉何可趋，凶何可避？”《易经》开章第一义便说：“积善之家，必有余庆。”云谷禅师指出，《易经》是为有修养的人做的谋划，避开凶险，趋向吉祥。如果说天命是一成不变的，那么吉祥是不可能趋向、凶险也是不可能避开的。《易经》在开篇就说，积德行善的家庭，必然有多的福报。由此看来，命运可以改变，天命不是必然确定的，它是按照天道的变化规律而变化的，顺应天道，顺势而为，自然可以趋利避凶。

12. 做人不可太清高

“地之秽者多生物，水至清者常无鱼；余好洁，亦无子。”这是袁黄在反省自己没有孩子时说的话，意思是土地里有污垢的地方才会有生物，水流清澈的地方常常存不了鱼虾，过度清洁了，这也是我没有孩子的主要理由。

什么样的人是所谓的“太洁”呢？这就是我们俗话说的清高之人。比如《红楼梦》中的妙玉。太清高的人朋友很少或没有朋友，就容易变得孤寡。《菜根谭》有言：“廉官多无后，以其太清也；痴人每多福，以其近厚也。”粪虫可谓是最脏了，可以生出蝉这种情操高杰的昆虫，腐烂的草堆却能生出照亮夜空的萤火虫来。地太洁则不生万物，人太洁则不容别人，这是自然规律。因此，和光同尘，方是正道。

第三节　做独一无二的自己

一、自我管理的九个好习惯

每一个貌似微不足道的习惯，都会在某个时刻影响一生，我们这一生说到底都是在通过自我管理，遇见更好的自己。

1. 注重仪表

干净整洁，衣着干净，既是自重，也是敬人。别林斯基曾说，外表的优雅是内心纯净和美丽的反映。衣着不用奢华，但一定干净舒适，你的仪容仪表里藏着你的现状和未来。

2. 提前十分钟

不管是生活还是工作，凡事提前十分钟，永远不急不乱。工作提前安排，可以尽快进入工作状态；说话时提前思考，可以思路清晰、妙语连珠。十分钟是小事，但经常提前十分钟能成就一个了不起的自己。

3. 规律作息

卢梭说过，没有健康就没有真正的快乐。成年人的世界，变胖变瘦变油腻都很容易，但早睡早起、合理作息，适当运动，营养均衡，非常不易。从今天开始，晨跑、器械、瑜伽都可以安排起来。

4. 拒绝无效社交

见的人越多我们越发现，同路者越来越少，聪明的人不会把时间放在无效的社交上，推掉不必要的应酬，才能保持社交圈子的纯粹和干净，生活也会因此变得更加充实和清净。

5. 培养个人兴趣

清代学者张潮说：“花不可无蝶，山不可无泉，石不可无苔，水不可无藻，乔木不可以无藤萝，人不可以无癖好。”人可以无高位，不可以无高趣。好的兴趣可以抵消岁月漫长，让生活和工作更加有意义、有滋味。

6. 保持阳光心态

能与人言可二三，不如意事常八九。事与愿违是人生常态，顺境看淡，逆境看开，一辈子不长也不短，用无所畏惧的心态，过随意而安的生活，坦然面对一生的成败与得失。

7. 经常反思自己

有人说，不懂得反省自己的人，会从一个虎穴掉进另一个狼窝。学会反思总结，才能在挫败中积累经验，在顺境中培植福报，一个不懂反省的人，不过是把糟糕的自己重复了日日年年。坚持深度反思，才能打破自己的旧有思维，苟日新，日日新，不断进步。

8. 珍惜金钱

钱是底气、是体面，更是苦难中的保护伞、顺遂时的奖励金。不该花的钱一定要珍惜，一分不可乱花，俭以养德；该存钱要存钱，一定要惜福，一分也要存好。对金钱的尊重和理性管理，可为我们的人生提供安全保障，更可培养我们对财富的驾驭能力。

9. 稳定情绪

美国激励大师安东尼·罗宾曾说过："成功的秘诀，在于懂得怎样控制快乐与痛苦的力量，而不为这种力量所控制。"当我们学会缓解压力、释放情绪、与情绪和解时就会发现，一切都天高云淡，未来可期。

二、十项自我管理

古希腊哲学家泰勒曾经说过，这个世界上做什么事情最容易？向别人提意见最容易；做什么事情最难？管理好自己最难。

1. 目标管理

要树立坚定的人生理想，这是大目标，也可以称之为立志，然后找到自己的近期目标、中期目标和长远目标，制订相应的实施计划，坚持长期主义，拒绝诱惑，把自己的时间花在最适合自己的领域。

2. 时间管理

既要保持对时间的危机感，也要利用好自己的碎片时间，在专注力最好的时候做最重要的事，在状态不佳的时候做不太重要的事，养成今日事今日毕的好习惯。

3. 认知管理

养成热爱学习的好习惯非常重要，学习的目的是提高认知，不花钱买教育就要花钱买教训。经常为自己的大脑充电，提升自己的认知，是这个世界上最为划算的投资。

4. 信念管理

适者生存，优胜劣汰，必须用坚定的信念面对一切不如意和挫折，微笑着面对生活，在孤独的时候学会忍耐，在迷茫的时候学会坚持，在困顿的日子里要学会善待自己，为努力前行的自己点燃一盏指路明灯。

5. 工作管理

首先要寻找适合自己的工作，最好能找到既感兴趣又能做好还可以赚钱的工作，可以把它当作一生的事业，然后树立以苦为乐的工作理念，在烦杂的工作中找到快乐，以轻松的心态面对工作，沉下心来，认真做好每一个细节，把每一天的工作完美完成。

6. 行动管理

行动是治愈一切坏情绪的良药，一定要养成勤奋务实、能够吃苦的习惯。用付出比他人更多的努力要求自己，勇敢迎接挑战和变化，时刻提醒自己立即行动。

7. 心态管理

一个是自信心，可谓是成功之源；一个是上进心，正向思维，积极努力，上天从不亏欠努力的人；一个是平常心，淡泊名利，笑看纷争，保持从容大气，气定神闲。

8. 人际管理

与人相处是这个世界上最为重要、最为必要也最能产生效益的事，以真诚去关心他人，以善意去帮助他人，克制自己，严于律己，学会分享和承担，在同样价值观的引导下实现合作共赢。

9. 道德管理

拥有优秀的人品，在商业社会何其之难！正因为弥足珍贵，做一个对他人有益的人，坚守诚信，懂得礼让，谦虚谨慎，以人格魅力感染人、影响人、带动人、鼓舞人、成就人。

10. 个性管理

不要活在别人的眼光里，也不要介意活在别人的嘴里。人生在世，每一个人都是独一无二的。有一定的个性，既是一个人性格的外在彰显，也是保持自我的必要修行。走自己的路不容易，但只有与众不同才能出类拔萃。

三、《了凡四训》的商道智慧

一个企业家如果能够培养自觉能力，他领导的企业就是“积善之家”，就一定是有福报的。就像稻盛和夫，他一生学习践行《了凡四训》，福报深厚。稻盛和夫以78岁的高龄出山拯救日航，一年不到扭亏为盈，这是企业发展史上的一个奇迹，所以大家都称他为“经营之圣”。而经营之圣的经营哲学，其核心就是我们老祖宗留下来的优秀传统文化。

1. 敬天爱人

所谓敬天是敬畏天道，遵从事物的发展规律；而爱人则是由人的本性出发，尊重人性，洞察人性，顺势而为。

稻盛和夫以“作为人，何为正确？”为最基本的价值判断，把作为人应该做的合适的事，以合适的方式贯彻到底。看似简朴的执行标准，要坚持下去非常不易。后来这项标准被推广到日航，也逐渐成为优秀企业的普适标准。

2. 以善恶作判断

经济学实际上是经世济人的大学问，如果不能经世济人、帮助别人，自己肯定也得不到长远的利益。欲望、愤怒、愚痴这三种人性的弱点是很难驾驭的，除恶扬善，作合适的判断是企业长治久安之道。

人性有善也有恶，善良为利他之心，丑恶为单纯自私之心，让利他之心长期保持即是修行。企业经营者要学会以善恶是非去判断，考虑得失属于本能，考虑善恶才需更高水平，能促进企业经营者站在更高的维度推进企业发展。

3. 阿米巴经营

据说稻盛和夫发明阿米巴经营的过程也很有趣，其灵感来源于中国的文学名著《西游记》，他被孙悟空拔一根汗毛就能变出小猴子的情节启发，在公司大批复制企业创业小组，很快京都陶瓷与KDDI公司的每个商业体都像是存在另一个稻盛和夫。这样一来，公司效益提升很快，短时间内储备了大量现金，在多次金融危机中，他坚持不辞退任何一名员工，哪怕是一个钟点工，他坚定地认为公司永远是保障员工生活的地方。

4. 人生方程式

传统观念认为，人和人之间的差别取决于个体的不同，如能力、体能、智商等，事实并非如此。能力是一方面，后天的思维训练、思想认知实际上发挥着更重要的作用。

在稻盛和夫的所有著作和言论中，我们发现他不迷信，坚信靠努力完全可以解决人生或经营上的成败，不管个人能力是否出众，只要拼尽全力，充满热忱，付出不亚于任何人的努力，就肯定会收获好的结果。他独创了一个关于人生和工作结果的方程式，即人生与工作的结果 = 思维方式 × 热情 × 能力。思维方式起决定作用，选择不对，努力白费；热情则是对工作和事情的努力程度；而能力是人的才能、健康和适应性，基本由先天决定。

5. 自觉自律，成就自己

早起是最低成本的自觉。人常说，能够驯服早晨之人，必能驯服人生。拥有优秀的习惯、良好的品格、坚强的意志，就不会被命运击败。富兰克林说过：“我从未见过一个早起、勤奋、谨慎、诚实的人，抱怨命运的不好。”任何一个好习惯，只要坚持下去就一定能看到改变，如果一时之间做不到其他方面的自觉，那就从自觉早起开始。

运动是最养生的自觉。达·芬奇说，运动是一切生命的源泉。运动是保持健康的最好方式，也是治愈一切的良药。唯有身体无恙，精神丰盈，心灵才能充实宁静。自律的人也会拥有足够的自由，对人生有长期帮助的提升，都不是短期可以得到回报的，比如运动。只有坚持运动，才能超越自我。

读书是最养心的自觉。养心莫过寡欲，至乐无如读书。任何事情的成功，都以勤奋为前提，要么是血，要么是汗，要么是大把大把的美好时光。年轻时所有偷过的懒，都会在中年时成为给自己挖的坑；而年轻时所有流过的汗，都会在以后变成享不尽的福。读书多的人不焦躁、不迷失、不盲目，笃定自如，眼界开阔，意境高远，这也需要长期的坚持。智者不惑，有了书籍的滋养，一个人的内心才会愈加强大。向内觉醒，向外探索，直面人生的苦难，自我超越。

存钱是最实用的自觉。瓦尔德说过：“年轻的时候，我以为金钱是世界上最重要的东西，等我老了才知道，真是这样。”生活总是欺软怕硬，账户里躺着的存款才是抵御风浪的压舱石，遇事手中有钱，才能心中不慌。一日之钱，千日千钱。绳锯木断，水滴石穿。每天一点一滴积累，细水长流，也会累积成一笔财富。会储蓄的人养成的是节制的习惯，培养的是延迟满足的习惯，克制自己，为长远打算，为未来存下保障，所以努力赚钱存钱，是自觉能力外化的关键。

案例十一

不一般的豪迈，隐形冠军！

1986年，德国管理学大师赫尔曼·西蒙教授跟踪研究了德国数百家卓越的中小企业，发现德国经济和国际贸易的真正基石不是那些声名显赫的大企业，而是在众多细分市场默默耕耘并成为全球行业领袖的中小企业，西蒙称它们为“隐形冠军”。

改革开放40多年来，中国制造业领域也涌现出一批小而精、小而强、小而美的隐形冠军企业，来自山东潍坊的豪迈集团正是其中的翘楚。

从一间濒临破产的维修车间，到拥有过百亿资产、2万多名员工、4个现代化园区的机械制造集团，豪迈用自己的诚信和创新上演了一场教科书式的逆袭。

豪迈集团官网显示，公司2021年营收突破70亿元，净利润达12亿元，业务涵盖轮胎模具、高端机械零部件、油气装备、化工装备、精密锻造等领域，其中轮胎模具、气门芯、海底采油设备、风电变速箱零件4个细分领域的市场份额均位居世界第一，堪称中国隐形冠军之典型。

凭此成绩，豪迈也被国家工信部列为第一批制造业单项冠军示范企业。

在谈及豪迈的成长时，创始人张恭运时常感慨：“豪迈20多年的实践已经证明，任何人只要心态端正、胸怀梦想、崇尚合作，无论其学历高低、年龄大小，都能在自己的工作岗位上，在这个波澜壮阔的时代进程中，干事创业，成就自我！”

负债 96 万元，梦起破产小车间

1962 年，张恭运出生在山东潍坊高密市的一个农村家庭。凭借自己的努力，张恭运在 1979 年考上了山东工学院（后并入山东大学）机械制造工艺与设备专业。毕业后，张恭运怀揣着成为一名优秀工程师的梦想，积极响应国家“支援新疆建设”的号召，在 1983 年来到了新疆轴承厂工作。

踏实肯干、勤奋好学，是张恭运初入职场时的写照。刚开始工作时，他就按照在校实习老师的指导方法，认真观察记录每一道生产工序的特点和存在的问题。为了争取更多上机操作的机会，不管岗位上的师傅年龄有多小、工龄有多短，张恭运都会真诚地把他们当成老师，认真请教。

后来到山东大学演讲时，张恭运提到：“初入职场，要踏踏实实从小事做起，很多工作都需要经验的积累，一心只想做大事的员工，是很容易摔跤的。”

正是这种务实的态度，让张恭运很快积累了丰富的生产经验，并从技术员当到了车间副主任。在新疆工作期间，张恭运还通过报纸了解到现代企业制度和管理的相关信息。对比自己所处的效率低下的国企环境，张恭运在心里埋下了一颗探索先进企业管理的种子。

1988 年，张恭运结束 5 年援疆生活，被调回老家高密锻压机床厂工作。凭借援疆的履历和过硬的本领，张恭运一路被提拔到主管生产的副厂长。

年纪轻轻就位居高位，张恭运本应意气风发、挥斥方遒，但他心里却总是堵着一道墙。

原来张恭运曾试图向厂里提出方案，对组织架构和员工薪酬进行一系列改革，以提高企业的生产效率，但最终主要领导没有同意。看着许多体制内人员陆续下海闯荡，屡次改革受挫的张恭运渐渐有了自己创业的想法：“我要建立一个现代化的企业，努力把公司办成我和伙伴们干事创业的理想平台。”

机会出现在 1994 年。那年，高密第一纺织机械厂陷入破产危机，开始主动探索企业所有制的改造。张恭运得知消息后，便决定出手。在当地党委政府的支持下，经过半年的沟通和等待，张恭运联合 3 位合伙人筹资 4 万元，买下了纺织厂一个资产 100 万元、负债 96 万元的机修车间，改名为豪迈机械厂，开始了期待已久的自主创业。

只要跟铁沾边的活儿，我们都干

创业虽然获得了经营的自主性，但随之而来的是风险的独立承担。在最初两年里，豪迈没有什么主打产品。为了生存，张恭运带领34名员工对外承接各种产品的生产，比如摩托车链轮、汽车万向节、鞋底模、花生榨油机、龙凤大门等。

用张恭运的话来说：“当时只要是跟铁沾边的活儿，我们都干，依靠着零零星星的边料加工维持生存。”由于经验不足，很多产品的开发起初都磕磕绊绊，不遂人愿。因此，厂里曾经还流传过一段顺口溜：“炒锅炒翻了，榨油机榨干了，鞋模老师也蹿了。”

摸着石头过河，豪迈第一年就亏损了18万元。但即便如此，过年时张恭运依然四处借钱，骑着摩托车把工资和奖金挨家挨户送到员工手中，让他们过个好年。“每一个家庭都不容易，忙活了许久，不能辜负员工对我们的信赖。”张恭运后来表示。

这种亏损的状态，直到1997年才发生转变。那年豪迈接到了临沭手扶拖拉机厂的一份柴油机配件订单，这笔订单让豪迈赚到60万元，一举扭转了此前的颓势，全厂上下顿时一片欣欣向荣。

尽管已经盈利，张恭运还是清醒地意识到，如果没有自己的拳头产品，没有明确的发展方向，仅靠这种不期而遇的订单，豪迈无法拥有光明和稳定的未来。于是，在张恭运的主导下，豪迈在1997年开发了一款做锻造模具的电火花机床。

1997年底，青岛一家模具厂的负责人来到豪迈。考察过后，他给出几台轮胎模具机床的订单，但同时还有一个要求：两年内，豪迈不能在青岛地区销售给其他厂家。

张恭运敏锐地意识到，这不是一次特殊的订货，而是一个行业的需求。所以即使研发困难重重，他最终还是咬牙坚持了下来。

多年以后回忆起这段经历时，张恭运感慨万分：“研发并不顺利，起初客户对电火花不懂，我们对轮胎模具也不懂，双方都不会用。后来我们一起摸索着用，却发现机床毛病越来越多，客户就要求退货。但企业投入了大量的研发资金，把前几年赚的钱几乎都砸进了这个项目，怎么可能就这样放弃？经过一番努力和刻苦攻关，终于把轮胎模具专用电火花机床研发成功。”

彼时中国的轮胎模具制造业整体还比较落后，高端子午胎模具主要靠进口，而斜交胎模具大多由国内一些乡镇企业、个体企业，通过手工或半手工的方式生产。豪迈在轮胎模具机床领域一炮打响后，便开始为这些轮胎模具厂研发比较先进的专业设备。

用专用的电火花机床代替手工生产，用专用的数控刻字机代替仿型铣，还用专用的数控车替代人工操作，到 2002 年，豪迈通过不断的技术迭代升级，促使国内轮胎模具制造由手工、半手工的加工方式跨入了数控化的时代。

进军轮胎模具，拿下单项世界冠军

就在豪迈问鼎国内轮胎模具机床行业时，张恭运在 2002 年突然做出一个重大的决定：豪迈不再对外出售机床，转而进军自己的下游产业——高端轮胎模具。

之所以做此决定，主要有两个原因。一方面，轮胎模具机床市场不大，每年销售额就两三千万元，而且机床是耐用消费品，一般不会坏，坏了还保修，只有客户扩产或新产品换代时，才会重新采购。另一方面，高端轮胎模具市场具有广阔的市场和丰厚的利润。

豪迈一位江苏的客户曾经订购了两台高端模具机床。仅仅两个月，这位客户就通过生产模具赚回了机床的成本，这让张恭运分外眼红：“明明核心技术在自己这边，凭什么让他们吃大头呢？”

由于豪迈一直处于幕后，尽管其生产的轮胎模具价格低于进口产品不少，但在刚进入市场时，并没有受到轮胎厂的认同。

“我们研发出来以后找不到客户，当时山东的三角轮胎、成山轮胎都对我们没有信心。我们说不要钱，先给人家做一个，人家也不让我们干。后来，我们通过熟人关系找到上海双钱轮胎，是他们给了我们这个机会，所以直到现在我们都非常感激。这次我们可以说是一炮打响，做得非常漂亮，和进口模具不差上下。”在接受潍坊电视台《改革开放 40 周年特别节目》采访时，张恭运向记者如此说起那段艰难的岁月。

自此，豪迈便成功打入高端轮胎模具制造行业。随后借助中国加入世界贸易组织和汽车行业蓬勃发展的东风，豪迈将自身的市场和技术优势发挥到极致，产值每年保持 50% ~ 80% 的增速，市场逐渐从国内拓展到国外，最后也问鼎轮胎模具的行业冠军。

极限延伸，终成隐形冠军

为了寻找企业的第二增长曲线，同时也为了学习国外企业先进的管理经验，2006 年左右，在出口轮胎模具的同时，豪迈开始陆续为跨国公司维修和加工零部件。而对通用电气的完美交付，成为豪迈叩开国际零部件加工市场的敲门砖。

2007 年，山东潍柴集团外贸部门把 GE（美国通用电气）的部分零部件订单交给豪迈代工生产。通过这次机会，豪迈结识了 GE，而后者对豪迈的生产能力也相当认可。于是，GE 又提出让豪迈生产燃气轮机的想法。

对于这个机会，张恭运当然求之不得。毕竟和世界五百强合作，无论对公司的品牌还是生产能力都是一种巨大的提升。不过在正式加工燃气轮机前，为了保险起见，GE 又给豪迈设置了一道关卡：先生产出一个相对简单的零部件。

张恭运本以为是小事一桩，但后面足足耗费半年时间，豪迈团队才将这个零部件生产出来。张恭运觉得很丢人，但 GE 却向他发来贺电。原来国内很多军工企业、甚至大型机床厂都没能做出这个小小的零部件，豪迈却把它生产了出来，而且质量完全符合标准。就这样，豪迈顺利成为 GE 在中国大陆合作的第一家民营零部件生产企业。

为了承接 GE 的订单，豪迈决定在人力、厂房、设备等方面追加 5000 万元的投资，要知道这可是豪迈过去整整两年的利润，张恭运因此承担了很大的压力。后来的事实证明，豪迈经受住了考验，成为 GE 最大的燃气轮机缸体供应商。同时在 GE 的示范效应下，豪迈还陆续和德国西门子、日本三菱重工、美国卡特彼勒等数十家世界五百强企业达成了合作，成为它们非常重要的机械零部件供应商。

在第二增长曲线的支撑下，2010 年，豪迈产值突破 10 亿元，并于次年 6

月成功在深交所挂牌上市。接下来几年，豪迈集团继续乘风破浪，不断延伸自己的能力圈，陆续进入了多个机械制造相关领域。

2021年，豪迈集团总资产达109亿元，营收突破70亿元，净利润有12亿元，旗下拥有1家上市公司、4家高新技术企业、30多家分公司和子公司，在美国、匈牙利、泰国、印度、印度尼西亚、巴西、越南也设立了7家海外公司。

公司产品涉及轮胎模具、高端机械零部件、油气装备、化工装备、精密锻造等领域，其中在轮胎模具、气门芯、海底采油设备、风电变速箱零件4个细分领域的市场份额均位居世界第一，堪称中国隐形冠军之王。

企业文化：创新与诚信

段永平说过，企业文化是投资一家企业的关键要素，这决定了一家公司是否能够走得长远。而豪迈多年来的高速成长也离不开它的企业文化：创新与诚信。

在张恭运看来，创新没有门槛，今天改、明天改、月月改、年年改，日积月累下，这些细微的改善终将引起质的变化。所谓创新，正是这些细小改善累积起来的结果。此外，创新也不单单局限在技术领域。在豪迈，把不合理的管理制度变为合理是创新，把劳动强度大的工作变小了是创新，把不美观的设计变美观了也是创新。比如模具钳工对凳子不满意，用下脚料制作了100个钳工专用的、可旋转的小凳子，获得了1000元的创新奖金；开电动车在厂内配送矿泉水的老大爷为了避免被铁屑扎伤轮胎，便在车上加装了“磁铁扫帚”，也获得了创新奖金1000元。

这股创新之火一直在熊熊燃烧。到了2021年，豪迈一年就征集创新改善提案55.38万条，参与人数18896人，其中技术革新8058项，管理创新160项，共创造效益1.8亿元，发放奖金922.89万元。总而言之，张恭运要让各个部门、各个岗位都能实现力所能及的创新，也就是从小处着手改善，让创新人人可为。

值得一提的是，为了让创新的氛围真正落地，豪迈从不设立绩效考核。在张恭运看来，如果把搞创新当成一个个具体的任务和指标，企业很容易产生弄虚作假之风：“本来一个三条腿的凳子，他为了创新做了个四条腿的，其他人看了又做了个五条腿、六条腿的，这还能叫创新吗？这就变成了流于形式的应付，而非解决问题的创新。”

在业务品类的拓展上，豪迈也彰显着独有的创新精神。从最早的轮胎模具，到现在数十个细分业务品类，豪迈一路展现出锐意进取的精神面貌。有人会批判它的“大而全、小而全”，倡导专而精。但张恭运认为：“在快速发展的中国，在一哄而上的市场习惯下，再加上科技的日新月异和企业的持续发展，固守单一、狭小阵地的经营思路是不安全的。”

多年以来，豪迈本着“顺藤摸瓜”“替代进口”“小分队探索尝试”的指导思想，在充分发挥自身制造和创新优势的条件下，不断开疆拓土。

在豪迈历史上发生过一次著名的“烧鸡事件”，在当时引起了不小的轰动，而这场“烧鸡事件”也成为豪迈诚信文化建设的奠基石。

事情发生在豪迈成立还不满半年的时候。一次张恭运派一个员工去买烧鸡，准备招待即将来访的客户。没想到这位员工买了一只 14 块钱的烧鸡，回来后却报了 17 块钱的账。事发后，张恭运坚决辞退了这名员工。有人劝他，企业刚办起来，就 3 块钱，犯不上动这么大的阵仗。可张恭运却回答道：“14 块钱他就多报了 3 块，如果让他负责 10 万元、100 万元的工作又会怎么样？虽说 3 块钱不多，但它意味着欺骗、盗窃、背叛！从做人的性质上讲，跟这样的人就没有合伙、合作的空间！”

此后，“烧鸡事件”还被改编为一首打油诗，挂在了豪迈的文化墙上：

主管待客我买鸡，多报三元笑眯眯。事发被炒悔有余，公司伙伴不可欺。

对人品极为重视，是张恭运非常鲜明的一个特质。在他眼里，创新上的失败可以宽容，工作上的失误也要具体问题具体分析，但诚信是员工感到快乐、放松、高效的前提，是不可触碰的红线。张恭运把和不诚信的人一起工作看作是自取其辱：“别人算计你、耍弄你、欺骗你、坑你，是一件令人恐惧、让人睡不安稳的事情。”

而多年的诚信建设也的确让豪迈受益良多。比如，豪迈不提倡义务劳动，员工的出差费、加班费、电话费、私车公用费均可自主填报、报销；办公室和车间的设备箱不上锁，也不设立所谓的监督管理委员会搞纪检制度，节省了一大笔管理和用人成本。

对此，张恭运笑称："豪迈的年轻小伙总是深得丈母娘的喜欢。第一，他不傻不笨；第二，他为人实在、讲诚信，因为公司已经给他们做过一次'政审'了。"

（资料来源：根据网络资料和内部刊物整理）

第十二章

《易经》的定与变：创新能力修炼

《易》与天地准，故能弥纶天地之道。

——《易经·系辞传》

第一节 中国文化的源头活水

周文王拘而演《周易》，以精通易理的姜尚为军师，开周朝近800年天下；汉高祖刘邦拜善推易理的张子房为军师，成就霸业；唐太宗征战天下，形影不离的先有徐茂公，后有李淳风、袁天罡。三国时期的诸葛亮、明代的刘伯温，无不深知易理，学究天人。明世祖朱棣发动靖难之役，最为信赖外僧而实道的高人姚逛孝，顺天应人成为一代雄主。

《易经》是我国古老又灿烂的文化瑰宝，是华夏5000年智慧与文化的结晶，是中华文化之根，被称为"群经之首，大道之源"。孔子说过，再给我点时间，好好对《易经》进行研究学习，就不会有大的过错了。康有为曾经说过，老子的《道德经》五千言非常伟大，也不过是借鉴了《易经》一半的东西。到了春秋末年，孔子在多年认真研读后，对《易经》进行了注释发挥，撰写了《易传》，与《易经》合称《周易》。

从先秦至近代，研究《易经》的著作多达3000余部，这部经典对中国文字、历史、哲学、科学乃至艺术都产生了巨大影响。

一、《易》与天地准

我们学习中国传统文化，首先要理解什么是国学。《现代汉语词典》解释，国学是一国固有之学的统称。这样的定义实际上是含糊的、笼统的，无法表达中国文化独有的内涵，单以国家来定义一国之学，难免有失偏颇。

笔者比较赞同知名学者廖彬宇给出的定义：国学就是治国平天下之学。该定义既表明了中国文化的终极追求，又明确了中国文化的独特宗旨，中华文化由形而上到形而下，从知到行，从宏观到微观，是一以贯之的。

圣贤之人引领着天下百姓成为像他那样的圣贤之人，这个过程就是领导——领袖加导师。有人问为什么要成为圣贤？答案只有一个：获得真正而永恒的幸福。第一是有智慧，智者不惑，自然高明、通透，高明通透的人不仅能创造财富，还能驾驭财富，所以幸福；智慧是创造驾驭幸福的主宰，这是真正的大财富；第二是有格局，有格局所以包容，能包容所以顺其自然，随缘自然所以幸福；第三是有担当，有担当所以能承载、能忍辱，能担当所以被拥护，能忍辱所以不烦恼，不烦恼即为幸福。

缺乏智慧的时候，人们只是为了求温饱，疲于奔命；智慧开启了，就会开始讲究生活质量，但因为种种烦恼常常不快乐；当智慧进入更高阶段的时候，就开始思考生命的意义，关注生命的根本问题，这就是圣贤之人。一位真正的圣人可以荣华富贵，也可以粗茶淡饭，关键的是他还懂得养生之道，更懂得幸福之道。所以国学是内圣外王、经世致用之道，而《易》与天地准，故能弥纶天地之道。

二、源头活水来

经常有人感慨说，我们所处的时代是一个最好的时代，也是一个最坏的时代。好是因为物质极度发达，坏是因为物欲横流。但我一直坚信总有一种力量让这个时代坚定不移、平稳刚健地朝着一个方向行驶下去，这种力量是什么呢？就是数千年生生不息、传承有序的中国优秀传统文化。

如果说中国文化是一棵枝繁叶茂、根深蒂固的参天大树，那么种子就是《易经》；如果说华夏文明如浩浩荡荡的长江大河，那么《易经》就是高山积雪融化而成的源头活水。

《易经》是智慧之学，让人顶天立地与宇宙平等往来。中国文化从《易经》这颗种子开始生根发芽，树干是儒释道三家，从三个方面成就人：儒家让人有担当，有责任，让我们提得起；道家让人顺其自然，超脱超越，让我们放得下；佛家让人四大皆空，破除执着，让我们看得开。树皮是中医，保护这棵大树不受伤害，生命得以延续，如同中医救死扶伤的医者仁心；树枝是诸子百家，百家争鸣、各自精彩，而不是百家争斗、各执一端；花枝果叶，就是琴棋书画、诗词歌赋。

《易经》说，天下的人有什么样的思想、有什么样的忧虑呢？天下所有的思想都归向同样的目标，根本的理念和目标是一致的，只是思考的角度和方法不同罢了。明白了这个道理我们就会明白，无论任何学问，都可以被中国传统文化所包容。

《易经》实际上涵盖了宇宙与人生、自然与社会、真谛与奥义。一开篇的乾卦讲到了“元，亨，利，贞”，这解释了修身的四个方面：“元”包含了起源，指一个人的初心和发心；“亨”代表亨通、通达，就是为人处世要辩证看待一切事物，就可以圆通、圆融和圆满；“利”就是利人利己，己所不欲，勿施于人，任何事物都要看到其可贵之处，懂得这个道理，就可以创造一切对人类社会有利的功德；“贞”代表了坚固、恒久，也同“真”，只有真实的东西才能永久牢固，这说明做人要脚踏实地、求真务实，毕竟，虚假的东西是不可能长久的。

因此，《易经》实为大道，至简至极，笔者自1998年接触《易经》后，深刻地体会到中国文化之源头的丰盛俊美、厚重深刻。

三、易学的精髓

《易经》的核心是什么？不少人有这样的疑问，毕竟易理高深，易学深渊。笔者认为浓缩起来就是七个“超”。

超然的境界。《易经》中的“易”内含三义，即简易、不易与变易。不变是本体，变化是现象，简易是本质，万变不离其宗。不变的是规律，人的境界必须超然，不依赖任何外物而存在。

超脱的情怀。有了超脱的情怀，就能漠视名利，包容万物，谦卑待人，自然就能拥有崇高的人格和远大的追求。

超迈的气魄。释迦牟尼出生之时，一手指天一手指地，意为天上地下唯我独尊，这种气魄与生俱来。

超前的视野。《易经》站在大道的最高点上，把我们所处的世界看得清清楚楚、明明白白，不论过去、现在、未来，如画卷一样展开。

超越的行为。当你有了远大理想与追求，自然就可以自强不息，奋发上进，其他东西与志向相比都微乎其微，沉舟侧畔千帆过，病树前头万木春，保守腐朽挡不住前进的步伐。

超常的思维。很多人认为中国传统文化是虚玄之学，实际上它是一种超越常人的思维，笔者总结为：无中生有，有中变大，大而化之，化及天下。

超越的高我。高我就是大人，也就是本我、真我。大人的境界与天地合其德，与日月合其明，与四时合其序，与鬼神合其吉凶，顶天立地，正大光明，超越了人性的弱点，回归本我，打破自我，成就超我。

第二节 《易经》的智慧

我们平常所说的《易经》一般是《周易》，据史书记载是周文王姬昌所作，内容包括《经》和《传》两部分。《经》主要讲述了 64 卦和 384 爻，分别有卦辞和爻辞；而《传》包括解释卦辞和爻辞的七种文辞，共有十篇，统称《十翼》，相传为孔子所作。

一、六十四卦歌诀

学《易经》，必须记住 64 卦，卦名、含义、卦象、口诀如下：

乾天刚健，自强不息。坤地方直，厚德载物。水积雷响，屯积助长。山下流水，启蒙德育。水在天上，需等饮食。天升水落，讼兴不争。地下藏水，师出有名。水漫于地，密交亲比。风行天上，小畜积雨。天下有泽，和悦慎履。地天相交，和谐通泰。天地相悖，闭塞成否。天火同燃，同人团结。火燃天上，大有收获。地中隐山，谨慎为谦。雷响于地，豫乐自警。泽中有雷，随机应变。山下有风，蛊惑横行。地高于泽，居高临下。风拂大地，遍观通达。火闪雷鸣，噬嗑威刑。山脚火焰，贲饰文美。高山附地，剥蚀去伪。地下雷鸣，刚阳复兴。天降暴雷，守道无妄。山中有天，大畜能容。山下有雷，养志颐情。泽淹风木，大过之征。习坎为水，守信克险。附离为火，柔顺亨通。泽山相应，咸感贞吉。雷响风行，识道守恒。天下藏山，退遁避险。雷震天上，识礼大壮。火出地上，晋升明德。地压潜火，明夷避祸。风熊火里，家人同乐。上火下泽，睽违少和。水漫山路，蹇滞艰难。雷鸣水降，解除旱象。高山低泽，损下益上。风激雷荡，益下损上。泽与天上，夬决坚刚。天下微风，阴生姤合。泽汇于地，萃英聚众。地平风扬，贤能萌升。泽中漏水，知困早悟。水盛风木，井收勿幕。泽中起火，改制旧革。火燃风木，鼎新之物。震雷压惊，反思内省。艮为山止，知止当止。风木依山，循序渐进。雷震泽上，归妹依礼。雷鸣火电，丰茂光明。火烧山外，旅途亨通。巽为风顺，大人齐物。兑为泽悦，修德和睦。风行水面，离析涣散。水溢泽岸，节制礼数。风吹泽面，中孚信诚。雷惊山上，小过无妨。水火相融，既济功成。火水离错，未济大江。

二、有代表性的十个卦

六十四卦内容丰富，我们从六十四卦抽出来最有代表性的十个卦予以分析，从中可见大概。

1. 乾与坤

六十四卦以乾坤两卦开始，具有重要意义。

所谓乾，代表的是刚健有为的力量，我们做任何事情都需要有人敢于担当、敢于负责，需要有人领头和决断，当然除了有领导者之外，也需要一大批人团结起来，形成强大合力，方能有所成就。

乾卦的内容，实际上代表了一个敢于承担的英雄人物（君子）成长的道路。刚开始能力平凡，本分踏实，潜龙勿用；随着能力提升，有贵人扶持，见龙在田，利见大人，然后终日勤恳上进，朝夕警惕自强；在这个过程中，经常有考验，一不小心会跌入谷底，或跃进深渊；经过历练之后，才能如日中天，飞龙在天；到了顶端之后，很容易飘飘然，亢龙有悔；再进一步，自己必须有主见，否则就群龙无首。

坤卦的开始“履霜，坚冰至”，说明人要有预见能力，见落叶而知秋，所谓直、大、方、正，说的是我们做人的气象，正直端正，胸怀远大；具备了这样的素质，就能不断前进，知道自己的身份和分寸，谨言慎行，守住自己的本分，这样才能发挥适当的作用；所谓“龙战于野，其血玄黄”，意思是辅佐者过于强大，与主导者发生争斗当然不好。坤卦最后告诉我们的是只要有厚重的德行，做事的发心是至诚之心，最终结果都会吉祥。

不管是一个企业、一个社会组织乃至国家，既要有勇于担当的领导者，也要有甘于付出的辅佐者，上下同心，众志成城，这才是成就事业之象。

2. 泰与否

这两卦分别是《易经》的第十一、十二卦，我们一般说否极泰来，实际上恰恰相反，是先泰后否，《易经》这样解释体现了对社会人生的深刻洞察。

泰卦是坤上乾下，地天泰，乾象征天，坤象征地，两种力量一种向下、一种向上，向下的力量与向上的力量相互交感，这是所谓的天地交互与上下融合，不同力量的交融状态即为泰。天地交则万物通，上下交则其志同，熟悉中国文化的人都知道国泰民安，一个人的大气沉着被称为处之泰然。

否卦是乾在上、地在下，这个字我们都很熟悉，当一个人处境不顺、沮丧之时，我们都会劝他振作起来，否极泰来。天在上，地在下，向上力量的天和向下力量的地，一个一直向上，一个一直向下，背道而驰，无法相互交流，各自为战。这样的状态，自然不会风调雨顺。

通过对泰卦和否卦的解读我们会发现，无论是自然界还是人类社会，和谐的秩序一定是各种能量互动的状态，而不是相互对立、互不融合。实际上，“和谐”这个词是华夏文明贡献给人类社会的巨大财富，我们需要把它理解好、解释好、实现好，给人类发展以有益的指导与启迪。

3. 损与益

山泽损说明山下有水，泽水由下向上渗透，滋润山上万物生长，但却使泽水减少，山上泽下，也意味着大泽侵蚀山根。治理国家和公司必须量力适度，损耗过度会损伤根基。

损卦紧接着就是风雷益。上卦为巽，巽为风，下卦为震，震为雷，风雷激荡，其势越强，风雷越响，相助互交，交相助益，与损卦相反，是损上以益下。

在大众看来，谁愿意受到损失呢？但是损后面就是益，付出之后就是收获，损失之后即有所得，这就是我们必须明白的人生逻辑，这样一来，急功近利、不劳而获的想法自然会大大减少。

如果说东方甄选是俞敏洪的二次创业，那张朝阳的物理课则是这位将互联网带入中国的传奇人物的一次跨界尝试。二人在2022年8月的《星空下的对话》充分证明了损与益的转化和人生逻辑。

对话中展示了两位由事业谷底振作起来的企业家的心路历程，张朝阳认为每个人都在寻求这个世界的认同，这无可厚非，是人的本性，所以说人的折腾，或者说做一些有贡献、有意义、让别人认同的事是光明正大的；每个人来到世上，总要留下痕迹，要有所收益就要折腾。俞敏洪谈到要在绝望中寻找希望，他1993年就提出来了，因为当时也是艰难的时候，后来新东方的成功得益于两点，一是创始人的坚韧，看准目标就坚持；一是创始人有强大的学习能力，擅长看到人的优点。

4. 剥与谦

《易经》的第二十三卦山地剥，上卦为山，下卦为坤为地，山在地上，风吹雨淋，风雨剥蚀，这是剥挂的卦象，五阴在下，一阳在上，阴盛而阳孤，形容小人得势，君子困顿，事业败落，算不上是个好卦。

与之相反的地山谦卦，地中有山，山上有地，内高外卑，居高不傲，说明功高不自居，名高不自誉，位高不自傲。按南怀瑾老先生的说法，《易经》六十四卦中，一般都是坏中有好，好中有坏，只此一卦六爻皆吉，真正做到了谦，才是真正做到了慈悲。

使意识达到明诚明净的境界，才叫真正的自谦，这种境界需通过反省内察才能达到。谦不是消极的退缩，是崇高的平实，是高山峻岭伏藏在地的下边，或在高山的绝顶之处呈现一片平原，如果人们的学养能达到古人说的“学问深时意气平”，那便是诚意、自谦的境界了。

5. 既济与未济

《易经》六十四卦的最后，是水火既济和火水未济。以烧水举例，自然水在火上面才能烧开，既济；火在水上面自然就是未济。既济的字面意思好于未济，但在《易经》的卦辞和爻辞中，未济比既济更好。

“既济”表达的是做事情的时候，各种条件已经具备，是事情可以成全的状态，紧接着下一卦未济，却告诉我们一切又要重新开始，所以《易经》是个生生不息、循环进行的开放系统。比如一个人得到认可当上领导，那么新的挑战、新的问题、新的局面来了，是又一个开始，绝不是掉以轻心的时候。

学习了《易经》，我们再看眼前的问题，就会认识到不仅要解决问题，更要准备面对新的问题和挑战，人生不息，挑战不止。应该心如莲花出淤泥而不染，无论处在什么困境中，我们都能用智慧去化解克服，自然会迎来幸福与自在。

《易经》六十四卦是人生状态和为人处世的指南，我们要做的就是接受各种考验，在考验中修炼自己、挑战自我。

第三节 创新能力培养

《易经》中讲到，变化是永久的。在日新月异的信息时代，企业只有不断深入地学习和创新，才能跟上时代的步伐。因此，学习与创新能力是领导力必不可少的一部分。

一、创新的核心是学习

很多企业的学习常常有浓重的个性色彩，比如自己喜欢的就学，不喜欢的就反对；能够做到的就学，有疑问、做不到的就放弃；更多是学习理论与概念，缺乏学习操作体系和领导规律等。很多企业其兴也快，其亡也忽，究其原因只有一个：学习能力差。

1. 团队学习尤为重要

团队学习是团体成员加深了解与实现共同目标的过程，它建立在自我超越之上，现实中不乏由有才之士构成的团队，但成员们往往只有一个短暂的目标，却无法共同学习。

企业在今天尤其需要团队学习，如此企业才会成为学习型企业，企业内部的员工相互欣赏，部门之间的隔阂也得以消除，进而带来大量的共享咨询，达成有效的沟通。

2. 最佳方法是向榜样学习

《追求卓越》的作者托马斯·彼得斯说，人类有两种学习途径，一种是通过分析我们的缺点并加以改正；另一种是通过观察榜样并试着模仿他们。以笔者的认知，企业学习最好的方法就是选择一个标杆企业，然后全方位地学习，一段时间就会看到效果。

3. 从六个方面重新定位企业学习

一是结果导向。企业的学习是寻求结果的学习，重点不是学习理论，而是学习方法与工具。拿来就可以用的，用了就可以产生好的业绩的知识和内容，是我们应该重点学习的内容。

二是学习规律。很多经理人热衷于学习管理知识、领导科学，有的接受了 MBA 的教育以后，知其然不知其所以然，仍不会解决问题，最终让企业觉得商学院教出来的学生不好用。

三是带着问题学。带着问题学习，会更有针对性和适用性，如果一头雾水地学下来，基本是把学习和运用割裂开来，这样的学习是无效的、徒劳的。

四是心态开放。中国企业领导者的学习热情是令人欣喜的，可以说是如饥似渴，但说到学习质量，则并不理想。

五是品质管理。学习是一个不断寻找企业优点、不断提升产品品质的过程，有的人提出向挫折学习、向苦难学习，我们更要向有好结果的人学习、向成功的企业学习，提升学习的品质。

六是学习致用。企业的学习是为了应用，一些人在学习中出现了偏差，如近几年很多中国企业开始流程再造，实际上并不是所有企业都适合再造流程，因为不精准，所以学而无用。结果很多企业得出结论：ERP 不好用。这真是让人哭笑不得。

所以说，学习是创新的基础，也是核心，只要方法得当，学到一定程度自然可以创新。

二、培养学习能力“六字法”

曾经有人问张瑞敏先生：“你觉得企业最重要的竞争力是什么？”张瑞敏非常庄重地回答：“学习能力。”

张瑞敏先生是中国企业领导者中令人敬重的人，他一句话扣中了企业的命脉，难怪海尔可以自 2010 年起遥遥领先全球白电（白色电器，泛指家用电器）行业 12 年。笔者认为企业学习能力主要由三个环节构成，即“六字法”。

1. 提炼

学习能力的基础是提炼，一个领导者能够广泛搜集各种信息，将好的经验、好的方法进行总结提炼，既是必要的，也是第一步。好的经验能否及时地被企业捕获，并迅速转化为组织能力，是决定企业能否提升的关键。

提炼主要靠两大手段，一是训练，一是工具。训练是最好的提炼，通过训练就可以让管理人员掌握如何设计复制经验；工具是另一种好的提炼手段，与训练不同的是，企业在工具的使用过程中不断改进，改进工具的过程也是提炼的过程，具有实时性、渗透性与针对性。

2. 传承

学习能力的核心是传承。与提炼不同，传承是让更多的人掌控我们原本具有的方法、经验与教训等。

企业的业绩增长往往与传承能力有很大关系。小微企业老板是最大的发掘者、传承者，他们带出了第一批学生，这些学生继承了老师的经验，形成系统的传承能力。

经验、技术、知识的传递如果出现了障碍甚至是断层，会导致企业原地踏步甚至退步。这种缺乏传承、没有积累的领导方式，断送了很多企业的前途。

3. 创新

学习的目的是创新，没有创新就没有生命力，这是所有企业应遵循的规律。所谓的创新，本质上是进化。

创新与发明是不同的，发明是之前没有的现在创造出来了。对于企业领导者来说，创新不是一个任务，更应是机制、系统、方法，企业创新就是要在提炼传承的基础上不断改进，从而实现进化。当我们这样做了，一年、三年、十年之后，我们就能感受到创新并非高不可攀，而是学习充足后的自然流露。领导者最大的价值在于为企业建立提炼、传承基础上的改进系统与习惯。

三、如何推进企业创新

我们总讲："不创新就是等死，盲目创新就是找死。"创新是风险重重的艰难工作。领导者的任务是什么？其中之一就是降低风险，进行有目的的、有效的创新，这也是企业领导者与科学家创新的不同之处。科学家的创新是科学发现，不必太关注短期的经济效益，而企业受到严格的商业约束，如果没有产生用户价值和市场效益，则很难持续。

1. 什么是创新？

创新并不是找到一个新事物、发明一个新技术那么简单，它是所有要素的重新排列组合，其实从不同角度理解，创新有完全不同的定义。"新"是一个相对概念，因为有旧才有新，从严格意义上讲，很少有一件事物是绝对创新的，它取决于和谁比、用什么标准比。因此从实用角度讲，很多时候我们并不追求绝对意义上的创新，能够做到在竞争群体中领先一步有创新优势，就实现了商业创新的目的。

2. 人类创新的阶梯

在笔者看来，真正意义上的创新意味着你做了全人类都没做过的事，你是第一个。这个标准是极高的，所以真正意义上的创新是极少的，但人类社会的进步确实是靠这种稀缺力量推动着，譬如秦始皇、汉武帝、毕昇、牛顿、爱迪生、爱因斯坦、达尔文等伟大人物，对人类都做出了这个量级的创新。从这个角度上，我们认为的创新，其本质是打破了原有的假设。

3. 企业创新的五种模式

与其更好，不如不同。不同是第二曲线，是换道超车，是创新。中国上市公司协会会长宋志平先生认为，创新并不神秘，既有规律可循，也有模式可依。我们总结了常见的企业创新的五种模式。

（1）自主创新。我国是发展中国家，长期以来采取向先进国家学习的发展模式，大部分企业的创新走的是模仿创新的路子，但只会模仿永远做不到世界一流。中国建材的电子薄玻璃就得益于常年的研究试制，在彭涛院士团队的带领下实现了自主创新突破，自主研制了 0.5 毫米、0.12 毫米的超薄玻璃，打破了国外垄断。

（2）集成创新。20 世纪 70 年代西方提出了集成创新的概念，如同“把做面包的技术用到做馒头上”，更多地体现在跨界合作产生的亮点。过去我们常年处于“缺芯少屏”的状态，但现在全球液晶显示屏 55% 的生产能力在中国，又有将近一半在京东方。

（3）可持续创新。德鲁克曾说，多数企业家认为 10 年之后企业 90% 的产品会改变，但实际上 10 年后企业 90% 的收入还是依靠原有产品，只不过这些产品在不断更新换代。以水泥行业为例，中国的水泥产量每年 24 亿吨，占全球 60%，从小立窑生产到湿法水泥再到现在的新型干法水泥，其实就是一个持续创新的过程。

（4）颠覆式创新。即用全新技术颠覆传统技术。一般来讲，一个行业平均 15 年到 20 年发生一次颠覆式创新，当然并不是所有企业都可以做到，一些企业就失败在对持续性创新太过坚持，忽视了颠覆性创新。

（5）商业模式创新。对于企业来说，技术创新重要，但管理创新、制度创新同样不可忽视，麦当劳、肯德基、星巴克等知名企业从事的都不是高精尖行业，而是通过新的商业方法、商业组织、商业模式，创造了惊人的业绩，包括今天的很多互联网企业，比如阿里、京东等就科技而言也没什么创新，而是应用互联网平台创造了巨大的价值。

案例十二

张野：青山交响乐

经常有人误解张野是不务正业。

但这丝毫不会让人觉得青山资本不专业，反而让他吸引了很多新生代铁粉。他是音乐家，也是投资人，在艺术和商业领域都有让人刮目相看的经历。在张野身上，不羁和理性并存，并能完美兼容。这是一个关于"顶流"和艺术家的故事，但更是一个投资人不断突破的故事。

在创投圈，张野作为青山资本创始人，每天在不同项目之间辗转，时常分享刷爆朋友圈的消费领域观点。音乐平台里，他以艺人身份开了账号发了两首歌，在个人介绍中，他的身份是DJ、音乐制作人。

张野有理由骄傲。笙歌归院落，灯火下楼台。解读这个外表干练、随性不羁的"80后"，可以从两方面入手。

其一，作为音乐人，他如何在音乐世界和商业战场间真正实现自我价值？其二，作为投资人，他如何在行业、产业变革当中寻找机会，和年轻创业者一道走在潮流前面？

奏鸣曲·"野"心初生

18岁远赴异国他乡追梦音乐，25岁成为第一个拿到普罗科菲耶夫国际音乐比赛作曲奖的华人，29岁以优异成绩从音乐学院毕业——很难联想到，这是一位VC创始人的人生前30年。

青山资本掌舵人张野是与首届春晚同一个年头诞生的。当一个10岁男孩偶然从磁带里听到Beyond乐队的歌后，瞬间被旋律迷住。于是，18岁时出门远行，选择去俄罗斯学习音乐。在莫斯科柴可夫斯基音乐学院，张野学的是作曲。

经过多年苦练，他获得了普罗科菲耶夫国际音乐比赛作曲组金奖。他去大使馆领奖时，眼前都是前来捐款的人们——汶川发生了地震，举国悲痛。他陷入了沉思。

“音乐人对于世界的影响太细微了。”他决定做些实际的。看过华尔街诸多投行相关的电影后，张野发现了出口。

对于还是学生的张野而言，音乐和投资人是风马牛不相及的，“起码得有点创投背景吧，又得募资，又得在核心创业者圈子里。”张野一无所有。他也知道，那一步迈出，成则风生水起，输则一败涂地。

2012 年，张野只身回到北京。“创投圈是完全陌生的天地。”于是他用最原始的方式入行：不断死磕学习相关内容，接触认识圈中前辈。他自知一穷二白，几乎没有募到资的可能，于是他的办法是让自己先“有钱”起来：比如在热门行业尝试，甚至还投资了一家反季节蔬菜农场。4 个月后，张野投出了自己的第一个项目。1 年后，这家公司被收购。

“就像开玩笑一样，去哪儿做投资？投谁啊？投资是什么？不知道。北京我也没有什么认识的人，当时有认识的同学也都是做音乐的。”

张野清楚地记得那个过程，每天常去中关村的一些创业类咖啡厅里蹲，从早到晚，两个多月都如此。天使投资是需要一点感性的。不过由于后来那一年的陪伴创业，张野彻底搞明白了天使投资到底是什么。从设计 logo 到招人、谈商务找融资甚至录入试题，和团队同创业、同吃住。经过 3 年时间，张野觉得时机成熟，2015 年成立青山资本，并转向机构化。

最初进入创投圈的 8 年时间里，张野没有碰过音乐。那是一段蛰伏与沉淀的日子，全心扑在一个个项目和创业者身上。直到 2018 年前后，张野想开了一件事，搞清楚了理性与感性的关系——这两者其实并不冲突，自己的原点应该是理性，然后尝试去控制或者调整感性，两者缺一不可。

变奏曲 · 个性化生存的通路力量

想象力在艺术领域的作用是毋庸置疑的，对于张野的投资人生涯以及早期的青山资本也一样。“整个早期投资，我们看到的创业者都很年轻，大家的想法、产品的模型，需要通过想象力去判断创业者以后能否成长为一个企业家、产品会怎么样迭代、朝什么路径走”。

2015 年青山资本成立时，中国在短短两三年里出现了 800 ~ 1000 家天使投资机构和个人，青山资本只是其中不起眼的一个，甚至在起跑线上也落后很多。5年之后，市场上还在活跃的天使投资主体只剩几十家，这意味着95%的淘汰率，而青山资本就属于另外的5%。彼时天使投资在中国只有10年，还是个新生事物，在和国外不同的政策、商业环境下，必然要摸索一条适合自己、能存活并且有未来的路。之前有人从许多方面定义过天使投资，但张野并不全然认可。

模式好不好，关键还是看市场环境。青山资本刚成立时，市场上关于天使投资已有一些理念共识：比如不在乎投错什么，而在乎投对什么；比如投资即投人等。而当天使投资开始机构化，大家在制定策略时会习惯性沿用共识。

张野不认为做大分母（投资足够多的数量）、均匀分散投资是正确的，因为一个投资人一生里能遇到的好项目是有限的。要想做得好，就要在好项目上赚到足够多的钱，这意味着要在好项目上配置大占比。

"投天使即'投人'。"张野常说。没错，但问题是怎么判断并且比别人判断得更准确？投资人一定要掌握更多的信息，那就需要专注一个领域，这个指标的有效概率更高。当大家都向交易驱动的时候，青山却坚持做内部的效率工具，让团队通过高效工具实现信息的共享和协同。决定这些事都不是基于市场上别人怎么做，而是基于青山资本的初心，所以他敢于坚持一些不同。

近些年，互联网出现了拐点，电商、支付、物流、新媒体等都在迅速成熟，甚至会成为基础设施，而建立在基础设施之上的消费品自然进入了一个新阶段，那时可见的是"圆桌派"一众人在开疆拓土：一张桌子（TABLE）上，T是腾讯，A是阿里，B是百度，L是雷军小米系，E是周鸿祎360系，外人给出的"圆桌投资派"的特点是，腾讯贪、阿里全、百度狠、小米直、奇虎难。

此时张野明确了青山资本的投资价值观和路径：一是一定要投认真做企业的人，一定要相信这个时代是好人能赚钱的时代，而不做急功近利者或机会主义者，尽量投能够给消费者带来物超所值、真正喜爱的东西的项目，不去投可能是智商税或是与消费者购买预期不符的项目；二是专注新消费领域，持续发力。当然，这也为"青山系"的开门立户奠定了基础。

张野在莫斯科读书的时候，有一堂审美课同学们都不在意。直到有一天发现这门课是严格记分的，并且要写论文，大家才开始重视。最开始张野以为审美是物品好不好看、音乐好不好听，过于主观，因人而异，各有各的偏好。学着学着才发现，审美包罗万物，甚至与世界观同等重要。

由此，张野悟出了现在或者未来10年的时代红利是什么：审美红利。

商业是人类智慧的产物，艺术也是人类智慧的产物，科学、文化都是。商业上的“术”，能帮助我们做一个快企业甚至是大企业；审美上的“术”，会帮助我们做一个让人尊重的企业、长久的企业。

青山资本对“商业审美”有追求。张野时不时会去跟市场，讲自己的研究和观点，分享的过程都尽量保持高品质、保持美感。除此之外，青山资本办了十几期青山美学沙龙，一直在坚持和创业者们探讨美学与消费。在张野的理念里，商业美学是中国企业能够走出去、成为世界级企业的要素。

小步舞曲·青山速度

青山资本在2015年中国最佳天使和早期投资机构排行榜上直接杀进TOP 10，他本人也连续多年获得最受创业者欢迎投资人、新浪潮·2020中国十大消费投资人等诸多荣誉，发展速度着实引人注目。多数人聚焦于张野的音乐背景，却常常忽略了他还同时是清华大学五道口金融硕士，还攻读了美国康奈尔大学的工商管理硕士。

“快”是青山资本给创业者有别于圆桌派最直观的印象。转转、花点时间、bosie、每日黑巧、加点滋味、鲨鱼菲特、cabana、驭势科技等这些成长型的创业公司，不约而同地在天使轮融资中选择了青山资本。在过去几年间，青山资本已投资了诸多消费领域的明星创业项目，绝大部分是被投资人所追捧的，看完项目，在别人还在讨论阶段时，青山资本已经把钱打到了创业者的账户中。

“青山家”的创业者有一个专有词汇：青山速度。快速高效成为青山资本的显著特点，看项目快、打钱快、对趋势判断得快、公司成长得快。张野的这些迅捷，有点江湖里唯快不破的意味。

几年前，一则信息刷爆了部分创业者的微信朋友圈。发布信息的人是某创业者，内容是他在给青山资本提供完融资需要的全部手续后，2分钟内青山资本就将款项打给了他的公司账户。“史上最快到账机构”也一举成为当时创投圈中最热门的话题。

在青山资本，无论张野本人还是同事负责的项目，在与创业者面谈之后，多数会当场给出是否投资的答案，如果决定投资，当场就会签署协议，即使不投，也会给出拒绝的理由。而“青山速度”则在创业者圈中为张野和青山资本带来了良好的口碑。

做出这个判断的依据是，早期投资由于没有太多的模式、数据、方向可以论证和分析，主要取决于对趋势和创业者的判断，这需要感性因素。天使投资在投资领域中独树一帜，一个好的投资人要理性，而天使投资人需要有一些感性，通过感性的信息来做决定。看趋势要从理性角度分析，看人则感性成分偏多。

事实上，青山资本成立至今，张野和青山给外界的印象都是“一个低调的团队”,除了触手可及的类似“每日黑巧”这样爆红的产品。用张野自己的话说：想要追求真正的发展速度，就是扎扎实实地先练内功，耕耘行业。

“我相信一句话，精力在哪里，成绩就在哪里。”张野说。目前青山资本每年都要过上千个项目，他每天还要拿出几个小时的时间用于跟进项目和研究行业。这样做的原因是保持高敏感度，通过大量看项目来了解目前最新最前沿的趋势，然后再根据趋势判断未来热点，调整投资方向。

提起最近几年的发展，张野给出了客观评价：“做得不错，但是还可以更完美。”他觉得青山资本之所以取得了稳健快速的发展，最主要的原因就是最大化利用时间，去除市场的噪声，将势能和效能最大化，用基本逻辑来判断事物，和创业者、消费者、行业站在一边。

随想曲·从此青山同路

青山资本的文章《亲爱的消费创业者，请认清现实》，刷爆了朋友圈。

写这篇文章时，张野回看了最近几年在外部因素波动下各行业的困境，无论对消费企业还是创业公司，无论从疫情带来的仓储、物流、发货的困难，还是国际形势、中概股等情况，都让消费企业雪上加霜，每件事都直接影响到创业公司。

在这一背景下，张野觉得，消费创业者需要“放弃幻想，接受现实”，需要认清流量红利与资本红利短期都不会再有的境况。流量红利消失，平台给予先行者的利益＋平台机制漏洞共同构成了“流量红利”。而当平台本身的增长见顶，商家数量已经进驻足够多、平台的机制越来越完善的时候，剩下的套利空间也就不多了。

在流量红利与资本红利殆尽的背景下，消费行业创业者应如何调整心态，面对、认清并接受现实，并还能坚持做正确的事呢？张野说：“想想你为什么创业。”如果长远目标还在那，强大内心，重新上路，否则停止创业。

调整预期，不要让预期压垮了现金流，耗尽资金储备。回到创业第一天，用心做产品，用心与消费者交流。重新制定整体策略，重新对接一切你可以合作的资源。清理库存，收紧投放，管理应付应收，精简团队；留住能跟你一起打仗的人，他们是今天的种子、未来的元老。

“人是一切的根源。”这是张野最看重的。“每个人心中对未来企业家的画像都不一样，可能我心里想什么样的人有可能会成为下一个 10 年的马化腾、王健林、李彦宏，和你心里想的那个人不一样，这就是天使投资或者早期投资最神奇或者最微妙的地方，因为我们有差异。”

到 2021 年，青山资本见了 10000 个创业者。面对各种赞誉和光环，张野在深受鼓舞的同时，更感到肩上担子的沉重。2022 年，张野写了首歌送给“年轻”的创业者们。

歌名叫《Wherever The Wind Blows》，直译为“无论风吹向哪里”。这其实和行业中人们常说的“风口”一词有关。每年都能听到有人在预判下一个风口在何方，当然，张野也时常会被追问：“今年的风口在哪儿？”有人擅长把握风口，有些人能够创造风口，也有的人不在乎风口，安心做自己喜欢的事。

歌词中有几句：“无论风向何如，你永远难以预料。这风会把我们带向何方，管它吹向何方呢？”在崇尚实用的商业社会，在这样一个大众创业、万众创新的大环境里，张野慢慢找到了一种新的感觉，他把音乐和商业投资思维结合起来，在优秀的本质之上变得更加务实。

后来，有人问张野是否还会有新的突破，张野这样回答：“说实话我觉得我没有机会达到音乐领域的巅峰。当你真的去理解一个专业领域里取得超凡成就的人，会发现如果不在特定时代背景下，是很难超越的，山顶站满了人，没有你的位置，那可能就要知趣地换一座山爬。”

投资，就是张野一生要爬的另一座山。

（资料来源：《商界》，作者：马冬）

第十三章

《素书》的谋与成：危机能力修炼

夫志心笃行之术，长莫长于博谋，安莫安于忍辱，先莫先于修德，乐莫乐于好善，神莫神于至诚，明莫明于体物。

——黄石公《素书》

第一节 《素书》初探

公元前218年，韩国国相的二儿子张良在博浪沙刺杀秦始皇失败，作为通缉犯的他到下郡隐居。

一天他在镇东闲逛的时候，在石桥上碰到一位老人，老人白发苍苍，手持拐杖，身着褐色衣服，独自行走在桥上。当这位老人走到张良身边时，把鞋子故意扔到桥下面，然后傲慢地让张良下去拾鞋，张良感到非常吃惊。但想到老人年龄大了腿脚不便，就忍着心里的不满，帮他去桥下捡了起来。随后，老人让他穿鞋，张良当时已经历不少人间磨难，饱受漂泊之苦，涵养已经很好了，于是膝跪于前，小心翼翼帮老人穿好鞋。老人非但不谢，反而扬长而去。不过老人没一会儿又返回桥上，夸赞道：小伙子很不错呀，还是可以调教的！然后和张良约定五天后的凌晨再来桥上相见。张良摸不准对方的意图，还是非常恭敬地答应了。

五天之后鸡叫的时候，张良一早起来赶到桥上，那位老人已经站在桥头等候，见到张良来了，沉着脸指责他和老人约好见面，却不能够先到，太没有礼貌了。两人再次约定五日后再见。如此这样直到第三次，半夜就到了的张良，终于用他的真诚和忍耐感动了老人。老人郑重地给他一本书，并叮嘱他说，好好研读这本书，可以成为帝王的老师，十年以后天下大乱的时候，可以用这本书协助皇帝开国兴邦。说完便离开了。

张良如获至宝，用心研读，终于成为精通谋略、运筹帷幄的人物，后助刘邦取天下，奠定汉代四百来年基业。

一、源远流长的智慧

这部书的名字有传说叫作《太公兵法》，其实是以讹传讹。张良死后，该书不知何故也找不到了。直到五百来年之后的晋代，有盗墓人在张良墓中玉枕下发现了这部书。由此可见，传说中的黄石公传书确有其事。这段故事记载于北宋学者、曾任过宰相的张商英为《素书》写的序言里。

《素书》上有秘戒："不许传于不道、不神、不圣、不贤之人；若非其人，必受其殃；得人不传，亦受其殃。"可见对这部书传人的重视。此后，此书开始在知识分子中流传，并在清朝被列入《四库全书》。

全书仅六章，包含治国安邦的大智慧、大道理，也总结了为人处世的生活智慧。《素书》语言凝练，内容丰富，是趋利避害、谋划全局、成就大业的一套非常实用的法则。

张良运用《素书》的谋略与法则，使刘邦在与项羽楚汉之争中多次化险为夷，以至于刘邦感叹"夫运筹帷幄之中，决胜千里之外，吾不如子房"，从此可以看出该书的实用价值。同时，《素书》也是中国传统哲学和历史经验的深刻总结，尤其是最后一章的排比式警句箴言，值得学习深思。

《素书》中"素"，原意是一种白色净面的绢布，这里代表干净、纯洁、朴素与简单的谋略与哲学。书中指出，尽管人有成败荣辱、高低起伏、得意失意、富贵穷通，但做人做事的道理并不复杂，概括起来只有五个字：道、德、仁、义、礼。任何人的成败都取决于对这五个字的把握程度，以此五字作为立身治国的根本，探究天地宇宙自然运化的规律，以把握规律，处理与人、事、物的关系。

《素书》不仅是一部修身齐家的经典，也是一部治国安邦的政论书，更是一部御将、统兵、设谋、用计、成就事功大业的谋略全书。

二、主要思想

以道、德为本的道、德、仁、义、礼五位一体的思想。这五种品格相互交融、密不可分，阐述了五者与万物的关系。在人生的发展中，盛衰有道、成败有数、治乱有法。只要具备了这五种品格，有合适的机会就可以建绝代之功业，极人臣之高位，否则，就只能潜居抱道，静以待时。

总结了安邦治国的经验。作者认为，失民心者失天下，必以“礼”安之，指出民心是一国之本，没有了民心就没有了国家。君王不能有短期行为，必须以正道治国，让老百姓安居乐业，采取系统的治理措施，民富才能国治。这对后人参政理政有很好的借鉴意义。

阐明了为人处世之道。能否处理好人际关系，是事业成败的关键。处理好人际关系的关键，是把握好一个“义”字，书中提出建立功业必须学会遵守自然的规律。首先明察自身不足，及时努力改正，如略己责人、以言取祸这些常见的毛病必须戒除。然后分析了设谋断事之道，如决策于不仁者险，能有其有者安等。强调了建功业、成大事应该遵循的定律。

儒道兼容并蓄。用人才必先得到人才，要得到人才先识别人才，要识别人才就要观察一个人的志向，而了解一个人志向的准则就是“德”。表明了“任材使能，所以济物”的思想，提出了“博学切问”“恭俭谦约”“近恕笃行”“亲仁友直”等思想，强调了儒家的道德意识。书中也有很多道家思想的成分，反映出作者思想的包罗万象。

阐明用人原则。书中揭示了道是万物的本源，由德来证道，故以正道为章名。书中根据才学、品德之不同，把人才分为俊、豪、杰三个类型，指出了领导者如何使用人才，有很好的指导意义。

要成就大事，需以德为本，以道为尊。道、德的表现形式为“仁”，要培养自己忍辱修德、长于谋略的习惯，必须警惕和改正操持无常、贪念多愿等毛病，才能成就美德、成就大业。

《素书》的核心思想是大道至简，蕴含在最简单朴素的事物里，如果你认识到了，就可以以德驭道，以道驭人，以人驭事，把握机遇，调度有方，退进自如，纵横随意，立德建功。

三、四句话读懂《素书》

如何真正地读懂《素书》呢？我们总结了守“四不”，避“四祸”。

1. 不妄言，避口舌之祸

《素书》有言："括囊顺会，所以无咎。"这句话简单来说，就是在时势危险的情况下要谨言慎行，做事顺势而为，才能避免灾祸。

古往今来，多少人因言致祸甚至招来性命之忧，所以不可不警惕语言的力量。那么怎么避免呢？只要记住，我们说话是让人愉悦的，不是让人尴尬的。《素书》也给出了相应答案：说话时，不抬高自己，不贬低别人，不触碰别人利益，不在任何人面前说第三个人的不好。如此一来，你说出的话别人爱听还来不及，哪里会有口舌之虞？

2. 不贪利，避人怨之祸

《素书》有言："见利而不苟得。"就是说，利益到来也不想着多贪多占。

君子爱财取之有道。日常工作生活中，见财起意者大有人在，因为过于贪婪，惹得天怒人怨，殊不知因贪容易致贫。所以，成大事者都能在利益面前把握好分寸，掌握好尺度，甚至不惜让利以结善缘。

3. 不嗜欲，避牵累之祸

《素书》有言："绝嗜禁欲，所以除累。"意思是有志气的人必须要戒除不良的嗜好和欲念，自然可以避免很多不必要的拖累。

古语说，无欲则刚。一个人倘若有很多不良嗜好，欲望太多太浊，那多半会欲壑难填。所以，人生于世，一定要注意自我反省，适当控制自己的爱好，适当克制自己的欲望，在滚滚红尘中保持清醒，成就真正善良、上进的自我。

4. 不傲慢，避凶险之祸

《素书》有言："慢其所敬者凶。"怠慢、轻侮那些我们本应该尊敬的人，一定会招来凶险的灾祸。

所敬者于我们来说，不仅仅是那些德才兼备之人，也指长辈、领导以及身份、地位、学识、才能比我们高的人。待人处世应该怀有谦恭之心、诚敬之心，温和、温良、温润的人才会走得更远。

第二节 《素书》的领导智慧

一、“六与”原则

1. 奖功与罚过

“小功不赏，则大功不立；小怨不赦，则大怨必生。”如果赏罚不明，则不明是非。赏与罚是个问题，如何赏罚更是个大问题。要根据下属的位置，考量赏罚的尺度。做人要有雅量，尽量宽恕别人。对别人宽恕，将误会和矛盾及时消除在萌芽中，就不会闹到无法收拾的地步。

2. 威严与温和

“怒而无威者犯，好众辱人者殃。”脾气大是性格，本事大是实力。发脾气是本能，把脾气收回去才是本事。人的脾气不能大于他的本领，否则只会自取其辱。发脾气前先沉默三秒，想想这样做是为了解决问题还是宣泄情绪，如果是为了发泄情绪，除了增加对立情绪没有别的作用。同样的道理，让别人没面子不仅没有真朋友，还往往会引来怨恨。

3. 暴露与隐藏

“以明示下者暗。”将自己的想法像竹筒倒豆子一样告诉下属是极不明智的做法。所谓领导之道，内名而外晦，明于内，憨于外。对全局明察秋毫，洞若观火，但是表面上不动声色甚至偶尔装糊涂。一个心直口快的领导者对于属下而言，毫无神秘感而言，没有了神秘感还有什么威严？孔子说:“言寡尤，行寡悔，禄在其中矣。”说话要小心谨慎避免失误，行为上深思熟虑避免后悔，不说伤害他人的话，不说做不到的事，财富就在里面了。

4. 自省与责人

“略己而责人者不治，自厚而薄人者弃废。”不知道自我批评，只知道指责他人，是不会提高的；对自己宽松、对别人苛责是无法管理他人的。以身作则、严于律己、宽以待人是领导者的必备素质。一个领导者能换位思考、友爱人、尊敬人，才能够得到人们的真心拥护。

5. 警惕与安心

“见已生者，慎将生；恶其迹者，须避之。畏危者安，畏亡者存。”见到了已经发生的事情，应该提高警惕，避免发生类似的事情；遇到险恶的人和事，应该事先回避。害怕危险的人才安生，害怕灭亡的人反而能生存。居安思危，君子不立于危墙之下，提前做好准备，时刻保持警惕，确保自己不履险地。

6. 尽职与抉择

“守职而不废，处义而不回，见嫌而不苟免，则利而不苟得，此人之杰也。”人在其位必谋其政，无论职务大小、权责轻重，爱岗敬业都应是一个习惯而非口号。坚守自己的原则，即使面对生死利益的冲突，即使被人误解与猜疑，处是非之地，面对名利、美色、权位与外界诱惑，要凭借自己的头脑做出冷静、正确的选择。如果具备了这些品德，就具备了成大事的基础。

二、领导者的自我修养

1. 理论与决策

《素书》认为，成功的因素可归为五类：道，德，仁，义，礼。虽说是五种，其实为一体。何谓道？道为本源，道生万物，遵循而行即可。何为德？万物依其秉性，使万物各得其所即为有德。何为仁？人之所亲近向往之状态，激发人恻隐之心，即为有仁。何为义？公平公正即公道，奖善罚恶即为有义。何为礼？日常秩序规范，成就人伦秩序，使人们生活井然有序可谓有礼。

2. 人才与考核

欲成大事，必得人才，欲得人才，必得识人。识人之后用人所长，而用人过程中考核必不可少，一般分为以目标为导向的关键目标考核、以注重执行能力为导向的工作过程考核和以激发潜在能力为导向的培养考核。

3. 修身与提升

要得到他人的拥护，需要从修炼自身开始。只有做到德高望重，才能让其他人心悦诚服，从而达到无为而治的境地。这需要做到以下六点：一是杜绝不良嗜好，避免被过多的欲望牵绊。二是心存正念，抑制非分之心，避免过失，减少失误。三是警惕酒色，避免污损自己的名声。四是博采众长，偏听则暗，兼听则明，见多识广方可高瞻远瞩。五是言行谨慎，修身守道，增加个人德行。六是思虑长远，从长计议，凡事深思熟虑，可以应对不同变化。

4. 修德与精进

正人先正己，正己先修德，应谨防以下误区：私心太重，失去人心，诸事难成；用可疑的人，既缺乏信任度，又没有掌控力；贪图小利，置大义于不顾，见义忘利；狭隘粗鄙，人心难测，以利益考验人性；不知无常多变，以一成不变的心理或行为应对世间万物。

5. 管理的实践

人有人道，事有事理。作为领导者，在实际工作中必须明白，分工不同身份不同，关系可以用简单的思路去处理，但人心多变，必须多想多看，分析到一切可能性，这样才能立于不败之地。比如谋略成为机密，若不慎泄露，成功率约等于零。若鼓励不能让受到奖励的人感恩，处罚不能让受到处罚的人害怕并吸取教训，鼓励和处罚都是无效的，这样的情况是比较危险的。

6. 问题的根源

物有本末，事有始终。观察事物要学会由表及里，推理问题要学会从前因后果去分析，务求标本兼治、防微杜渐。比如富裕的根源在于预判时机，早做准备站到了风口，机会只留给有准备的人；贫困的根源在于错失良机应对太慢，事到面前才着急慌张瞎忙一场；平安的根源在于贵人相助，有人相助自然有智慧可保平安；危险的根源在于失去助力，出了问题没有人帮助解决，危险就会愈演愈烈。知道了这些道理，再去处理各种人际关系，自然得心应手。

三、解读人才之道

《素书》将人才分为人之俊，人之杰，人之豪。华为公司将员工分为头部、腰部和腿部，与此类似。

1. 人之俊，博古通今

“德足以怀远，信足以一异，义足以得众，才足以鉴古，明足以照下，此人之俊也。”这论述了高层领导者的五个特点：一是德行很高，让离他远的、对他不太了解的人都能感受得到；二是信用很好，好到让他的对手和敌人都相信；三是讲义气，善恶分明，能够为别人担当，让他人愿意追随；四是才能高，能借鉴原来的经验和教训解决当下的问题；五是思路非常清晰，让每个下属都清楚地知道应该做什么事，怎么去做，做到什么程度。“德信义才明”，这是高层领导必备的五个要素。

2. 人之豪，豪迈大方

“行足以为仪表，智足以决嫌疑，信可以使守约，廉可以使分财，此人之豪也。”中层领导者要做到行、智、信、廉。言行举止为众人表率，必须要严于律已；智慧超群，能对事物做出准确判断；承诺过的必须做到；不贪不占，能够与人分享财富。具备了这四个素质，就是称职的中层领导。

3. 人之杰，尽职守责

“守职而不废，处义而不回，见嫌不苟免，见利而不苟得，此人之杰也。”基层领导要做好四点：第一，守职不废，坚持做好自己的本职工作；第二，坚守正道，不忘初心，心之所向，素履以往；第三，即使被人误解和猜疑也不逃避，坚持做自己该做的事情；第四，不能见利忘义，君子爱财取之有道，要把握好尺度。

第三节 畏危者安，畏亡者存

在市场经济浪潮中，任何一个企业都随时可能出现危机，所谓的突然和意外，本质上是因为企业领导者对潜在危险缺乏必要的警惕和认识。

一、何为企业危机管理

通俗地说，企业危机管理就是企业组织或企业领导者通过对危机的预测、预警和妥善处理，尽可能减免危机的危害，甚至把危机转化为企业发展机会的谋划与活动。

1. 危机管理的范围

（1）防患未然。应建立相应的预警机制和反应机制，以制度保障危机来临时影响与损失的最小化。

（2）及时反应。在危机稍有苗头时及时做出反应，发动员工积极应对可能出现的变化和影响。

（3）快速行动。当危机出现时，必须在最短时间内遏制危机的影响扩大，尽可能缩小范围和影响。

（4）面面俱到。当危机愈演愈烈、影响不断扩大时，领导者必须考虑周到，全面应对，不能对任何可能的损失掉以轻心。

（5）危机恢复。在危机过后，企业领导者一定要及时思考，吸取教训，恢复和重建企业信誉或品牌形象。

2. 危机管理的特性

（1）阶段性。企业面临的危机一般包含灾难、意外的发生，或是与产品有关的负面新闻等。在浮上台面之前，企业危机几乎都会有一些征兆，根据事情发展的程度，危机可分为不同的阶段。

（2）不确定性。危机会不会出现、出现的时机是无法被彻底掌控的。有时候一个短视频可能就会火爆全网，极大的不确定性是当前信息社会的一大特点，危机管理也是如此。进行必要的危机虚拟处理与演练，可以有效地降低危机的不确定性给企业带来的不良影响，使企业能够科学应对危机。

（3）急迫性。突发性是危机的一大特点，造成的直接后果就是危机的急迫性。在时间有限的条件下，企业领导者必须做出及时响应与处置，如何获取相关的有效信息、做出正确的决策、快速遏制危机的影响扩大，是企业领导者必须注意的关键所在。

（4）双面性。危机发生后，手忙脚乱、处理不当会使企业蒙受损失，甚至有可能因此被市场淘汰。若反应及时，处理得当，就可能为企业带来新的转机，甚至可以转危为安、因祸得福，取得意想不到的收获。

3. 危机管理的基本要素

危机预警。善医者治未病，同理，善于管理的领导者一定能防患于未然，警觉于未发，健全的预警机制是危机管理的保障。

危机确认。一旦危机预警不能发生作用，必须立即将危机正确归类，尽快收集与危机相关的信息，以确定危机的影响程度。

危机控制。根据危机的具体情况，确定解决问题的优先顺序，必须做一些取舍，迅速处理，把影响控制到最小范围。

危机解决。在危机解决中，最关键的是速度，如果能及时有效化解危机，可以避免给企业带来二次损失。

一般情况下，常见的企业危机有公关危机、信用危机和人事危机等八个方面。企业领导者如果能在平日积极训练员工的危机处理与应变能力，主动做好企业与利益相关者的良好互动，即使危机来临，也可以化险为夷。

二、危机六大定律

对于企业领导者来说，做好危机管理是本职工作，也是保证企业稳健发展的必然之路，这六大法则一定要掌握。

1. 蓝柏格定理：制造必要危机感

美国银行家蓝柏格曾经说过，要为员工制造必要的危机感，人们没有压力便没有动力。一个企业的成败受很多因素影响，但对危机的估计不足是导致许多企业倒闭的主要原因。华为的任正非说过，他天天考虑的都是失败，对成功视而不见，也没了荣誉感、自豪感，而是有危机感。可能正是这种无时不在的危机感，帮助华为渡过了一个又一个冬天。

2. 皮尔斯定律：培养企业接班人

这个定律是由英国宇航组织总裁皮尔斯提出的。他认为，要追求更好的企业经营前途，企业的接班人培养是一件非常重要的事情。接班人培养既能保证企业拥有丰富的后备资源，又能保证企业不会因为人才短缺而产生重大的损失。同时，建立健康的接班人培养制度，也能保障企业稳定、长远、健康地发展。

3. 墨菲定律：在错误中前进

坏事有可能发生，即使这种可能性很小，它总有发生的时候，并且有可能因此造成巨大损失，这就是墨菲定律。

它告诉我们，作为企业领导者，在遭受失败、发生错误后，一定要从自身找原因，因为你领导的企业就是你人生态度的一面镜子，企业出现问题，和领导者本人密不可分。

老话说："上的山多终遇虎，常在河边总湿鞋。"灾难发生的概率很小，但问题积压到一定程度，就会从薄弱的地方爆发，关键是平时得消除隐患，最大程度降低事故发生的概率。

4. 青蛙效应：远离舒适区

在安逸的环境中逐渐丧失斗志，到最后无能为力奄奄一息、无奈死去，这就是温水煮青蛙。

如果一个企业领导者、一个企业失去了外界的刺激，处在安逸的状态中而不自知，就会丧失危机感，久而久之就丧失了上进心、战斗力和学习创新能力。所以作为领导者，既要保持居安思危的心态，又要随时留心各种变化，更要有意识地让自己远离舒适区，保持昂扬的斗志和旺盛的生命力。

5. 特里法则：坦诚承认错误

特里法则指的是领导者要勇于承认失败和错误，这是企业在危机管理中不断完善、走向成熟的一个重要因素。

对于企业领导者来说，承认失败并不丢人，反而是一种坦然面对的勇气。一个身居高位的领导者能够在客户、下属面前承认自己的失误，这是一种感染人的力量，是一个领导者的格局、境界、胸怀的体现，更是敢于担当、放下小我、成就大我的智慧和责任。

6. 吉尔伯特法则：觉察到危险信号

英国培训专家吉尔伯特提出，工作危机最确凿的信号，是没有人给你说危险。不知道危险来临，才是最大的危险。

任何企业要生存发展，领导者都要有谦虚谨慎的作风和虚怀若谷的度量，这样才能及时接收到各种信息，避免误判，纠正错误，改进工作。实际上，当你意识到危险来临和企业危机的时候，风险已然减半。企业在经营中的风险不可避免，领导者能做的就是把风险控制到一定范围内，这样才能在一次次历练中战胜危机，转危为安，让企业稳健发展。

三、道、法、术、器、势

道、法、术、器、势的哲学思想发端自道家，大成于法家，是中国自古以来关于国家与社会治理的重要的方法论，对于当今企业领导者处理危机大有裨益。

1. 道——不忘初心，方得始终

道是根本，于企业而言，是企业的使命、愿景、价值观，是企业的初心。初心易得，始终难守，危机时刻尤为考验企业领导者的初心使命与价值观。

危机来袭，如同大浪淘沙，潮退之后显露的才是根本与核心。企业的初心、使命、价值观各有不同，但在应对危机上有两点是相通的，即效率与诚信。效率是企业生存之本，在危机中需要及时反应与敏捷执行；诚信是企业发展之本，在危机中企业需要充满诚意，增进互信。

2. 法——法无定法，治必有法

法是法度，于企业而言，是企业治理结构、规章制度、机制、流程等基本的治理框架与体系，有学者将企业面临的危机概括为灾难危机、经营危机、信誉危机、财务危机、媒介危机、决策危机、法律危机、人才危机，这都是企业的非正常状态。具体而言，需要四个层次的认知与行动。

第一层次是直面问题，把问题摆在桌面上，直面问题是解决问题的首要前提，鸵鸟心态不可取。

第二层次是实事求是，分析内在逻辑，寻找办法，切记空谈误事。

第三层次是全面统筹，切忌按下葫芦浮起瓢，顾此失彼。

第四层次是未雨绸缪，做好危机的预防预警，切忌临时抱佛脚，否则徒劳无功。

3. 术——诚信为本，实现双赢

于企业而言，术是解决问题的具体方法与手段。有学者将危机应对原则概括为5S，即真诚沟通（Sincerity）、速度第一（Speed）、承担责任（Shouldering the matter）、权威证实（Standard）、系统运行（System）。具体的方法分四步：第一步是尽快全面掌握情况；第二步是积极与利益相关者沟通；第三步是找到危机成因，寻找着力点；第四步是在明确底线的前提下承担责任，在守法基础上取得双赢。

4. 器——欲善其事，必利其器

器是工具，于企业而言，是企业在危机中可以调动的人力、物力、财力、政策等一切内部资源。产品与服务是核心，让客户满意甚至超过客户预期是渡过危机的一大法宝；组织团队是基础，有人就有希望，团结最出战斗力，这也是渡过危机的勇气；物力与资金是筹码，能够用钱财解决问题是一种不错的途径；政策支持是底牌，主要是在危机面前企业能做出多大的牺牲和让步，这是底线。

5. 势——顺势而为，事在人为

势是趋势，于企业而言，即危机中的外部资源与内部因素，既要顺势而为，尤其在政府的宏观政策和公共舆情面前；又要会借势与造势，充分加强与政府部门、行业协会、新闻媒体的沟通与配合，让第三方发声则更具权威。

美国经济学家菲利普·科普勒在其《营销管理》一书中指出，全球财富排名五百强董事长和CEO中，有80%的领导者认为，企业面对危机如同人必然死亡一样不可避免。因此，危险与机遇并存，于企业和企业领导者而言，如何充分利用这一时期复盘反思，去伪存真，加速成长，才是应对危机的正确选择。

案例十三

通威：新时代的养鱼翁

过去十几年，四川首富的宝座一直被新希望的刘永好家族牢牢占据，但这个纪录在去年终于被人打破。《2021年胡润百富榜》显示，通威集团董事局主席刘汉元以1250亿元的身价打败刘永好，成为新任四川首富。

和刘永好的发家经历相似，刘汉元也是从养殖做起，然后切入上游的饲料环节。在做到行业第一后，开始布局多元化业务。但相比刘永好，刘汉元的扩张更加克制。除了农牧行业，他唯一跨界进入的便是光伏行业。通威股份财报显示，公司2021年实现营收634.91亿元，归属上市公司股东的净利润为84.86亿元，最新市值达2574亿元。按照35.08%的间接持股比例计算，刘汉元的身家目前超过903亿元。

在被记者问到"给现在的年轻创业者什么建议"时，刘汉元语重心长道："要真正找到一个切入点，不嫌它小，然后持之以恒，找准目标，一直坚持下去、热爱下去，最后才有可能成功，我们很多人就是没有这种耐心。"

渔场技术员

1964年12月，刘汉元出生在四川省眉山县（后升级为眉山市）的一个农民家庭。他自幼天资聪颖、勤学好问，仅用6年时间就读完了小学和初中，得到的奖状贴满了家中的墙壁。除了学习，刘汉元还对电子产品充满兴趣。据他自己透露，但凡接触过的收音机和音响，他都能拆掉后完整地组装起来。

由于家境困难，父母希望刘汉元早点出来工作，14岁的他因此在初中毕业后选择进入一所中专——四川水产学校就读，学习淡水养殖。刘汉元从此跟鱼结下了不解之缘。1981年，毕业后的刘汉元被分配到眉山县水电局两河口水库渔场，成为一名月薪33元的养殖技术员。水电局的工作让刘汉元有机会经常借调到四川各地做水资源调查，他对渔业养殖也有了更深一步的认识。

四川是中国水域面积较广的省份，但它的水产品在当时却少得可怜，平均每人对鱼的消费每年不到0.5千克。刘汉元清楚地记得，1983年的春节期间，成都市场上猪肉只卖 1.98 元 / 千克，而鲤鱼却卖到了 24 ~ 26 元 / 千克，水产品的紧俏程度可见一斑。因此，那时四川也开始出现不少“养鱼万元户”。不过刘汉元在考察这些万元户时发现，他们大多是在池塘养鱼，这样生长出来的鱼带有一股土腥气，而水库养殖的鱼却新鲜许多。但水库养鱼也有缺点，不但生长速度慢，而且只能散养，不易形成规模。

最后，刘汉元在一本专业杂志上找到了解决办法，那就是德国的渠道金属网箱式流水养鱼技术。网箱养鱼，顾名思义就是在不影响渠道过水的前提下，将网箱固定在渠道一侧的边坡上，进行流水养鱼。这种养鱼方式不占耕地，也不与灌溉争水，最重要的是经济效益更高。

为了引进这项技术，也为了改善家里的生活，刘汉元决定自己亲自下场试验养鱼。

要赚钱学汉元

网箱流水养鱼在中国前所未有，刘汉元一开始也是借鉴书本，摸着石头过河。后来刘父在回忆这段日子时，不禁眼圈泛红:“那时候，真的是太苦了。”刘汉元起初并没有辞职，而是一边在水电局上班，一边操持着他的养鱼大业。由于资金有限，刘汉元便自己学电焊，然后买废钢管做金属网箱。做好时正值寒冬腊月，父子俩不得不冒着严寒下水安装，刘父因此右脚韧带断裂，差点造成残疾。

在鱼苗投放后，刘汉元开始研制富有营养的鱼饲料。但因为没有机器，一家人只能天天手搓制作，流血起茧那是家常便饭。不过养殖最怕的还是疫病。为此，刘汉元定时观察鱼苗的长势，随时准备应对的方法。

磕磕绊绊过了 7 个月，刘汉元的网箱流水养鱼试验在 1984 年正式验收。结果让刘家满心欢喜。在这个 64 平方米的网箱里，一共被捞出 1390 千克鱼，折合亩产达 1.27 万千克。扣除养殖成本后，刘汉元整整赚了 1930 元。

要知道当时四川养鱼亩产最高还不到 1 万千克，刘汉元试验出的“渠道网箱式流水养鱼”技术创造了新的纪录，《四川日报》在头版显著位置也报道了这项发明。

时任四川省水产局副局长的杨全成得知这个消息后，更是兴奋得大叫:“要将这个技术像老母鸡孵小鸡那样，在全省推广，带出一窝来，带出一片来！”随即在“要赚钱，学汉元”的号召下，大大小小的养鱼网箱开始出现在四川的各个河湖沟渠。

两年后，国家科学技术委员会、农业部分别将刘汉元的养鱼技术列为“星火计划”项目和“丰收计划”项目，在全国大力推广。沉寂上千年的中国水产行业，重新焕发出勃勃生机。

农民做不好的我们来做

如果刘汉元只是做个养鱼大户的话，那他应该很难有今天的成就。事实上，当网箱养鱼开始在全国推广时，刘汉元便将自己的事业重心转移到了产业的上游：鱼饲料。

彼时养鱼热潮产生了大量的饲料需求，但饲料生产需要研究复杂的营养配比，这一环节只有既懂技术又懂养殖的刘汉元才能完成。刘汉元意识到，与其养鱼，还不如投身到能够发挥核心竞争力的产业环节。于是刘汉元便正式从眉山县水电局辞职，在 1986 年 3 月 10 日成立了眉山县渔用配合饲料厂，专门生产“科力牌”鱼饲料，寓意是“科学技术是第一生产力”。

相比柳传志、王石、张瑞敏、刘永好等人，刘汉元的正式下海虽然比他们晚了两年，但比很多人还是果敢了一些。对此，刘汉元说道：“当时我只关心一个问题：在原来单位做的事情多，还是下海做的事多？答案显而易见，下海做的事情多。这还有什么可考虑的呢？”这句话不仅说服了刘汉元，还说服了很多人和他一起并肩作战。

对于养殖户来说，他们最关心的是如何用最少的投入产生更大的效益。其中，鱼饲料的饵料系数是关键，饵料系数越低，单位营养价值就越高。

因为饲养效果良好，“科力牌”鱼饲料一经推出，便广受眉山周边渔户的欢迎。行情最好的时候，有些渔户甚至需要排队 7 天才能买到。在火热的需求推动下，到了 1991 年，“科力牌”鱼饲料的产销量达到了 560 万千克，饵料系数也在不断改进中达到了世界先进水平。刘汉元原来的那个小厂房已经远远满足不了业务的发展，于是他又在 1992 年斥资 1000 万元，在眉山城北建起了一座现代化的大型饲料厂。同年，公司的名字也正式改为四川通威饲料有限公司，寓意为“通力合作，威力无穷”。

为了打响通威的名气，也为了招贤纳士，刘汉元还花费10万元在《四川日报》连续刊登了两周的招聘启事和广告。“科技能使卫星上天，科技也能使你养鱼致富”成了1992年通威火遍四川的广告语，“科技”二字也成为日后通威的企业底色。对于自家产品的质量，刘汉元有着十足的信心，因此他才敢在报纸上发表声明：“有谁因为质量问题而放弃使用通威饲料的，奖励1万元。”

除了高质量饲料的需求，刘汉元在扩张中还发现渔户的另一个重大需求，那就是卖鱼。因为市场供过于求，竞争激烈，很多渔户出现了卖鱼难的问题。因此，本着“饭碗理论”，通威开始与渔户合作，以高出市场2～6元/千克的价格对他们进行回购，然后把回购的鱼放在自己特殊的水环境蓄养。最后，等到品质达到最优的状态，再以“通威鱼”的品牌上市售卖，和渔户最终取得了双赢。

随着实力的不断壮大，刘汉元开始延伸通威在水产及畜禽的产业链条，致力于把通威打造成一家集品种改良、研发、养殖技术研究和推广，以及食品加工、销售、品牌打造服务为一体的世界级健康安全食品供应商。到了2003年，深耕水产行业近20年的通威年收入超过120亿元，它在水产饲料领域的市场份额更是一枝独秀。相关资料显示，当时国内每三条养殖鱼中，就有一条食用的是通威饲料。

携此成绩，通威在2004年选择上市，成功登陆了上海证券交易所。

进军光伏

2006年左右，通威已经成为中国水产饲料和养殖领域绝对的龙头企业。但从营收的增速来看，通威显然接近了市场的天花板。

为了寻找企业的第二增长曲线，刘汉元开始带领通威多元化发展。2004年9月，四川巨星集团董事长唐光跃找到刘汉元，希望他能投资一个新上马的氯碱化工项目。而氯碱化工中的三氯氢硅正是生产多晶硅的原料之一，正愁找不到项目切入口的刘汉元欣然答应。

整体来说，刘汉元对通威的战略抉择还是相当谨慎。从2004年到2006年，国内许多地方政府都在扶持多晶硅产能的建设，其每千克的价格也从几十美元上升到了150美元。

而刘汉元定力超凡，到了2006年12月才宣布通威开始全力以赴进军多晶硅产业，并于次年5月与巨星集团在乐山市联合设立了专门的子公司——四川永祥。“我们整整用了近两年的时间，对整个多晶硅乃至太阳能光伏产业的各个方面进行了充分论证。经过深思熟虑后，我们才决定全面进军到新能源领域。在可预期的未来，新能源必将是引领世界经济增长的火车头。”后来刘汉元接受采访时如是说。

2008年初，就在四川永祥的硅料生产线马上投产前，通威集团火急火燎地把四川永祥的资产注入旗下上市公司通威股份。

此时，多晶硅的价格已经涨至500美元 / 千克，而成本仅800元 / 千克。在暴利预期下，通威股份的股价从年初的6.05元一路冲高至11.63元。然而好景不长，刚刚进入光伏领域的通威股份遭遇了滑铁卢。金融危机的爆发促使国外光伏需求迅速减弱，要知道当时光伏外贸占据国内光伏产能的70%，再加上前几年大量资本涌入硅料领域，整个行业的产能严重过剩，硅料价格开始暴跌。

在价格持续低迷下，通威股份不得不暂停四川永祥多晶硅二期的建设，还在2010年上半年将四川永祥卖回给大股东通威集团，以缓解业绩压力。屋漏偏逢连夜雨。在金融危机之外，2011年至2013年欧美国家的“反倾销、反补贴”政策让中国光伏产业进入了更加寒冷的严冬。曾经国内的光伏巨头无锡尚德、江西赛维因为产能过剩、负债过高，资金链断裂，都倒在了这个时期。

相比前两者，四川永祥在硅料产能上的扩张没有那么激进，再加上母公司通威集团的输血支持，公司进入了蛰伏期。2013年，“欧美双反”告一段落，光伏企业已经大量倒闭，不过国内开始兴起了光伏电站的建设热潮。这是政府的顶层设计，毕竟光伏发电站的扩大将直接带动整个光伏产业的发展。

刘汉元自然也注意到了这个趋势。在他的主导下，通威集团不但收购合肥赛维，成立通威太阳能，进入光伏电池片制造环节，还开创了“渔光一体”的发展模式，切入了发电站终端。

所谓渔光一体，指的是在水产养殖的水面上建立光伏发电站，从而形成水下养殖、水面发电的全新商业模式。这种模式不仅可以节省土地资源，还可以为水产养殖创造新的收益。

其实早在2002年，刘汉元就提出了“渔光一体”的概念。只不过那时通威的水产养殖业务尚未形成规模，这个构想被暂时搁置。而2013年开始的光伏电站建设潮给了刘汉元一个契机，他决定将多年以来的设想付诸实践。两年后，被誉为国内第一个真正意义上的“渔光一体”项目——通威如东基地正式建成，同时实现了并网发电。

通威数据显示，“渔光一体”模式使得基地单亩利润比单纯水产养殖提高了5~10倍，市场前景十分广阔。

光伏王者

2015年，国内光伏产业开始全面复苏，苦尽甘来的刘汉元决定重启多晶硅产能的建设，当年通威就宣布多晶硅年产能突破了7万吨。次年，刘汉元更进一步，又在包头投资建设了年产能5万吨的高纯晶硅及配套新能源项目，一举将多晶硅产能提高到12万吨，跃居世界第一。正当刘汉元意气风发、准备大展宏图时，光伏市场又出现了新的变化。

光伏市场一直存在多晶硅和单晶硅的技术路线之争。随着成本和政策优势的上升，从2015年开始，单晶硅开始成为光伏硅料市场的宠儿。就硅片市场份额而言，单晶硅从2015年的15%上升至现在的90%，而单晶硅太阳能电池板的出货量也早在2017年就超过了多晶硅。这种变化其实对通威的多晶硅业务影响不大，毕竟多晶硅也是拉制单晶硅棒的原料，但处于行业中游的电池片环节就深受影响。

刘汉元不得不再次做出应对。2017年，通威股份宣布与单晶硅龙头企业隆基股份及天合光能组建合资公司，共同投资单晶硅棒项目，全力转型生产单晶硅电池片。至于中间的硅片和下游的组件环节，通威暂时没有进入，而是选择和隆基、晶科能源、天合光能等伙伴合作。用刘汉元的话说：“我们要走专业化路线，聚焦自己的优势环节，从而实现有所差异、有所错位的竞争和产业分工。”

过去几年，得益于光伏产业的大爆发，不少公司赚了个盆满钵满，通威也不例外。从营业收入来看，通威股份从2016年的208亿元暴涨至2021年的634亿元。从收入结构来看，通威股份的“含饲量”越来越低。截至2021年年底，其光伏业务规模达到了饲料业务的1.5倍。再细看通威在光伏的三个板块：多晶硅的产能已达23万吨，全年出货量为16.77万吨，占全球市场份额超20%；电池片产能达50吉瓦，约占全国当年产能的15%；光伏电站则处于发展阶段，目前已拥有48座光伏电站、累计2.7吉瓦的装机量，全年结算电量达30.90亿度。不得不说，经过十几年的布局和谋划，光伏产业已经撑起了通威股份的半壁江山。

从一个卖鱼翁到叱咤光伏行业的四川首富，从一个小鱼池到市值超2500亿的庞然大物，刘汉元和通威集团的成长没有什么惊天动地的故事，有的只是几十年如一日的静水流长。就连刘汉元都十分感慨：“不敢想象，当初弱小的我们不知不觉竟成长到这个规模。”

企业失败往往只需要一个原因，而成功尤其是连续成功，则需要多个因素的共同作用。对社会需求的把握，对科学技术的信仰，对优势能力的聚焦，对产业扩张的谨慎，对商业效率的追求，都是通威今日成就的基石。

如今，刘汉元的内心越发坚定：“一个着眼于最基础的食品安全，一个着眼于未来的能源安全，通威这两个战略目标和愿景，是真正对人类有贡献的，我们睡觉都很踏实！”

（资料来源：整理自网络）

参考文献

［1］中共中央马克思恩格斯列宁斯大林著作编译局：马克思恩格斯文集[M]. 北京：人民出版社，2009：18–20.

［2］王守仁 . 王阳明全集 [M]. 上海：上海古籍出版社，2015：68.

［3］王弼 . 老子道德经注 [M]. 北京：中华书局，2011：89–90.

［4］苏轼 . 苏轼词集 [M]. 上海：上海古籍出版社，2014：116.

［5］成玄英 . 庄子注疏 [M]. 北京：中华书局，2011：16–18.

［6］李民，王健 . 尚书译注 [M]. 上海：上海古籍出版社，2016：30.

［7］张景，张松辉 . 了凡四训 [M]. 北京：中华书局，2008：92.

［8］黎靖德 . 朱子语类 [M]. 北京：中华书局，2020：112–113.

［9］杨伯峻 . 孟子译注 [M]. 北京：中华书局，2010：99.

［10］王守仁 . 传习录注疏 [M]. 上海：上海古籍出版社，2015：100–102.

［11］度阴山 . 知行合一王阳明 [M]. 南京：江苏凤凰文艺出版社，2021：93–95.

［12］杨伯峻 . 论语译注 [M]. 北京：中华书局，2017：120–121.

［13］兰彦岭：素书大成智慧 [M]. 北京：北京联合出版社，2019.

［14］迈克尔 · A. 希特 . 战略管理：概念与案例 [M]. 北京：中国人民大学出版社，2021：120.

［15］郭斌，王真 . 商业模式创新 [M]. 北京：中信出版社，2022：88.

［16］斯蒂芬 · 罗宾斯 . 组织行为学 [M]. 北京：中国人民大学出版社，2021：130–132.

［17］贾扶栋：中国式管理 [M]. 北京：中国财富出版社，2013.

[18] 樊登 . 可复制的领导力 [M]. 北京：中信出版社，2017：20–22.

[19] 丹尼尔 · 戈尔曼 . 高情商领导力 [M]. 长沙：湖南文艺出版社，2018：63–69.

致谢：从早晨四点开始

晴空一鹤排云上，便引诗情到碧霄。桂花飘香时，瓜果丰收日，在这收获的季节，我完成了《创新领导力——东方哲思下的领导力修炼与提升》的初稿。为了保证写作质量，第一稿我手写了全书的内容。在大量的阅读、讲座和收集资料之后，从2022年6月18日开始笔耕不辍，由于思路所至，有时候写得手指抽筋，笔芯用了20多根。我用时三个月，完成初稿。此时，我正好也完成了河南集中式公寓的筹备工作，公寓顺利试业了。合上手稿，心中五味杂陈，我坐在最熟悉的街角，一个人，一张桌，一盘菜，一杯酒，星光点点，举杯邀月，聊作祝贺。

正如我在序言中讲的，本书的缘起首先得感谢清大纵横总裁李俊伟先生，由于偶然的机缘我们相识并相谈甚欢。我们有很多共同的经历：都在五百强企业做过高管，都经历过创业的成功和暂时低谷，都较为系统全面学习和思考了中国企业的发展问题，而且都在高校商学院挂着教习一职。交谈以后，李总对我的一些管理理念非常认同，热情邀请我为清大纵横的总裁班学院线上授课，说要作为年度的主推老师好好设计策划。彼时深圳博商的几位名师已经火了起来，我们都认为知识付费的风口来了，所以在确定主题的时候，我冒昧地推出了“创新领导力”的课题，并计划在课程录播时同步开始线上的账号运营。为了不辱使命，从选题到提纲，每一章节课程的准备，我都下了很大功夫，把能找到的关于领导力的著作和资料全部认真研读，由此萌生了写一本领导力专著的想法。由于本人沉浸于中国传统文化多年，市面上关于中国范式的管理学著作比较缺少，这和我们厚重的传统文化，以及改革开放40多年大浪淘沙始见金的批量优秀企业不相匹配，为中国传统文化发声，为中国优秀企业鼓与呼，成了我写作本书的初心。

我个人的职业生涯和创业经历，尤其是关于领导力的体悟，离不开一路上名师指点，高人和贵人不断相助。感谢郑州中都饭店的赵国强先生对我言传身教。后来我有幸担任赵总的办公室主任 5 年，并成长为管理公司的副总经理，其间关于领导力的学习可谓一笔巨大的财富。偶尔与中都饭店的张家辉先生谈到当年，仍觉得 2000 年到 2010 年的奋斗时光弥足珍贵。

第二位对我影响力比较大的是东方粤海大酒店的董事长毛小妹女士，她拿着一纸任命，在没资源、没资金、没政策的情况下白手起家，多方筹措，一年之内成功建成了一家星级酒店，并运营成为当时郑州效益较好的单体酒店。作为酒店的总经理，我参与了后期的筹开和运营工作，全程见证了毛总的项目运作、资金调配、资源整合能力，一个个鲜活生动的商业案例给了我很大启发，也让我萌生了创业的想法。离职创业时，毛总说办公室给我留着，随时欢迎回来。其间回去交流，每次听到员工们热情地打招呼“郭总回来了”都倍感亲切。后来我创业、读博，逢年过节时常问候，从她身上我感受到了创业者领导的魅力和做事的效率，创业 9 年，我一直奉她为创业者的榜样。

第三位则是香港理工大学的师兄黄俭先生，他是业内名人，身兼数职，既是挂牌五星深圳航空大酒店的总经理，也是深圳市酒店商会会长，同学 4 年，我从他身上看到了一名优秀职场人的风范和气度，他的举荐让处于生意低谷的我重整旗鼓，见识了五百强企业的领导力真相，积累了更为丰富的职场经验，顺利完成了博士学业，并成长为可以独当一面的较大规模的企业负责人，进而形成了自己的领导理念和领导风格。

感谢河南鼎天集团董事长崔俊军先生，他给予了我充分的信任与支持，让我的领导力探索由酒店延伸到公寓、物业和地产行业，从他身上我深刻体会到一位家族企业掌舵人的深沉厚重，见到了地产出身的企业家的果毅与大度。一年来他给了我很多珍贵的建议，在当前地产整体行业下行的情况下，鼎天集团重构地产业，盘活存量资产，投资兴建了河南省最大的集中式国际公寓。士不可不弘毅，任重而道远。正是这样逆风而行的企业家，给我国的经济发展注入了源源不断的动力，在此向他们致敬！

特别感谢本书的编辑老师，他们对本书的出版发行提出很多指导性建议；感谢商界杂志社河南的总经理郭文正先生，听闻我的计划后，他积极联系，精选了当下极有代表性的商业案例，让本书的领导力理论更加生动有趣；感谢商学院领导和同事对我的支持，他们为我搜集资料提供了很多便利和条件；感谢我的学生魏慧捷同学，在短短半个多月的时间里，利用暑假时间，加班加点打印书稿，让我有时间和精力整理案例，保证了本书的质量和进度；学生王子怡、陈琪、马欣在学习之余，帮忙校对排版，在此一并致谢。

感谢我的妻子李侦女士，她参与了本书后三章的撰写工作，由于她的用心，保证了本书思路和风格的统一，没有她的大力支持，我根本不可能有大量的时间进行著述。长期以来她以自己的勤劳和耐心，让我远离家务烦扰，默默地以实际行动帮助我、鼓励我，家人的爱和理解一直是我前行路上的不竭动力，让我义无反顾、纵马向前！漫漫前路，唯有终日乾乾，与时偕行，才不负韶华流年！

最后，感谢所有关心我、支持我和帮助过我的领导、老师、朋友、同学和亲人。在这里，我谨用一句话来表明我无法言语的心情：感谢，有您真好！

郭志刚

2022 年 11 月 30 日于七善堂